Robert H. Schuller

Wirf dein Morgen nicht weg!

Lebe Gottes Traum für dein Leben

DR. ROBERT H. SCHULLER ist der Gründer der Crystal Cathedral in Garden Grove, Kalifornien, einer Kirchengemeinde, mit der er 1955 in einem Autokino begann. Er ist zusammen mit seinem Sohn der Gastgeber bei den Gottesdiensten von *Hour of Power*, einer wöchentlichen Fernsehsendung, die sich zu dem im ganzen Land am häufigsten gesehenen religiösen Programm entwickelt hat, mit über zwanzig Millionen Zuschauern. Dr. Schuller hat mehr als dreißig Bücher geschrieben, darunter: *My Journey* (deutscher Titel: *Meine Lebensreise*), *If It's Going to Be, It's Up to Me; Prayer: My Soul's Adventure with God, Power Thoughts: Achieve Your True Potential Through Power Thinking, Hours Of Power, The Be (Happy) Attitudes* (deutscher Titel: *Himmel auf Erden)* und *Tough Times Never Last, But Tough People Do!* (deutscher Titel: Mit Flügeln des Adlers – Mit Gottes Hilfe schwere Zeiten überstehen)

Vor fünfzig Jahren hat Robert H. Schuller eine Gemeinde mit der Idee gegründet, dass mit Glauben, Konzentration und Beharrlichkeit all unsere Träume Realität werden können. Als unermüdlicher Befürworter dieser positiven Botschaft hat er die Crystal Cathedral zu einer der populärsten und beliebtesten Anbetungszentren Amerikas gebaut. Dr. Schuller hat sein Leben sowohl seiner Familie als auch seinem Dienst gewidmet und sich unermüdlich bemüht, Millionen Menschen die Kraft des Glaubens zu lehren. Er ist ein begabter und ergreifender Geschichtenerzähler und offeriert Ihnen jetzt die Weisheit, die er in einem Leben des Optimismus und der Hingabe errungen hat. In diesem persönlichen und inspirierenden Buch zeigt Dr. Schuller uns, wie die universellen Prinzipien, die sein Leben und seine Arbeit geformt haben, auch unser Leben und unsere Arbeit bestimmen können. Dieses Buch, das mit der Botschaft: *„Wirf dein Morgen nicht weg!"* anfängt, ist ein Meilenstein und erörtert starke und universelle Ideale, wie zum Beispiel mit Optimismus anfangen, den Blick auf das Ziel richten, die Kommunikationskanäle reinigen und – am allerwichtigsten – aufschauen auf die höchste Autorität.

Fünfzig Jahre lang haben Amerikaner die rücksichtsvolle Unterweisung von Dr. Schuller gehört und sind durch seine Liebe für die Menschheit und für Gott inspiriert worden. *Wirf dein Morgen nicht weg* ist der Höhepunkt seiner Weisheit, die dem Leser unmittelbar mitgeteilt wird – eine Huldigung an die Kraft des Möglichkeitsdenkens.

WIRF DEIN MORGEN NICHT WEG!

Lebe Gottes Traum
für dein Leben

ROBERT H. SCHULLER

Hour of Power Edition

Titel der Originalausgabe:
Don't Throw Away Tomorrow

Der Auszug aus Kapitel 6 wurde zuerst veröffentlicht in: President's Newsletter, November 1983, Phi Delta Kappa, Bloomington, Inc., und in Robert H. Schuller: Tough Times Never Last, But Tough People Do! (Thomas Nelson, 1983).

1. Auflage 2006
ISBN 10: 3-86591-126-9

Übersetzung: Elly Grothof-Nouwen / Thomas Braas
Umschlaggestaltung: Hour of Power
Satz, Druck und Verarbeitung: Grafedruck GmbH, Lüdenscheid

Dieses Buch ist

IHNEN

gewidmet

Möge Gott, der Ihren Namen
und Ihre Bedürfnisse weit besser kennt als ich,
Sie segnen, während Sie es lesen.

Mögen Sie Freude, Mut und Vertrauen
in jedem Ihrer Morgen finden.

Inhalt

Vorwort

Das fünfzigjährige Bestehen wird gefeiert

Ein Leben voller Weisheit

Um das 50-jährige Jubiläum seines Dienstes hervorzuheben, hat eine der geachtetsten Pastoren Amerikas ein tiefgründiges Buch geschrieben, in dem er die universellen Prinzipien erörtert, die sein Leben bestimmt haben – und die auch Ihr Leben inspirieren können!

„Dr. Schuller ist Millionen von Zuschauern und Lesern nicht nur für seine inspirierende Lehre bekannt, sondern er ist auch ein ernst zu nehmender kreativer Mensch und Denker.
Unsere Wege haben sich bei Kernfragen, wie Optimismus und Theologie, gekreuzt.
In einer Zeit, in der unsere jungen Leute so viel vom vorausschauenden Optimismus und Glauben an die Zukunft verloren haben, die unsere Nation so groß gemacht haben, hat keine Persönlichkeit des öffentlichen Lebens (mit Ausnahme des verstorbenen Präsidenten Ronald Reagan) mehr getan, um das Gleichgewicht wieder herzustellen."

MARTIN E. P. SELIGMAN
Professor der Psychologie an der Universität von Pennsylvania und ehemaliger Präsident der Amerikanischen Psychologischen Gesellschaft

„Dieses faszinierende und inspirierende Buch gibt uns alles, was wir mittlerweile von Dr. Schuller erwarten dürfen – und mehr! Es ist ein Geschenk, nicht nur an tiefgründiger, praktischer Weisheit, das aus seinem Ringen mit sehr wirklichkeitsnahen Situationen stammt, sondern auch von wichtigen Einblicken in das Hervorragendste der Psychologie und Theologie."

RICHARD J. MOUW
Präsident des Theologischen Fuller Seminars

„Wirf dein Morgen nicht weg!" ist mit so viel Leidenschaft, Mitgefühl und Ehrlichkeit geschrieben, dass man tatsächlich die inneren Schichten von Robert H. Schuller's Herz fühlen kann. Es gibt eine geistliche Energie, die auf Glauben und Optimismus in diesem Buch gegründet ist, mit vielen herzzerreißenden Geschichten, die dem Leser Auftrieb geben werden in eine neue geistliche Dimension hinein."

GERALD G. JAMPOLSKY
Dr. med., Autor von *Love Is Letting Go of Fear*

EINS

Werfen Sie Ihr Morgen nicht weg!

Das Morgen ist Ihr bester Freund.

Dies ist das erste Buch, das ich im vierten Quartal meines Lebens geschrieben habe. Und ich gestehe offen, dass ich, der Autor, mir selbst predige. Mein letztes Buch war nämlich meine Autobiographie, die ich mit 75 Jahren veröffentlicht habe, eine Zusammenfassung der ersten drei Viertel meines Lebens. Danach dachte ich, es wäre an der Zeit, mich vom Schreiben zurückzuziehen – ich bildete mir ein, ich hätte nichts Neues mehr zu sagen – nach den 35 Büchern, die ich im Laufe meines Lebens eigenhändig verfasst habe. In Wirklichkeit ist aber genau das Gegenteil der Fall. In den ersten drei Jahren meines vierten Lebensabschnitts sind mir völlig neue Erkenntnisse zuteil geworden. Sie unterscheiden sich deutlich von all meinen bisherigen bewussten Erfahrungen.

Perspektive – dieses Wort ist der Schlüssel zum Verständnis dafür, dass uns das Leben im vierten Lebensquartal Einsichten vermittelt, die wir in jüngeren Jahren nicht erfahren konnten. Die ersten drei Viertel meines Lebens jagte ich meinen Träumen nach. Seit ich fünf Jahre alt war, träumte ich davon, Pastor zu werden. Die Verwirklichung dieses Traums nahm zwanzig Jahre in Anspruch. Es waren zwanzig Jahre intensiven Lernens – High-School und College, dann das theologische Seminar – zwanzig Jahre! Danach hatte ich den Traum, eine Kirche zu gründen, die die Welt mit einem positiven, heilsamen Glauben beeinflussen sollte. So kamen meine Frau und ich mit 500 Dollar in der Tasche nach Kalifornien, um einem sehr weltlichen Bundesstaat unsere geistliche Botschaft der Hoffnung zu bringen. Jetzt, ein halbes Jahrhundert später, blicken wir auf eine Arbeit von fünf Jahrzehnten zurück und sind von dem, was wir sehen, tief bewegt. Der Anblick – und ich sage das in aller Demut – verschlägt einem die Sprache. Die Gebäude und Anlagen in unserem Garten des Friedens sind wirklich beeindruckend! Und hier befindet sich die geistliche Basis eines Fernsehgottesdienstes, den mehrere zehn Millionen Menschen jede Woche auf der ganzen Welt miterleben. Wir senden ihn in den wichtigsten Sprachen der Welt, auf Englisch, Holländisch, Deutsch, Russisch, Arabisch, Chinesisch –, und wir expandieren weiter!

Wie konnte all das wachsen? Aus dem Nichts heraus ist etwas entstanden. Wie soll man es erklären? In einfachen Worten ausgedrückt – so, wie ich den Vorgang verstehe – habe ich immer ein Stück weit in der Zukunft gelebt. Nennen wir es 'Vision'. In den vergangenen 75 Jahren habe ich immer meine Träume vom Morgen geträumt. Habe ich deswegen das Leben im Hier und Jetzt versäumt? Habe ich das Leben in der Gegenwart nicht genossen? Ich weiß es nicht. Ich habe immer im Morgen gelebt. Heute? Das ist die Zeit dafür, Träume zu träumen und das Morgen zu planen. Morgen? Das ist die Zeit, ohne Zögern das zu tun, was ich tun kann und was getan werden muss. Morgen werde ich von der positiven Haltung aus in eine neue Ära positiver Aktion übergehen. Meine Anweisungen an mich selbst bilden diese Akronyme:

T-E-J: Tu es jetzt! Und M-E-W: Mach es wahr!

Natürlich gibt es immer wieder Gelegenheiten, die mich aus meinem geistigen Leben im Morgen herausreißen. Da sind festliche Anlässe, die mich ins *Jetzt* zurückholen, wie eine Hochzeit, ein Jahrestag, die Geburt eines Kindes, die Einweihung eines neuen Gebäudes. Oder es ist eine Rede, die ich halten muss, oder ein Flugzeug, das mich erwartet.

Heute - aber das Heute hat nur 24 Stunden. Das Morgen? In meiner Vorstellung scheint es ewig anzudauern. Das Morgen? Das ist der Ort, wo meine Ziele liegen, von wo aus sie nach Verwirklichung rufen. Das Morgen? Das ist der Platz, wo die Jury wartet, um den Sieger bekannt zu geben – und ich möchte nicht der Verlierer sein. Ich betrachte es als die Zeitspanne zwischen dem Beginn eines Traums und seiner Verwirklichung. Es können zwanzig Jahre, vierzig Jahre oder hundert Jahre sein. Mein Leben bestand immer aus ein wenig Heute und einer ganzen Menge Morgen. Und das Gestern? Den größten Teil der vergangenen 50 Jahre steckte unter der Glasplatte meines Schreibtischs ein Zettel mit den Worten Jesu: „Wer seine Hand an den Pflug legt und sieht zurück, der ist nicht geschickt für das Reich Gottes“ (Lukas 9, 62).

Das Gestern ist Vergangenheit. Es ist Geschichte. Das Morgen ist meine Zukunft, aber das Heute werde ich feiern.

Ich muss einen Moment innehalten. Ein wenig Rückschau lässt sich nicht umgehen. Wir feiern den fünfzigsten Jahrestag der Gründung unserer Kirche. Das sind fünfzig Jahre des Träumens und Erschaffens. Heute ist es angebracht, mein Leben im Morgen einen Augenblick zu verlassen und mir für einen Rückblick Zeit zu nehmen. Zeit nehmen möchte ich mir auch dafür, Danke zu sagen: Gott und meinen Freunden, bei denen ich, von heute aus betrachtet, so tief in der Schuld stehe.

„Oh, mein Gott“, – es verschlägt mir den Atem – „die Vergangenheit – sie ist überwältigend.“ Habe ich einfach nur Glück gehabt? Nein, ich bin gesegnet worden! Ich schaue zurück auf 50 Jahre voller Arbeit. Was sehe ich? Was fühle ich? Es ist etwas, das ich nie zuvor in meinem Leben erfahren habe – nennen wir es *Perspektive*.

In ihrem erhellenden Licht lebe ich im *Hier und Jetzt* wie niemals vorher. Es ist Zeit, ein Jubiläum zu feiern!

Heute begehen wir den fünfzigsten Jahrestag der Gründung einer Kirchengemeinde, die von einer kleinen Gruppe in einem Autokino zu einer Gemeinschaft von mehreren zehn Millionen Menschen anwuchs! Jetzt schauen sie nicht mehr durch die Windschutzscheiben ihrer Autos, sondern in den Fernseher. Sie sitzen nicht mehr in Autositzen, sondern auf Sofas und Betten, und sie regulieren die Lautstärke nicht mehr an kleinen Autokino-Lautsprechern, sondern mit ihrer Fernbedienung.

Was sehe ich also, wenn ich zurückblicke? Welche inneren Stimmen höre ich hier auf meinem Berggipfel?

Ich sehe den langen Weg, den ich gegangen bin, die Erfahrungen, die ich gemacht habe und die Dinge, die ich unter

Stress erreicht habe. Stress? Ja, und zwar ständig. Jeden Tag? Allerdings. Aus meiner jetzigen Perspektive sehe ich ihn aber als Erfolgsstress. Positiver Stress! Arbeiten Sie! Träumen Sie! Halten Sie durch! Geben Sie niemals auf! Glauben Sie immer weiter! Setzen Sie sich immer neue Ziele! Denken Sie größer! Denken Sie länger nach! Praktizieren Sie den positiven Glauben, und seien Sie darauf vorbereitet, in einer Welt zu leben, die aus kreativem, konstruktivem, erlösendem *Stress* besteht.

Ich habe in dieser Welt mit Namen Stress mein ganzes Leben zugebracht. Ich war dazu gezwungen. Es war meine Berufung. Und wenn ich mich jetzt zurückziehen würde, wie würde mein Leben dann aussehen? Stressfrei? Ein sogenanntes stressfreies Leben würde neue Belastungen produzieren, die ich bis jetzt nicht erlebt habe. Etwa den Stress der Langeweile. Die wichtigen Telefonanrufe würden mir fehlen und die bedeutenden Briefe, die meine persönliche Einsichtnahme und Unterschrift erforderlich machen. Würde mein Name von den VIP-Listen für Partyeinladungen, Vorstandssitzungen und Besprechungen verschwinden? *Perspektive*! Jetzt höre ich eine Stimme: „Heiße den positiven Stress willkommen. Wenn du jeden Stress vermeidest, dann bist du bereits *tot*. Heiße den Erfolgsstress willkommen, und bleibe am *Leben*!“ Diese innere Stimme ist sehr klar und deutlich.

WERFEN SIE IHR MORGEN NICHT WEG!

Wer wirft denn sein Morgen weg? Jeder tut es: Kinder, Teenager, Jugendliche, das jungverheiratete Paar, der Mann in den besten Jahren, der Senior, die Alten und die Rentner, die Gewinner und die Verlierer, die Gesunden und die Kranken.

Wann werfen diese Menschen ihr Morgen weg? Wenn sie die Gelegenheit vorübergehen lassen. Wenn sie Einladungen zu Wachstumschancen zurückweisen. Wenn ihre Pläne bereits gemacht sind.

Warum lassen wir die großartigen Möglichkeiten, die unser Morgen in sich trägt, verkümmern? Um diese Frage zu beantworten, lassen Sie mich Ihnen ein wenig von meinem

Werdegang erzählen.

Jetzt, da ich dieses Jubiläumsjahr erlebe, sehe ich, wie all meine unmöglichen Träume auf wundervolle Weise Wirklichkeit geworden sind. Meine Gedanken gehen zurück zu jenem Tag, an dem ich dem Ruf der Denomination von Norman Vincent Peale folgte, eine Westküstenversion seiner 'New York Collegiate Church' ins Leben zu rufen. Diese Kirche ist im Jahr 1628 von Holländisch-Reformierten Kolonisten auf einer Insel gegründet worden, die sie den Eingeborenen abgekauft hatten und die den Namen 'New Amsterdam' trug. Zum Zeitpunkt der Geburt Amerikas, im Jahr 1776, gab es diese Kirche bereits seit 148 Jahren. Bis heute ist diese New Yorker Kirche der älteste Versammlungsort für die protestantische Denomination mit dem längsten ununterbrochenen kirchlichen Dienst in den Vereinigten Staaten.

Diese altehrwürdige Denomination hatte mich aufgefordert, nach Kalifornien zu gehen und eine Kirchengemeinde in einer neuen Vorstadt zu gründen, die inmitten der Orangenhaine im Entstehen begriffen war. Das war im Januar 1955. Und so kam ich hierher mit dem Auftrag, eine Kirchengemeinde aus dem Nichts heraus aufzubauen: mit zwei Mitgliedern für diese Gemeinde, nämlich meiner Frau und mir; mit 500 Dollar, um ein Bankkonto für die Kirchengemeinde zu eröffnen; und vor allen Dingen mit der Bereitschaft, mein ganzes Leben dem Aufbau dieser einen Kirchengemeinde zu widmen, die die Welt verändern würde. In diesen 50 Jahren musste ich Land kaufen. Ich musste es in fünf Abschnitten nacheinander erwerben, so, wie die Bedürfnisse der Gemeinde wuchsen. Am Ende waren es 16, 2 Hektar, die jetzt komplett für die Dienste der Kirchengemeinde genutzt werden. Für mich war das der Stress des Erfolgs. Denn man hatte mich nicht nur zum Pastor berufen. Nein, ich war auch Bauherr, Planer, Organisator, Landentwickler, ich war für die Finanzen zuständig, und ich war sogar als Architekt tätig – und auf allzu weniges hiervon war ich im College oder auf dem Seminar vorbereitet worden.

In meiner Autobiographie *„Meine Lebensreise“* habe ich genauer erzählt, wie es dabei zuging. Die ersten 4 Hektar kosteten noch 6.000 $ pro Hektar. Walt Disney baute eine Meile weiter sein Disneyland, also zahlten wir für die zweiten 4 Hektar nur wenige Jahre später schon 100.000 $ pro Hektar. Die dritten 4 Hektar kamen einige Jahre später dann auf fast eine Million pro Hektar, und die letzten 4 Hektar, mit 40 Privathäusern darauf, kosteten uns weit mehr als eine Million pro Hektar. Allein für das letzte Haus mussten wir eine Million Dollar aufbringen. Dann versetzten wir die Häuser und entfernten die Straßen, die Strom- und Telefonmasten und vervollständigten so unser 16, 2 Hektar großes Gemeindegelände, auf dem heute unsere vier architektonisch herausragenden, wegen ihrer Gestaltung weltberühmten Gebäude stehen. Jedes von ihnen wurde von einem Goldmedaillengewinner unter den Architekten gestaltet: von Richard Neutra, Philip Johnson und Richard Meier. Es ist eine Ehre für uns, dass die Crystal Cathedral in der 2004 erschienenen Publikation des *Time*-Verlags *„Great Buildings of the World"* erwähnt wird. Es stimmt mich demütig, dass unser Streben nach Erstklassigkeit anerkannt wird, dass ich lesen darf, wie die Crystal Cathedral als „eines der einflussreichsten, inspirierendsten und erstaunlichsten Gebäude der Welt" bezeichnet wird. Und sie ist täglich in Gebrauch – für Dienste der Hoffnung, der Ermutigung und des Glaubens.

Während all dieser fünfzig Jahre bin ich abends mit dem Gedanken an Morgen zu Bett gegangen. Fünf Jahrzehnte hindurch waren meine Gedanken bei jedem wichtigen Ereignis, das unsere neuen, expandierenden Dienste betraf, nur teilweise ganz in der Gegenwart. Selbst als unser Fernsehdienst seine eintausendste Sendung feierte, und alle fünf noch lebenden Präsidenten der Vereinigten Staaten im Programm erschienen, genoss ich die Gegenwart nur kurz, denn ich war geistig bereits mit den Anforderungen von Morgen beschäftigt.

Heute, mit einem nahezu abgeschlossenen Lebenswerk, fühle ich mich zum ersten Mal frei *innezuhalten, mich umzuschauen* und – ja – auch zurückzuschauen. Jetzt erkenne ich, dass mein Leben niemals aus dem Gestern und auch nicht aus dem Heute bestanden hat. Es fand immer im Morgen statt. Ich konnte unmögliche Träume träumen, denn ich hatte einen 40-Jahresplan. Und als diese 40 Jahre vorbei waren – ich war inzwischen 68 Jahre alt, also über das normale amerikanische Pensionsalter hinaus –, war mein gesamter Plan noch nicht verwirklicht. Also musste ich für weitere zehn Jahre meine Gedanken auf das Morgen richten. Wenn ich zu dieser Zeit in Pension gegangen wäre, hätte ich die Morgen von zehn Jahren weggeworfen! Das sind 3.650 Morgen, Schaltjahre nicht einmal mit eingerechnet! Jetzt, da ich diese Zeilen schreibe, sind diese zehn Jahre gelebt worden, und ich habe mit meinen 78 Jahren einen weiteren Zehnjahresplan. Das ist eine Zukunft, die das Leben bedeutsam macht – durch meine neuesten unmöglichen Träume.

Unmögliche Träume mit 78? Ja, denn mein Leben ist der Beweis dafür, dass alles möglich ist, wenn wir nur niemals aufgeben und niemals aufhören, Pläne für morgen zu machen.

...

Werfen Sie Ihr Morgen nicht weg! Ja, leben Sie Gottes Traum für Ihr Leben! Ich bete, dass ich Ihnen dabei helfen kann, wie so viele Menschen mir im vergangenen halben Jahrhundert geholfen haben!

Vor einigen Jahren war ich mit Mike Nason unterwegs, einem Mitarbeiter, der seit beinahe 40 Jahren bei uns ist. Im Flugzeug studierten wir unseren Terminplan – etwa drei Seiten mit Details über verschiedene Veranstaltungen in den Städten, die wir besuchen sollten. Als ich eine Seite durchgesehen hatte, von der ich dachte, dass sie die Ereignisse des Tages nur noch einmal zusammenfasse, knüllte ich sie zusammen und wollte sie wegwerfen. Da sagte Mike: „Das ist die Seite von morgen! Wirf Morgen nicht weg!“

Wow! Mir ging ein Licht auf. Ich hatte ein universelles Prinzip entdeckt: *„Wirf Morgen nicht weg!“* Das ist so schnell geschehen. Papier zerknüllen. Wegwerfen. Zur Tagesordnung übergehen.

Wir werfen unser Morgen weg, wenn wir die Ideen, die uns begegnen, nicht beachten und einfach an ihnen vorübergehen, weil wir nicht dafür bereit sind. „Das muss ich jetzt nicht versuchen“, sagen wir. Dabei haben wir keine Vorstellung davon, vor welchen Möglichkeiten wir damit unsere Türen verschließen. Wir haben die Idee ja kaum ernsthaft wahrgenommen.

Wir werfen unser Morgen weg, wenn wir plötzlich Herausforderungen gegenüberstehen oder wenn Probleme auftreten.

Wir werfen unser Morgen weg, wenn unsere Prioritäten durcheinander geraten und wir unsere Vision verlieren.

Wenn Sie das Gefühl haben, dass Ihnen die Dinge entgleiten, werfen Sie Ihr Morgen nicht weg. Es gibt einen wunderbaren Bibelvers. In ihm ist praktisch der Schlüssel zum Morgen enthalten: „Heiligt euch!“, was bedeutet: Kommt zu Gott, und klärt eure Sache mit Ihm! „Heiligt euch, denn morgen wird der HERR Wunder unter euch tun“ (Josua 3, 5). WOW!

Warum werfen Menschen ihr Morgen weg? Nun, in manchen Fällen ist es einfach Müdigkeit. Die Menschen sind erschöpft. Es reicht ihnen. Wenn Sie über das Gelände der Crystal Cathedral spazieren oder eines der Länder besuchen, in denen die Gottesdienste von *Hour of Power* gesendet werden, dann sehen Sie viele meiner Träume, die Wirklichkeit geworden sind. Hinter diesen Träumen gab es jedoch immer die Schatten, die Zeiten des Wartens, die Zeiten, in denen ich mich fragte, wie alles überhaupt zu einem guten Ende kommen sollte. Dann gaben mir folgende Bibelverse Halt: „Lasst uns aber Gutes tun und nicht müde werden; denn zu seiner Zeit werden wir auch ernten, wenn wir nicht nachlassen“ (Galater 6, 9) und aus dem Buch Hiob: „Er prüfe mich, so will ich erfunden werden wie das Gold“ (Hiob 23, 10).

Anlässlich eines Jubiläums ist die Versuchung groß, Rückschau zu halten. Das ist in Ordnung. Es ist angemessen, aber hängen Sie Ihr Herz nicht daran, bleiben Sie nicht dabei stehen, und verpassen Sie darüber nicht das Morgen. Die Wahrheit ist, dass wir zu jener Zeit lernen müssen, auf das Morgen zu schauen. Dort geschieht alles.

Andere werfen ihr Morgen weg, weil sie enttäuscht oder verärgert sind. Sie haben nicht die Gehaltserhöhung bekommen, die sie sich vorgestellt hatten. Sie stellen sich all die Jahre vor, die sie für die Firma geschuftet haben. Und wer bekommt jetzt die Anerkennung dafür? Sie nicht.

Dann gibt es die gebrochenen Versprechen, Zusagen, die gemacht, aber nie eingehalten wurden.

Die magere Reaktion auf Ihren Einsatz war nicht das, was Sie erwartet haben. Und war das Ergebnis die Mühen wert? Es ist ganz normal und menschlich, mit Enttäuschung zu reagieren. Es ist völlig in Ordnung, enttäuscht zu sein – aber lassen Sie nicht zu, dass die Enttäuschung Ihr Denken und Ihr Herz regiert und Sie Ihr Morgen wegwerfen.

Es ist so einfach, negativem Denken und negativen Menschen zu erliegen. Wenn man all die Zurückweisungen, die Versäumnisse, die Rückschläge zusammenrechnet, dann will man das Morgen nur noch wegwerfen. Vergessen Sie aber diese Grundregel des Möglichkeitsdenkens nicht: „Treffen Sie niemals eine unwiderrufliche Entscheidung, wenn Sie gerade am Boden liegen."

Was passiert eigentlich, wenn Sie Ihr Morgen wegwerfen? Sie geben die Führung Ihrer Lebensbestimmung ab, an das Schicksal, an andere Mächte, an vergangene Fehlschläge, an Menschen, die ein bedenkliches Gesicht ziehen und negative Prophezeiungen von sich geben: „Das wird nicht funktionieren." „Dazu hast du nicht das Zeug." „Das ist unmöglich." Dann verlieren Sie Ihre Zuversicht, und Ihr Glaube an sich selbst wird mit einem fatalen Pessimismus infiziert. Sie geben auf, und Ihr Morgen landet im Abfalleimer. Die Negativdenker um Sie herum haben gewonnen.

Warum verletzen und zerstören Menschen die Möglichkeitsdenker und die Träumer großer Träume? Aus vielen unterschiedlichen Gründen: Eifersucht, Unwissenheit, Zynismus. Eine Haltung des prinzipiellen „Ich bin dagegen!" Manche Menschen lassen es zu, dass negative Gefühle in ihrem Leben die Herrschaft übernehmen.

Wie kann man in solch einer negativen emotionalen Umgebung die Kraft finden, seine Hoffnung nicht aufzugeben und seine Träume weiter zu verfolgen?

1. Lesen Sie den Titel eines bestimmten Buches noch einmal: *„Harte Zeiten vergehen, zähe Menschen bestehen!*[1]" (englischer Titel: *Tough Times Never Last, But Tough People Do*). Ich habe dieses Buch geschrieben. Ich habe es gelebt. Es ist millionenfach verkauft worden. Übergeben Sie die Herrschaft über Ihre Stimmung und Ihr Denken niemals an die Neinsager!

2. Lesen Sie nun jede Zeile auf jeder Seite dieses Buches.

3. Sehen Sie Ihren Ängsten ins Auge. Treten Sie den Herausforderungen, die das Leben an Sie stellt, mit einer unverrückbar positiven Haltung entgegen.

Es gibt auf Hawaii ein verschwiegenes Plätzchen, wohin ich mich seit über dreißig Jahren immer wieder zurückziehe, einen Ort, der mich inspiriert und wo ich viele meiner Bücher geschrieben habe. Ich bin gerade jetzt da, in dem Augenblick, in dem ich diese Zeilen schreibe. Jeden Morgen gehe ich hinaus und mache Frühsport – einen ausgedehnten, zügigen Spaziergang am Strand entlang. Und jeden Morgen sehe ich vor mir einen älteren, grauhaarigen, japanischen Gentleman. Er hat offensichtlich einen Schlaganfall erlitten. Die rechte Seite seines Körpers – Arm und Bein – ist fast vollständig gelähmt, aber er kann einen Stock mit der rechten Hand halten und einsetzen. Seine linke Hand schwingt nach vorn und nach hinten, hoch in die Luft und nach unten, um seinen Körper auszubalancieren. Er kommt langsam auf mich zu. Wir treffen uns, wir tauschen ein Lächeln aus. Welch ein Geist strahlt aus seinem entschlossenen Gesicht! Er wird ganz einfach nicht aufgeben; und er wird seine Zukunft nicht von einem verwundeten Körper bestimmen lassen. Er wird es nicht tun. Ich spreche seine Sprache nicht, aber er versteht Englisch. Seine Augen und seine Wangen, sein ganzes Gesicht wird zu einem einzigen großen und schönen Lächeln, wenn ich anhalte und einfach nur sage: „Weiter so. Gott segnet Sie!" Das geht so seit vier Jahren. Er wäre vielleicht schon längst besiegt und tot, aber er hat nie sein Morgen aufgegeben.

[1] Im Deutschen ist dieses Buch unter dem Titel „Mit Flügeln des Adlers – Mit Gottes Hilfe schwere Zeiten überstehen" erschienen.

Ja, es gibt viele Gründe, aus denen Menschen ihr Morgen wegwerfen. Einige werfen es weg, aus Angst zu versagen. Sie haben nur Furcht, ein Risiko einzugehen. Ich habe oft gesagt: „Wenn Sie Angst vor Risiken haben und sie deswegen meiden, dann leben Sie diesen Moment nicht im Glauben.“ Wenn Sie im Glauben leben, dann leben Sie auf der ‘Risiko-Spur’, denn Sie brauchen Glauben, um weiterzumachen, auch wenn Sie nicht sicher sein können, dass sich alles so entwickeln wird, wie Sie es geplant haben und es sich erhoffen. Sind Sie in Versuchung, Ihr Morgen wegzuwerfen, weil Sie Angst haben zu versagen? Nichts ist für mehr Morgen im Müll verantwortlich als diese Furcht.

Dann gibt es natürlich noch die politischen Enttäuschungen, die Sie dazu bringen können, die Träume für morgen in den Abfall zu werfen. Jedes Mal, wenn Sie eine Idee haben, brauchen Sie die Hilfe von Menschen, um sie umzusetzen. Und schon hat man den Anfang einer Institution. Wenn aber eine Institution entsteht, müssen Hierarchien und Einschränkungen etabliert werden. Wenn es allen gehört, gehört es letztlich keinem. Wenn jedermann verantwortlich ist, ist es zuletzt keiner. Also ist es in großen Institutionen nötig, Machtpositionen zu installieren. Und hier kommt die Politik ins Spiel. Politik kann sehr positiv und hilfreich sein. Schließlich hält sie eine Infrastruktur aufrecht. Wenn man allerdings auf der falschen Seite steht, kann man leicht zu der Meinung kommen, dass hier zu viel Gerede und egoistische Motive vorherrschen. Dann ist man schnell versucht, sein Morgen wegzuwerfen.

Warum werfen Menschen ihr Morgen weg? Der Grund ist bei einigen, dass sie Erfüllung gefunden haben. Sie haben einen Preis gewonnen. Vielleicht ist es ein Lottogewinn. Jetzt haben sie genug und wollen sich nicht mehr anstrengen. Sie verlieren ihre Vision. Es ist eine Versuchung. Ich bin öfter geehrt und ausgezeichnet worden, als ich es verdient habe, und ich bin reicher belohnt worden, als ich es je erwartet hätte. Es kann eine Versuchung sein zu sagen: „Nun, ich werde mich aus dem Berufsleben zurückziehen.“ Was würde ich dann bloß tun? Im Sessel sitzen und fernsehen? Lassen Sie es nicht zu, dass die Erfüllung Ihr Morgen auf den Müll befördert.

Der Spruch ist vielen geläufig: „Kenn' ich, hab ich auch schon ausprobiert." Vorsicht vor diesem Satz! Er ist eine Aussage mit latenter negativer Explosivkraft. Sie kann ein mächtiges Loch in viele der schönen Träume reißen, die Gott für Sie bereithält. Ja, ich habe noch Träume für die Morgen, die Gott mir schenkt! Sie und ich, wir müssen die Erfüllung unserer Träume als Stärkung unserer Aktionsbasis sehen! Durch sie werden wir befähigt, in noch größeren Dimensionen zu denken, größer, als wir es uns je vorzustellen wagten!

Warum werfen Menschen ihr Morgen weg? Natürlich sind fehlende Mittel oft ein wichtiger Grund. Sie haben das Geld nicht, und Sie haben auch keine Vorstellung, wo es herkommen könnte. Fehlende Mittel können Sie bremsen, aber lassen Sie nicht zu, dass sie Sie dazu bringen, eine große Idee wegzuwerfen. Geben Sie Gott fünf Jahre, zehn Jahre, fünfzehn Jahre, zwanzig Jahre, fünfundzwanzig Jahre, dreißig Jahre, vierzig Jahre oder mehr. Geben Sie Gott alle Zeit, die Er braucht, um die Ressourcen zu Ihnen zu bringen! Geben Sie Gott Zeit – und die Menschen, die Spezialisten, die Fähigkeit, die neuen Erfindungen, das Geld werden sich einstellen. Werfen Sie Ihr Morgen nicht weg!

Kürzlich war ich in Florida auf einer Konferenz, und bei dieser Gelegenheit besuchte ich einen Freund, den ich von unserem Fernsehdienst her kenne. Ich besuchte ihn auf der Arbeit, und so entdeckte ich, dass er Bankier ist. In Wirklichkeit gehört ihm sogar diese Bank, auch wenn sie klein ist, und mehr noch: Es ist schon seine zweite Bank. Als junger Mann hatte er einen Job als Hausmeister in einer Bank angenommen. Er hat keine aufregenden Diplome vorzuweisen. Er kann auch nicht von sich behaupten, besonders mächtige und reiche Menschen zu kennen, aber er ist ein Möglichkeitsdenker. Er hat meine Bücher über das Möglichkeitsdenken gelesen, und er besitzt einen starken, positiven Glauben. Dieser, so sagt er, hat ihm den Mut gegeben, seine Träume für morgen ernst zu nehmen. Während er also Hausmeister in dieser Bank war, hatte er eine wilde, unmögliche Idee: *„Wie wäre es, wenn du deine eigene Bank gründen wür-*

dest? Du könntest Hauptvorstandsmitglied sein, Präsident. Alles, was du brauchst, sind gute Ideen.“ Also wagte er einen Glaubensschritt und gründete mit drei Millionen Dollar, die er hier und da zusammengesammelt hatte, eine eigene Bank. Es ist kaum zu glauben, wie er das alles ohne Startkapital und ohne Ressourcen bewerkstelligt hat. Die Bank entwickelte sich gut, und er verkaufte sie mit nicht geringem Gewinn. Jetzt baut er gerade seine zweite Bank auf, als Inhaber und Generaldirektor. Ich habe all seine erstklassigen Angestellten kennen gelernt, vierzehn an der Zahl, zum größten Teil junge Leute, die seit zehn, zwölf, vierzehn Jahren für ihn arbeiten. Sie lieben ihn. Er behandelt sie so gut und ist so großzügig, dass sie nirgends sonst arbeiten möchten. Er ist ein gläubiger, positiv denkender Mann, und er setzt es in seinem Betrieb, in seinen Ideen, im täglichen Umgang mit seinen Angestellten um. WOW!

Wenn Sie der Versuchung zu erliegen drohen, nur das zu sehen, was Ihnen fehlt, dann denken Sie daran, dass Gott oft erst dann die nötigen Mittel freisetzt, wenn Sie den Fuß schon ins Wasser gesetzt haben. Als die Armee des Pharao ihm auf den Fersen war, um ihn gefangen zu nehmen und zu töten, teilte sich das Rote Meer erst in dem Moment, als Moses den Fuß ins Wasser setzte. So entkamen er und das Volk Israel in die Freiheit. Werfen Sie Ihr Morgen nicht weg! Halten Sie sich an den Glauben, und lassen Sie den Zweifel los! Fangen Sie an, positiv zu denken, und lassen Sie die negativen Gedanken! Beginnen Sie mit dem Möglichkeitsdenken: *Es könnte möglich sein, falls ... Es könnte möglich sein, wenn ... Es könnte möglich sein mit ... Es könnte möglich sein, nachdem ... Es könnte jedoch möglich sein ...* Nur gebrauchen Sie niemals das Wort *unmöglich*! WOW!

...

Mit Gott gibt es immer ein Morgen. Adam und Eva hatten ihre Chance vertan. Gott sah ihnen zu, wie sie den Garten in Schande verließen. Ohne Würde. Ohne Selbstvertrauen. Ohne Selbstachtung. Sie verließen den Garten gedemütigt und entehrt.

Und während Gott ihnen dabei zusah, dachte er schon an ihr Morgen!

Dann kam die Sintflut, aber durch Noah hatte Gott bereits das Morgen vorbereitet. Und er schuf den Regenbogen mit einer Verheißung: Wenn Sie gerade durch eine Flut gehen und Ihr Morgen nicht wegwerfen, warten einige wundervolle Überraschungen auf Sie, die Sie während des Sturms nicht hätten erwarten können.

Gläubige auf der ganzen Welt feiern Ostern. Das ist das Morgen, dass Gott für sein Volk geplant hat. Wir alle brauchen eine Vision von Morgen. Und wenn das Morgen da ist, müssen wir es ergreifen. Sättigen Sie Ihren Geist mit positivem Denken! Negatives Denken wird das hervorbringen, was es verspricht – nichts. Positives Denken dagegen wird etwas hervorbringen und das Leben für andere und für Sie selbst besser machen! Das ‚Etwas' gewinnt immer die Oberhand über das ‚Nichts'.

Morgen wird Gott mitten unter Ihnen Wunder wirken!

ZWEI

Mit Optimismus anfangen und Erfolg haben

Positives Denken* plus *Möglichkeitsdenken* ergibt *Optimismus!

Um Gottes Traum für Ihr Leben Wirklichkeit werden zu lassen, brauchen Sie eine optimistische Grundhaltung. Pessimisten haben Angst vor dem Morgen. Optimisten werfen ihr Morgen niemals weg. Und Sie werden sowohl positives Denken als auch Möglichkeitsdenken brauchen, um Erfüllung zu finden.

„Warum“, werde ich oft gefragt, „unterscheiden Sie zwischen positivem Denken und Möglichkeitsdenken? Gibt es denn einen Unterschied?“ In meinem Glauben und meiner Philosophie gibt es diesen Unterschied.

Es ist der Unterschied zwischen Haltung und Handlung.

Zuerst kommt das positive Denken. Es ist *eine positive Geisteshaltung, die an die Stelle einer negativen oder einer lethargischen Einstellung tritt.* Das positive Denken bereitet alles vor. Ihr Traum ist schon da, aber an diesem Punkt ist er noch wenig mehr als Wunschdenken. Um vorwärts zu kommen, ist es nötig, dass Ihr Geist den Schritt vom positiven Denken zum Möglichkeitsdenken vollzieht.

Im Möglichkeitsdenken bewegt sich der Geist von der Idee einer *Haltung* zur Idee einer *Handlung* hin. Wir gehen die Verpflichtung ein, Mittel und Wege zu finden, um unseren Traum Wirklichkeit werden zu lassen.

Das positive Denken fragt: „*Ist* es möglich?“ Das Möglichkeitsdenken stellt die Frage, die alles in Bewegung bringt: „*Wie* kann ich es möglich machen?“

Das Möglichkeitsdenken hilft positiven Ideen auf die Beine und verleiht ihnen Flügel.

Herz und Seele sowohl des positiven als auch des

Möglichkeitsdenkens ist jedoch der gleiche, kraftvolle Optimismus. Dieser Optimismus ist die Geisteshaltung, die Sie in allen Stücken befähigt und Ihnen verlässlich die nötige Energie liefert, um:

- zu beginnen,
- durchzuhalten oder
- sich rasch wieder zu fangen und nach Enttäuschungen von vorne anzufangen.

Stefanie, meine Enkeltochter, ist ein Teenager. Sie sprach mich auf die unzähligen Male an, die ich zu ihr gesagt habe: „Welche Träume hättest du, wenn du *wüsstest*, dass du nicht versagen kannst?"

„Opa", fragte sie mich, „hast du denn niemals daran gedacht, dass du selbst scheitern könntest?"

„Oh, ja", gab ich zur Antwort. „Ich habe oft der Möglichkeit gegenübergestanden, dass ich scheitern könnte, aber ich *wusste* doch nie im Voraus, dass ich versagen *würde*, wenn ich es unterließ, es wenigstens zu *versuchen*. Ich könnte niemals Optimist sein, wenn ich nicht bereit wäre, ein Risiko einzugehen. Ich *weiß*, wenn ich vor einer Situation stehe, in der ich versagt zu haben scheine, dann kann ich sie immer noch hin und her drehen und wenden, solange, bis auch ein Fehlschlag zu einer wertvollen, positiven Erfahrung wird. Stephanie, dein ganzes Leben hindurch wirst du dich immer wieder in unterschiedlichen Situationen befinden, in denen du dich wirst entscheiden müssen, ob du Optimist oder Pessimist sein möchtest. Ich entscheide mich dafür, Optimist zu sein."

Eingefleischte Zyniker fragen mich immer wieder: „Wie können Sie in einer Welt voller Schmerz und Not noch optimistisch sein?"

„Ich bin süchtig nach Optimismus", gebe ich dann zur Antwort. „Ich bin ein Mensch, der emotional grundsätzlich positiv geladen ist. Ich entscheide mich für die Möglichkeiten, die am ehesten danach aussehen, dass sie sich zu positiven Erinnerungen in meiner Erinnerungsbank entwickeln werden. Mein erweitertes Erinnerungsvermögen erzeugt eine positive Rückkoppelung. Dabei produziert es positive Emotionen wie Begeisterung, Hoffnung und Glaube. Diese glücklichen, hoffnungsvollen Gefühle sorgen dafür, dass ich mich stark fühle. Sie geben mir die Gewissheit, dass ich die Kraft besitze, in guten und in schlechten Zeiten kreativ zu sein."

Über die Kraft hinaus, die er dem Unterbewusstsein vermittelt, über die Begeisterung hinaus, die er in einer Person freisetzt, über die Energie hinaus, die er produziert, zieht er auch noch andere positive Menschen an und bringt sie uns nahe. Ihre Freundschaft und Unterstützung bilden eine weitere Schutzschicht, die uns hilft, harte Zeiten zu überstehen. Positive Menschen meiden Pessimisten, fühlen sich aber von Optimisten angezogen. Sie möchten an den Träumen und Projekten des optimistischen Menschen Teil haben.

Wenn der Pessimismus die Oberhand gewinnt, sei es in der Familie, in einer Organisation oder sonstigen Institution, dann sickern Versagensgedanken ein, und eine allgemeine Müdigkeit tritt in den Vordergrund. Pessimismus saugt jede Energie auf und gibt einem das Gefühl, alt und schwach zu sein. Pessimismus vertreibt positive Menschen.

Pessimismus ist der giftige Nährboden, auf dem Sorge, Angst und Unsicherheit gedeihen, um die Träume des Lebens zu ersticken. Ja, der Pessimismus erstickt den Glauben; er vergiftet das positive Denken, und er lässt große Träume in Depression enden. Wie schade um sie. Norman Cousins drückt es so aus: „Gibt es jemanden, der genug weiß, um ein Pessimist sein zu können?"

Eine der inspirierendsten Frauen, die ich je getroffen habe, hätte allen Grund dazu, pessimistisch zu sein, aber sie hat sich stattdessen für den Optimismus entschieden.

Renee Bondi war eine gutaussehende, vor Energie strotzende, hochintelligente, junge Frau von 29 Jahren. Sie war sowohl über ihre Karriere als Sängerin sehr glücklich, wie auch über den Umstand, dass sie bald heiraten sollte. Die Welt lag ihr zu Füßen, alle Möglichkeiten standen ihr offen, und ihre Zukunft erschien in einem glänzenden Licht. Da änderte sich alles in einer einzigen Nacht durch einen tragischen Unfall:

„Eines Sonntagabends", so berichtet sie, „ging ich gegen elf Uhr ins Bett, nach einem ganz gewöhnlichen, angenehmen Wochenende. Ich hatte den ganzen Abend mit meinem Verlobten getanzt. Ich fühlte mich wunderbar, als ich mich hinlegte. Das Nächste, an das ich mich erinnere, war, dass ich um zwei Uhr nachts aufwachte, weil ich Kopf voran vom Fußende meines Bettes 'tauchte'. Als mein Kopf den Boden berührte, hörte ich, wie es in meinem Genick *Knacks-Knacks-Knacks* machte, und der Salto endete damit, dass ich platt auf dem Rücken liegen blieb. Ich hatte mir den Hals gebrochen.

Bis heute haben wir absolut keine Ahnung, wie das geschehen ist. Ich bin keine Schlafwandlerin und habe auch sonst keine Störungen, die einen derartigen Anfall verursachen könnten. Ich hatte mir den Hals gebrochen, und mein Leben hatte sich buchstäblich über Nacht geändert."

Glücklicherweise musste Renee nicht lange auf dem Boden liegen. Sehr bald kam ihr ihre Mitbewohnerin zu Hilfe, die mysteriöserweise aufgewacht und in Renees Zimmer gekommen war, „um zu sehen, ob mit Renee alles in Ordnung war." Renee schreibt dies Gottes Vorsehung zu – eine bemerkenswerte Aussage an sich und über sich. Viele Menschen würden nach einem solchen Unfall Gott nur noch mit Bitterkeit ansehen. Weil sie aber daran glaubte, dass Gott sich um sie kümmerte, entschied sich Renee für eine positive geistige Reaktion.

„Wer zieht sich denn schon eine Lähmung zu, wenn er aus dem Bett fällt?", fragt sie mit demselben ungläubigen Staunen, das wir alle empfinden, wenn wir ihre Geschichte hören. „Ich hatte nicht bemerkt, dass ich gelähmt war. Ich wollte wieder zurück ins Bett, als dieser furchtbare Schmerz meinen Nacken durchfuhr. Ich versuchte nach meiner Mitbewohnerin zu rufen, aber es kam nicht mehr als ein Wispern heraus. *‚Oh, meine Güte'*, dachte ich, *‚sie wird mich wahrscheinlich nie finden. Sie schläft tief und fest.'* Aber buchstäblich innerhalb weniger Minuten öffnete sich die Tür, und das Licht ging an. Meine Mitbewohnerin war aus einem gesunden und festen Tiefschlaf erwacht. Ich bin mir ganz sicher, dass der Heilige Geist sie geweckt hat.“

Renee erfuhr bald, dass die Prognose der Ärzte düster aussah: „Sie sind Quadriplegikerin[2] – gelähmt vom Hals abwärts“, sagten sie ihr. „Sie werden weder Ihre Beine, noch Ihre Arme oder Finger je wieder gebrauchen können.“

Während Renee den Neurologen und Neurochirurgen zuhörte, schien ihr Leugnen der einzige Weg, mit der erschütternden Neuigkeit umzugehen. Erst als sie versuchte, wieder zu singen, wurde ihr die ganze Tragweite ihrer Situation schlagartig bewusst.

„Ich war seit fünf Monaten im Krankenhaus, als ein guter Freund von mir, ein Musiker, mich besuchen kam. Er kam mit einem breiten Lächeln ins Zimmer und sagte: ‚Renee, ich habe im Speisesaal einen Flügel entdeckt. Auf geht's!‘ Also fuhr ich in meinem Rollstuhl neben ihm den Flur hinunter. Jim setzte sich ans Instrument und fing an zu spielen. Ich versuchte zu singen. Jedes Mal, wenn ich versuchte zu singen, wurde es mir schwindlig. Ich wäre fast in Ohnmacht gefallen. Ich konnte nicht singen. Ich fing an zu weinen. Mein Freund stand auf, legte seinen Kopf auf meine Schulter, und wir schluchzten beide. Ich musste erkennen, dass mir der innerste Ausdruck meines Selbst, meine Musik, auch noch genommen worden war. Es war niederschmetternd.“

Renee's Familie füllte die emotionale Lücke, die durch den Übergang von einer selbstständigen Frau zu einer Person, die für die einfachsten Lebenselemente von anderen abhängig war, entstand.

„Meine Geschwister, meine Mutter und mein Vater gaben sich wirklich ganz besondere Mühe“, erzählt sie. „Mein Vater hat zum Beispiel einen Getränkehalter für meinen Rollstuhl zusammengeschweißt, so dass ich immer mit ausreichend Flüssigkeit versorgt war. Meine Schwestern und mein Bruder kümmerten sich um die medizinischen Belange, damit ich kräftig genug blieb, damit ich nicht starb. Meine Mom kümmerte sich um meine Wäsche und schneiderte meine Kleidung perfekt passend für den Rollstuhl. Meine Schüler und deren Eltern ermöglichten mir mit einer großen Spendenaktion den Kauf

[2] an allen Gliedmaßen gelähmt

eines rollstuhlgerechten Wagens. Und mein Verlobter war natürlich ständig in meiner Nähe. Er sorgte dafür, dass ich es im Rollstuhl bequem hatte, und dass ich Grund zum Lächeln hatte. All das tat mir sehr gut und gab mir Kraft."

Und ihr positiver christlicher Glaube gab ihr die Kraft, optimistisch zu bleiben. „Während dieser wirklich sehr dunklen Tage, Wochen und Monate hörte ich nicht auf zu beten", erinnert sie sich. „Ich konnte deutlich sehen, wie Gott durch meine Familie, durch alle diese Menschen wirkte. Er war die Kraft im Hintergrund. Sie waren Gottes Hände, die mir halfen. Durch sie sprach Gott mir zu: „Habe keine Angst. Ich werde dir immer vorangehen."

Diese Unterstützung befähigte Renee, mit vollem Einsatz bei der Physiotherapie mitzuarbeiten. Ihre Stimme, die zuerst nur noch ein Wispern gewesen war, wurde langsam wieder kräftiger. Und im gleichen Maß, in dem ihre Stimme stärker wurde, kräftigte sich auch ihr Geist.

„Einige Jahre später versuchte ich wieder zu singen, mit dem gleichen Freund", fährt sie fort, „und da war sie wieder, meine Stimme. *Ich sang!* Jetzt weiß ich, dass die Kraft dazu vom Herrn kam."

Heute erntet Renee die Früchte ihres Optimismus. Ihre Stimme erfüllt die ganze Crystal Cathedral bei jedem ihrer regelmäßigen Auftritte in unseren Gottesdiensten. Sie kann ihre Arme nach wie vor nur teilweise bewegen und ist und bleibt Quadriplegikerin. Trotzdem ist sie verheiratet und hat einen Sohn, den sie auf natürliche Weise entbunden hat. Sie hat zahlreiche Alben aufgenommen und singt wunderbare, inspirierende Lieder. Ihr übersprudelnder Optimismus ist wirklich ansteckend.

Optimismus oder Pessimismus – es ist Ihre Entscheidung. Erwarten Sie das Beste, dann bekommen Sie es vielleicht. Erwarten Sie das Schlimmste, und vielleicht bekommen Sie *dann das*.

Warum bin ich Optimist?

1. *Ich bin Optimist, weil ich an eine kosmische Kraft glaube, die* *intelligent und mitfühlend ist.* Gott hat mir eine Aufgabe gegeben, und er hat auch einen Auftrag für Sie. Meine Aufgabe ist mein Daseinsgrund. Sie gibt meinem Leben Bedeutung. Sie macht mich lebendig durch die Hoffnung auf das Leben, das sich in der Zukunft entfalten wird. Ja, mein Glaube an Gott schenkt mir die göttliche Fantasie, mir eine fruchtbare Zukunft vorzustellen, voll von Überraschungen des Erfolgs.

Diese Vision einer positiven Zukunft erzeugt in einem Kreislauf dann sogar noch größeren Optimismus.

Ich wurde in eine sehr gläubige christliche Familie hineingeboren. Von frühester Kindheit an wurde ich an den Glauben an eine höhere Intelligenz herangeführt. Ich lernte, an einen von höherer Liebe erfüllten Kern göttlicher Realität im geistlichen Universum zu glauben. Ich lernte, dass das „Gott" war, und dass Er einen Plan für mein Leben hatte. „Denn ich, ich kenne meine Pläne, die ich für euch habe, Pläne des Heils und nicht des Unheils; denn ich will euch eine Zukunft und eine Hoffnung geben" (Jeremia 29, 11). Ich wusste, wenn ich Gottes Plan folgte, dann würde er ihn in meiner Fantasie weiterentwickeln. Er würde mich nicht Schiffbruch erleiden lassen. „Der in euch angefangen hat das gute Werk, der wird es auch vollenden bis an den Tag Christi Jesu" (Philipper 1, 6).

Wir leben in einem materiellen Universum, aber ich glaube, dass wir auch in einem geistlichen Universum leben, in dem es eine höhere Macht gibt, die einen Plan hat für alles Leben in der Schöpfung: Pflanze und Tier, Vogel und Fisch, Insekt und Mikrobe. Jede Lebensform ist ökologisch einbezogen. Und einzig der Mensch besitzt die göttliche Gabe der kreativen Vorstellungskraft – und mit ihr die Fähigkeit, sich die unsichtbare, intelligente Lebensform vorzustellen, die wir Gott nennen.

2. *Ich bin Optimist, weil ich glaube, dass jede Person wichtig ist.* Jede Person ist eine Kraft in ihrem oder seinem persönlichen Umfeld. Sie besitzt die Macht, die Menschen um sie herum zu beeinflussen. Jeder Mensch ist für irgendjemanden

wichtig. Jeder positive Mensch macht das Leben für die Menschen in seiner Umgebung besser. Das gibt jeder einzelnen Existenz eine enorme Bedeutung. “Ich bin wertvoll.” Dieser Satz ist eine kraftvolle philosophische Grundlage für Optimismus.
Jeder Mensch ist von unendlicher Bedeutung, wenn er mit Gott verbunden ist. Als ich noch ein junger Pastor war, wiesen intelligente, nicht religiöse Menschen oft den Gedanken von sich, dass Gott mit jedem Menschen auf der Welt in Verbindung treten könne. Heute, wo die Weltbevölkerung auf mehr als sechs Milliarden angewachsen ist, wissen wir jedoch, dass ein Computerchip von der Größe einer Briefmarke oder Münze sechs Milliarden Informationen verarbeiten kann. Ich finde schon lange keine intelligenten Wissenschaftler mehr, die mich fragen: „Wie kann Gott mit sechs Milliarden Menschen in Verbindung treten?“

3. *Ich bin Optimist, weil ich daran glaube, dass die Sonne auch morgen wieder aufgehen wird.* Ich glaube daran, dass es für uns eine Zukunft gibt. Das gibt mir die Kraft, die aufgehende Sonne voller Hoffnung zu begrüßen, denn niemals in der Geschichte der Welt hat es einen Tag wie morgen gegeben.
Morgen werden Babys auf die Welt kommen, und solange noch ein neues Mitglied zur menschlichen Familie dazukommt, gibt es für niemanden einen Grund, ein vollkommener Pessimist zu sein.

4. *Ich bin Optimist, weil ich weiß, dass ich etwas tun kann, um Hoffnung zu bringen und zu helfen, was auch immer morgen geschehen wird.* Genau das nenne ich die „Macht des Einzelnen“. – Die Macht einer einzelnen Idee! Die Macht einer einzelnen Entscheidung! Die Macht eines einzelnen Menschen!
Geschichte wird immer von einem einzelnen Menschen gemacht. Von einem einzelnen Menschen mit einer Vision. Zuerst lassen sich einige wenige begeistern, dann mehr, dann Massen. Eine Bewegung wird geboren. Ein einzelner Mensch

mit einem leidenschaftlichen Traum ist in der Lage, die Welt zu verändern!

5. *Ich bin Optimist, denn ich sehe die positiven Möglichkeiten in jedem Problem.* Charles F. „Boss“ Kettering, einer der Entwickler bei General Motors, pflegte zu seinen Kollegen zu sagen: „Probleme sind der Preis des Fortschritts. Bringt mir nichts, außer Schwierigkeiten. Gute Neuigkeiten schwächen mich nur.“
Als Teenager habe ich diesen Bibelvers auswendig gelernt: „Wir wissen aber, dass denen, die Gott lieben, alle Dinge zum Besten dienen, denen, die nach seinem Ratschluss berufen sind“ (Römer 8, 28).
Mein Beruf hat immer darin bestanden, als Pastor und Berater Menschen zu dienen, die Problemen gegenüberstehen; Menschen, die verzweifelt sind, die leiden, die Schmerzen haben. In fünfzig Dienstjahren als Optimist habe ich immer wieder Menschen geholfen, sich mit dem auseinanderzusetzen, was sie Probleme nennen. Diese Probleme haben sich stets als verborgene positive Möglichkeiten entpuppt. Es waren immer Chancen für Menschen, die auf dem Weg sind: vom positiven Denken über das Möglichkeitsdenken hin zu einem unzerstörbaren Optimismus.
Probleme sind niemals echte Probleme, solange sie Sie nicht dazu bringen, Ihre Ziele aus den Augen zu verlieren. Wenn Sie sich von einer negativen Reaktion bedroht fühlen, dann sehen Sie über das Problem hinweg, blicken Sie darüber hinaus. Geben Sie Gott Zeit, daran zu arbeiten. Halten Sie am Glauben fest, und Sie werden überrascht sein, welch unerwarteten Segen Ihr ‘Problem’ in sich birgt.
Probleme werden nie zu echten Problemen, *solange* wir nicht aufhören, daran zu glauben, dass Gott uns liebt.
Ich habe Tausende von Menschen beraten, die durch „das finstere Tal“ gegangen sind und einhellig gesagt haben: „Wenn ich zurückschaue, würde ich keine meiner schweren Erfahrungen missen wollen. Meine Tränen sind zu Edelsteinen geworden!“

6. *Ich bin Optimist, weil ich glaube, dass alle Probleme letztlich auf Einbildung beruhen.* Was immer Sie tun, werfen Sie Ihr Morgen nicht weg, nur weil es noch Probleme gibt, die gelöst werden müssen, über die entschieden werden muss, die bewältigt werden müssen. *Probleme sind in Wahrheit Entscheidungen, die getroffen werden müssen.* Oft sind sie die Gelegenheiten, neue Entscheidungen zu treffen, die die Fehler der Entscheidungen von gestern korrigieren.

   Ja – viele Probleme sind Entscheidungen, die wir noch zu treffen haben. Der Grund, weshalb wir sie Probleme nennen, ist, dass wir keine Entscheidungen treffen wollen, oder wir haben Angst, neue und herausfordernde Entscheidungen zu treffen. Wenn wir der Herausforderung aber mit Optimismus begegnen, dann ändern wir Form und Erscheinung des 'Problems'. So können wir überleben und an allen neuen Morgen, die gewiss kommen werden, blühen und gedeihen.

   „Aber, Dr. Schuller", fragt mich ein problembeladener Zuschauer, „Sie leugnen doch ganz einfach, dass Probleme existieren, wenn Sie sagen, dass sie eigentlich Entscheidungen sind. Was ist der Unterschied?"

   Nun, es macht einen gewaltigen Unterschied. Wenn man das Wort *Problem* gebraucht, dann impliziert das, dass es nicht in unserer Macht steht, die Dinge zu beeinflussen. Diese negative Wahrnehmung lähmt das positive Denken wie auch das Möglichkeitsdenken. Wenn Probleme in Wirklichkeit Entscheidungen sind, die darauf warten, getroffen zu werden, dann hat die gewaltige, unermessliche Kraft des menschlichen Geistes die Gelegenheit, in einer bahnbrechenden Reaktion wirksam zu werden. Sie und ich, wir haben immer – wirklich *immer* – die Freiheit zu entscheiden. „Was werde ich diesem 'Problem' erlauben, meinem Geist anzutun?", können Sie sich fragen. „Ich habe die Freiheit, mich zu entscheiden, wie ich auf diesen Schmerz reagieren will", können Sie sich sagen. „Ich kann die positive Entscheidung treffen, die aus dem Verlust einen Gewinn macht, aus dem Hindernis ein Sprungbrett."

7. *Ich bin ein unheilbarer Optimist, weil die Haltung des Optimismus meine Siegeschancen stets verbessert hat – und so wird es auch in Zukunft sein.* Ich bin auf allen Kontinenten und in vielen Ländern der Welt herumgekommen. Durch das Fernsehen, meine Bücher und Vorträge kommuniziere ich seit gut 35 Jahren mit Millionen von Menschen. Ich habe 78 Jahre erlebt und hoffe, die Hundert zu erreichen. Und dies habe ich in meinem Leben gelernt:
Gott ist in jedem Winkel der Welt lebendig. Ich „erkenne" ihn immer wieder in den liebenden, wunderbaren Menschen, die ich überall auf der Welt angetroffen habe. Überall dort draußen gibt es diese Menschen, die sensibel sind für die Schwierigkeiten und die Schmerzen ihrer Mitmenschen. Sie haben ein instinktives Gespür für die Leiden und die Bedrohungen, denen die Menschen ausgesetzt sind. Und sie zögern nicht, einzugreifen und verletzten Menschen zu helfen.
„Gib mich nicht preis dem Willen meiner Feinde! Denn es stehen falsche Zeugen wider mich auf und tun mir Unrecht ohne Scheu. Ich glaube aber doch, dass ich sehen werde die Güte des HERRN im Lande der Lebendigen" (Psalm 27, 13).
Es gibt diesen göttlichen Geist in der Welt, und Er wird da sein, wenn wir Ihn brauchen. Krankenhäuser, Schulen, Friedenstruppen. Gerichtshöfe. Wohlfahrtsorganisationen. Das Rote Kreuz. Die Heilsarmee. World Vision. Häuser des Gebets und positive, optimistische Bewegungen. Ich bin unheilbar optimistisch und erwarte Hilfe aus dem Nichts, von Menschen, die ich noch nie getroffen habe.

8. *Ich bin Optimist, weil die Liebe den Hass in der menschlichen Familie aufwiegt.* Die erste Erfahrung, die fast jedes neugeborene Baby macht, ist Liebe. Wir werden in Liebe geboren. Wir müssen erst lernen zu hassen.
Wenn Sie den universellen Geist der Liebe nicht spüren und fühlen können, der die ganze Welt durchströmt, dann kommen Sie wahrscheinlich nicht mit positiv denkenden Menschen zusammen, Sie lesen wahrscheinlich nicht die

richtigen Bücher, und ja, Sie besuchen wohl keinen positiven, mit Liebe erfüllten Gottesdienst.

9. *Ich bin süchtig nach Optimismus, denn selbst im pessimistischsten Klima gibt es immer noch Optionen und Alternativen.* Der Pessimismus bedeutet, die Leitung an negative Annahmen abzugeben. Der Pessimismus senkt den Vorhang über das Morgen. Der Pessimismus erstickt jede Hoffnung auf eine erfolgreiche Zukunft. Der Pessimismus verheißt und erfüllt ein elendes Schicksal.
Wir dürfen nie vergessen, dass wir Menschen „A und O" Personen sind: „A" bedeutet Alternativen und „O" Optionen. Wenn Leid und Bedrohungen uns herausfordern, können wir Alternativen entwickeln. Der Optimismus weigert sich zu glauben, dass die Straße ohne weitere Optionen aufhört.
Und wenn es keine Optionen gibt, dann schaffen wir welche! Wenn wir vor einer offensichtlichen Niederlage stehen, können wir immer noch eine Umleitung finden oder eine Brücke bauen.
Weil die Welt sich laufend verändert, werden morgen für uns neue Optionen offen stehen, die wir vielleicht heute noch nicht hatten. Sind Sie gestern abgewiesen worden? Gehen Sie noch einmal hin. Vielleicht treffen Sie auf ein neues Gegenüber, mit einer anderen Einstellung. Was für einen Unterschied ein Tag – und ein neuer Mensch – machen kann! Wenn der Pessimismus also den Vorhang über das Morgen verschließt, dann zieht der Optimismus ihn wieder hoch. Morgen sehen wir, wie sich neue Türen öffnen, die vorher noch nie offen standen!
Jeder von uns kann eine Haltung einnehmen, die ihn befähigt, der Zukunft mit Optimismus und Hoffnung entgegenzusehen, aber das passiert nur dann, wenn wir den Glauben praktizieren, denn Optimismus und Begeisterung fallen nicht einfach so vom Himmel. Optimismus ist nicht etwas, was Sie essen oder trinken könnten. Es ist etwas, das von der Tiefe Ihrer eigenen Seele und Ihres eigenen Herzens heraufsprudelt. Der Optimismus kommt, wenn Sie die Führung Ihres eigenen

Lebens in die Hand nehmen und Ihr eigenes Schicksal gestalten.

10. *Ich bin süchtig nach Optimismus, denn ich habe die eindrucksvolle Kraft des menschlichen Geistes erlebt.* Ich bin immer vom Leben Jesu Christi inspiriert worden und wie Er in Seinem eigenen Leben gezeigt hat, dass der menschliche Geist dem menschlichen Leid entgegentreten und darüber hinauswachsen kann. Jesus starb am Kreuz in Schmerz und Schande, aber er gab keinen Moment dem Hass nach. „Vater, vergib ihnen!", war seine Reaktion. Er war Optimist bis zum Ende. Er blickte hoffnungsvoll nach vorne. Mit dem Glauben an einen positiven Gott können wir das auch. Wir können aus dem Nichts kommen und überall hingehen. Wir können strahlen, ein helles, inspirierendes Licht sein auf unserem Weg durch die dunklen Zeiten des Lebens. Wir können dem Schlimmsten entgegentreten, dass das Leben uns anzutun vermag.

Jeder Mensch, der sich die Selbstdisziplin auferlegt, sich an unheilvollen Tagen am Glauben festzuhalten, wird durchhalten. Er wird sich von der Liebe und der Achtung der besten Menschen seiner Zeit und seiner Welt umgeben sehen.

Der Mensch kann ungeheure geistige Kräfte mobilisieren, wenn er dem Morgen freudig entgegenstrebt. Solange es solche Menschen auf der Welt gibt, können wir alle Optimisten sein.

11. *Ich bin Optimist, weil ich glaube, dass wir uns jederzeit für neue, positive und schöne Träume entscheiden können, die immer wieder Wirklichkeit werden.* Unsere Hoffnungen für morgen können große Leistungen werden. Wir können einer zynischen Welt zeigen, dass die Optimisten die ultimativen Gewinner sind! Weil Optimisten niemals eine Niederlage als endgültig hinnehmen, bedeutet jedes Scheitern auf unserem Lebensweg kein 'Ende', sondern eine 'Wende'. Die Worte: „Ich gebe auf" existieren nicht im Wortschatz der Optimisten. Gott allein setzt den Schlusspunkt.

12. *Ich entscheide mich dafür, Optimist zu sein, weil so viele andere Optimisten mich in meinem Leben inspiriert haben.* Anscheinend ziehen Optimisten einander an. Wir suchen einfach nach denen, die auch wissen, dass Optimismus funktioniert und Wunder wirkt.

Viele Optimisten haben uns ihre schier unglaubliche Lebensgeschichte erzählt, wie sie ihre schlechten Lebenschancen mit einem Geist überwanden, der sagt: „Ich schaffe es!“ Eine Frau sticht besonders hervor, eine wirkliche Optimistin: Die Fernsehserie *Sue Thomas: F.B. Eye* vom Sender Fox basiert auf ihrem Leben. In ihr werden fiktive Episoden aus einem Leben erzählt, das selbst ein wahr gewordenes Wunder ist. Sue Thomas hat ihre unglaubliche Geschichte schon mehr als einmal in der Crystal Cathedral erzählt. Was für eine Inspiration ist sie, wenn sie erzählt, wie der Glaube ihr geholfen hat, auch bei den schlimmsten Herausforderungen ihre optimistische Haltung beizubehalten.

„Eigentlich war ich zu jung, um mich genau daran erinnern zu können“, berichtet Sue. „Im Alter von achtzehn Monaten saß ich mit meinen drei älteren Brüdern vor dem Fernseher. Auf einmal stand ich auf, drehte das Gerät auf volle Lautstärke. Meine Brüder sprangen auf und stellten sie wieder normal ein. Ich drehte sie wieder hoch, sie drehten sie wieder herunter. Meine Eltern kamen, um zu schauen, was der Aufruhr zu bedeuten hätte. Sie dachten, ich wäre müde und quengelig. Sie dachten, es wäre Zeit, mich ins Bett zu bringen. Als meine Eltern mich an jenem Abend zudeckten, wussten sie beide nicht, dass dies meine allererste lange, stille Nacht sein würde, und dass die Stille für den Rest meines Lebens andauern sollte.

Erst am nächsten Morgen fiel meiner Mutter auf, dass ich nichts von dem zu bemerken schien, was um mich herum vorging. Sie fing an, sich Sorgen zu machen. Sie rief unsere Nachbarin, die Krankenschwester war, und nach einigem Hin und Her fuhren sie mit mir ins Krankenhaus. Dort untersuchten mich die Ärzte, und den Satz, den sie dann zu meinen Eltern sagten, sollten diese ihr Leben lang nicht vergessen: ‚Sie hat kein

Gehör mehr. Sie ist vollkommen taub.'"

Sues Eltern leiteten sofort die ersten Schritte für das Optimismus-Training ihrer Tochter ein. Sie weigerten sich, sie in ein Heim einweisen zu lassen. Das war damals die gängige Praxis bei tauben Kindern. Stattdessen glaubten sie daran, dass sie ein normales Leben führen könnte, und sie gaben ihr das nötige Werkzeug dazu.

Wenn Sue heutzutage vor Zuhörern spricht, ist ihre Sprache so deutlich wie die einer hörenden Person. Ihre Aussprache ist perfekt, und ihre Fähigkeit, von den Lippen zu lesen, ist erstaunlich gut.

Als sie noch klein war, machte ihre Taubheit sie jedoch oft zum Ziel des Spotts der anderen Kinder. Sie machten sich lustig über das behinderte Mädchen, das nicht hören und nicht richtig sprechen konnte. Also floh Sue vor ihnen auf die Eisbahn. Die Folge davon war, dass sie mit sieben Jahren die jüngste Freistilmeisterin in der Eiskunstlaufgeschichte Ohios wurde.

Daneben konzentrierte sich Sue auf ihr Ziel, korrekt sprechen zu lernen. Sie glaubt, dass sie es mit der Hilfe anderer Menschen erreicht hat.

„Gott hatte meinen Eltern und meinen Sprachtherapeuten eine unglaubliche Hingabe geschenkt. Jahr um Jahr saß ich mit meiner Therapeutin vor einem großen Spiegel. Sie sagte immer etwas und führte dabei meine Hand an ihre Kehle, so dass ich die Vibrationen spüren konnte. Dann musste ich meine Hand an meinen eigenen Hals legen und versuchen, dort die gleichen Vibrationen zu spüren. Im Spiegel sah ich immer, wie sie den Mund bewegte, und ich versuchte, mit meinem Mund das Gleiche zu tun wie sie.

Während all dieser Jahre vor dem Spiegel lernte ich die Fähigkeit, von den Lippen zu lesen. Das war am Anfang gar nicht geplant, es war so etwas wie ein Geschenk. Ich absolvierte auch jahrelang ein Stimmtraining, um die Modulationsfähigkeit meiner Stimme auszubilden. Dann bekam ich von einer Englischlehrerin noch ein Jahr Unterricht im dramatischen Lesen von Gedichten, um zu lernen, wie ich Wort für Wort mit der richtigen Artikulation und Aussprache rezitieren konnte.

Trotz all dieser Bemühungen weiß ich, dass ich immer noch ein bisschen komisch spreche. Ich bin vielleicht am Flughafen, im Hotel oder im Restaurant, und da kommt jemand auf mich zu und sagt mir: ‚Madam, woher kommen Sie? Ich kann Ihren Akzent einfach nicht einordnen.'"

Durch ihre optimistische, gesunde Herangehensweise erreichte Sue trotz ihrer Behinderung im Jahr 1976 ihren Bachelor-Abschluss. Ihre harte Arbeit zahlte sich aus, als das FBI in Washington, D.C., sie einstellte. Ihre Aufgabe war die Prüfung von Fingerabdrücken.

„Sie stellten taube Leute ein, die Fingerabdrücke finden und klassifizieren sollten", erklärt sie. „Sie meinten, wenn jemand nicht hören könnte, würde er nicht so leicht abgelenkt werden. Also musste ich mir diese komischen Linien auf Fingerabdrücken vieler Leute anschauen, und dies acht Stunden jeden Tag, fünf Tage die Woche."

Dann begann Gott eines Tages ein neues Kapitel in Sues Geschichte. „Diese Agenten kamen zu mir und fingen an, mir alle möglichen Fragen zu stellen: ‚Sehen Sie fern?' ‚Bereitet Ihnen das Schwierigkeiten?' ‚Gehen Sie ins Kino?' Schließlich erzählten sie mir, dass sie ein Problem hätten. Sie hatten einen Verdächtigen auf Video aufgenommen, bei der Aufnahme hatte jedoch der Ton versagt. Nun hatten sie eine lange Aufzeichnung, auf der viel gesagt wurde, sie konnten es aber nicht hören. Sie wollten von mir wissen, ob ich es mir ansehen und aufschreiben könnte, was gesagt wurde. ‚Klar', sagte ich, ‚kein Problem.' Von dem Tag an musste ich mir nie wieder einen Fingerabdruck ansehen. Ich las von nun an für das FBI von den Lippen."

Aus ihrer Zeit beim FBI ist die Fernsehserie über ihr Leben entstanden, aber es ist klar, dass Sue Thomas sich nicht damit abfindet, dass das Fernsehen ihre Geschichte einfach nur so nacherzählt. Sie ist momentan sehr damit beschäftigt, sich auf ihre Zukunft zu konzentrieren. Sie baut weiter auf ihren Erfolgen auf. Sie lebt weiter ein außergewöhnliches Leben und meistert die Herausforderungen, auf die sie trifft. Und davon gibt es immer wieder neue.

„Vor sechzehn Monaten wurde bei mir MS diagnostiziert –

Multiple Sklerose. Meine Sehfähigkeit hat nachgelassen, ich kann nicht mehr so schnell laufen wie früher, und mein Gleichgewichtssinn ist auch nicht in Ordnung. Mit jedem weiteren Tag, den Gott mir schenkt, begreife ich genauer, was *Gnade* bedeutet. Weil Er da ist, kann ich getrost dem Morgen entgegensehen.“

Sue Thomas erstaunt mich immer wieder mit ihrem optimistischen Glauben. „Ich war noch sehr jung, als meine Eltern mich lehrten, dass es einen Gott gibt, und dass ich nach Seinem Bild geschaffen wurde. Sie erzählten mir auch von Seinem Sohn, der so mächtig ist, dass es, wenn ich nur meine Hände in die Seinen lege und Ihn mich durchs Leben leiten und führen lasse, nichts gibt, was ich nicht tun oder werden kann. Ich bin als Kind mit Ihm gegangen. Er ist mein Fels gewesen. Immer wenn ich denke, ich kenne Ihn, nimmt Er mich wieder auf eine völlig neue Reise mit, auf der ich ein neues und noch tieferes Verständnis Seines Wesens erfahre.

Ich habe einen speziell ausgebildeten Hund für Taube, der mich auf alle Geräusche aufmerksam macht: wenn jemand an der Tür klingelt, den Rauchmelder, ein weinendes Baby, all diese Dinge. Mein Hund sucht mich dann und führt mich zu dem Geräusch. Er hat mir meine Unabhängigkeit zurückgegeben. Gott gebraucht alle seine großen oder kleinen Kreaturen dazu, seinen Willen auszuführen. Wenn Er schon diesen Hund so stark gebrauchen kann, dass dieser mein Leben so grundlegend verändern und verbessern kann, wie viel mehr wird Er dann uns Menschen gebrauchen können, wenn wir es Ihm erlauben?“

Heutzutage gibt Sues Botschaft, die sie sowohl durch die Fernsehserie als auch durch persönliche Auftritte verbreitet, vielen Menschen, die vor unüberwindlich scheinenden Problemen stehen, enormen Auftrieb.

„Ich möchte den Menschen Hoffnung geben, etwa Eltern mit einem Kind, das körperliche Probleme hat oder vielleicht einfach nur in einer schwierigen Entwicklungsphase steckt. Wenn sie ihrem Kind mit beharrlicher Liebe zur Seite stehen, dann wird zuletzt auch etwas aus ihm werden. Jedem Kind, das verstoßen oder lächerlich gemacht wurde, über das die anderen ihre

Späße machen, möchte ich sagen: ‚Halte durch! Es wird nicht immer so sein. Es gibt ein Morgen, und dieses Morgen wird ein besseres sein.' Jedem, der taube Menschen ausbildet, jedem Logopäden und jeder Person, die im medizinischen Bereich arbeitet, möchte ich sagen: ‚Geben Sie den Menschen nie auf, mit dem Sie arbeiten. Eines Tages werden Sie das wunderbare Endergebnis sehen.'"

Entscheiden Sie sich dafür, Optimist zu sein, und Sie werden so leben, dass Sie ein viel inspirierenderes Leben zurücklassen, wenn Sie sterben, als das eines x-beliebigen Pessimisten. Ich möchte lieber ein Optimist sein, der seinen Erfolg überschätzt, als ein Pessimist, der mit seinen düsteren Vorhersagen Recht behält. Denn die Reise eines Optimisten ist eine Reise voller Freude. Der Pessimist schleppt sich durch jeden Tag ohne die Energie der Hoffnung, die sein Morgen erhellt. Wenn Sie wie Sue Thomas an einen positiven Gott glauben, dann gibt es wirklich nichts, was Sie nicht tun oder werden können.

Also, werfen Sie Ihr Morgen niemals weg!

Und nun – finden Sie Gottes Traum für Ihr Leben, und setzen Sie alles daran, ihn Wirklichkeit werden zu lassen!

DREI

Entdecken und bestimmen Sie Ihren Auftrag

Jeder braucht einen Auftrag, der seinem Leben Sinn und Ziel gibt.

Seine Karikatur ist so berühmt wie sein Name. Die breite Stirn, die große, leicht nach oben gebogene Nase, das breite Lächeln. Sein bekanntes Lied „Thanks for the memories“ unterstreicht seine Begeisterung für das Leben. Am 27. Juli 2003 ist Bob Hope jedoch im Alter von einhundert Jahren für immer eingeschlafen.

Ich kannte Bob Hope gut – er war mein Freund -, und ich hatte die Ehre, bei seinem Begräbnis im Leichenzug mitgehen zu dürfen.

Was machte Bob Hope zu einem so legendären Entertainer? Waren es seine Freude und sein Lachen, das die Erschöpften erquickte? War es die Hoffnung, die er gefunden hatte und die er durch seinen Humor an andere weitergab? Oder war es sein selbstloser Einsatz, um den amerikanischen Truppen in den Kriegsgebieten der ganzen Welt Weihnachtsgrüße zu bringen? Ja, es waren all diese Dinge – und mehr. Er war ein ewiger Optimist mit einem lebenslangen Auftrag.

Bob Hope wurde von dem selbstlosen Drang getrieben, der Welt einen heilsamen Humor zu bringen. Wie oft habe ich ihn auf Wohltätigkeitsveranstaltungen beobachtet, wenn er ganz uneigennützig seine eigene Mahlzeit vernachlässigte, um sich mit und für Fans fotografieren zu lassen. Er hatte immer Zeit für Benefizveranstaltungen. Er hat Millionen von Menschen mit der Freude des Gebens bekannt gemacht, darunter auch seine eigenen Kinder.

Nun will ich nicht sagen, dass es Ihre Bestimmung ist, eine Berühmtheit zu werden wie Bob Hope, aber diese eine Sache ist wichtig: Es muss eine treibende Kraft, ein Ziel in Ihrem Leben geben. Wir alle müssen uns darüber klar sein, dass unser Leben einen Unterschied macht, dass es bedeutsam ist.

Der menschliche Geist verspürt einen unauslöschlichen Hunger nach einem Ziel, das so verzehrend ist, dass es unsere seelische Leere mit Stolz, Sinn und Freude füllen kann.

Der verstorbene Viktor Frankl nannte diese Zielstrebigkeit, die sowohl emotional als auch praktisch ist, den 'Sinn' des Lebens. Als Jude im Konzentrationslager der Nazis erkannte er es als seine wichtigste Aufgabe, am Leben zu bleiben, und als zweitwichtigste, seine professionellen psychiatrischen Fähigkeiten in den Dienst seiner leidenden und sterbenden Mitgefangenen zu stellen. Er sah dies als seine göttliche Bestimmung, als seinen Auftrag an. Dieser Auftrag gab seinem Leben Sinn. Er hielt ihn inmitten grauenvollster Bedingungen mit Würde am Leben.

Die erste Grundregel eines optimistischen Lebens ist folgende: Formulieren Sie Ihr positives, persönliches Lebensziel, das aus Ihren Träumen klar definierte Ziele machen wird. Ein Ziel-loses Leben ist ein Gott-loses Leben.

Mein Lebensziel hält mir Sinn und Zweck meines Daseins stets vor Augen. So kann ich auf Kurs bleiben, was auch immer das Leben an Herausforderungen und Belohnungen für mich bereithält.

Viel zu viele Menschen quälen sich ohne ein klares, motivierendes Ziel durchs Leben. Anstatt von der inneren Kraft eines zielbewussten Glaubens getrieben zu werden, befinden sie sich in einem Zustand der inneren Lethargie, der eine ziellose Existenz erzeugt. Sie reagieren eher, als dass sie agieren. Ihrem Leben fehlt die Kraft der Hingabe. Stattdessen ist ihr Dasein vage, unkonzentriert und unentschieden.

Auf den Abschlussfeiern der Universitäten sehen sie so hoffnungsvoll aus, die jungen Menschen in ihren Talaren und mit ihren Doktorhüten, und trotzdem sind in jeder Abschlussklasse viele, die noch nicht wissen, wohin ihre Reise von hier aus gehen soll. Sie haben ihr Diplom als Ziel an sich gesehen, nicht als etwas, was sie auf ihre Lebensaufgabe vorbereitet. Es ist kein Wunder, dass manche Abiturienten irgendeinen Job in einem Ladengeschäft annehmen und ihre Verwirrung mit der einfachen Rechtfertigung erklären: „Ich habe meine Berufung noch nicht gefunden."

Ich habe zahllose Menschen mit glanzlosen Augen getroffen, Menschen, denen die innere Leidenschaft und der innere Antrieb fehlt, etwas, das ihrem Leben Begeisterung verleihen könnte, das sie zu neuen, viel versprechenden Ufern trägt. Tatsächlich ist niemand auf den Kampf des Lebens vorbereitet, ehe er nicht eine gute Sache oder eine Berufung gefunden hat, die er als seine Lebensaufgabe bezeichnen kann.

„Was hast du mit deinem Leben vor?", fragte ich einen Freund meines Enkels, der bei uns zu Besuch war. Der junge High-School-Schüler gab mir die gleiche Antwort, die ich schon viele hundert Male zuvor von jungen, klugen und gut aussehenden Menschen bekommen habe.

JM: „Ich weiß es nicht."

RHS: „Was hast du denn für Talente und Begabungen?"

JM: „Ich habe keine speziellen Talente und Begabungen."

RHS: „Ich sehe aber viele Gaben in dir, von denen ich glaube, dass sie ganz besonders sind."

JM: „Ja? Was denn?"

RHS: „Du kannst sehen. Du kannst hören. Du kannst denken. Du kannst etwas berühren. Du kannst lachen. Wir haben uns kaum zehn Minuten unterhalten, und ich kann dich schon gut leiden. Du hast eine charmante Persönlichkeit. Du scheinst wirklich ein prima Kerl zu sein."

JM: „Okay, aber das macht mich nur zu einem ganz normalen

Jungen. Ich bin nicht besonders begabt oder talentiert. Ich kann nicht singen. Ich kann nicht tanzen. Ich kann nicht schauspielern. Ich bin kein großer Sportler. Ich habe es noch nicht einmal bis ins Basketballteam geschafft. Ich bin einfach nur ein durchschnittlicher Junge."

RHS: „Das hört sich ganz so an, als ob du an einer kulturellen Verzerrung deines Selbstbildes leiden würdest."

JM: „Was ist das denn?"

RHS: „Das heißt, du nimmst das wichtiger, was du tust, als das, was du bist. Was ist wohl wichtiger: deine Gaben und Fähigkeiten als Mensch oder deine Qualitäten als Schauspieler und Sportler?"

JM: „Ich denke, es ist wichtiger, was für ein Mensch ich bin."

RHS: „Natürlich ist es das. Als Mensch gehst du Beziehungen ein, du schließt Freundschaften. Hier entstehen Liebe, Vertrauen und gegenseitige Achtung. Du hast natürliche Gaben, achte und ehre sie! Du kannst sie weiter verfeinern und ausbauen. Du kannst der Mensch sein, der zuhört, der ermutigt, der motiviert. Du kannst der Mensch sein, dessen Lächeln den Raum erfüllt, wenn du hereinkommst, und der, wenn er geht, seinen Segen hinterlässt. *Spiele dein Potenzial nicht herunter!* Werde zuerst ein positiver Mensch, dann wird sich dein Auftreten dementsprechend entwickeln. Vergiss nicht, dass die Möglichkeiten, die du als Mensch hast, eine Gabe sind. Werte diesen Schatz nicht ab. Hüte dich vor den verführerischen Verlockungen, die von den Medien propagiert werden."

JM: (zuckt mit den Schultern)

RHS: „Es ist dir selbst wahrscheinlich nicht bewusst, aber ich spüre die Hoffnung und die Abenteuerlust, die von dir ausgeht. Schnapp sie dir, mach etwas daraus! Übrigens habe ich bemerkt, dass du ein böses Wort mit drei Buchstaben benutzt. Das solltest du streichen. Benutze es nie wieder."

JM: „Ich habe aber kein böses Wort mit drei Buchstaben benutzt. Das mache ich nie. Was soll ich denn gesagt haben?"

RHS: „Du hast ‚nur' gesagt. Das ist ein herabsetzendes Wort. Gebrauche es nie. Es macht dich kleiner. ‚Ich bin nur ein Zweier-Student.' ‚Ich bin nur ein Durchschnittstyp.'"

Das gefährlichste Gift für die menschliche Persönlichkeit ist ein negatives Selbstbild. Es entzieht Ihnen das notwendige Gespür für Ihren Auftrag.

Kein Mensch ist 'nur' Darsteller. Jede Rolle ist wichtig für das Ganze! Der Optimist mit seinem positiven Auftrag und seinem positiven Selbstbild leistet den wichtigsten Beitrag für die Gesellschaft.

Der berühmte Architekt Mies van der Rohe prägte den weisen Ausdruck: „Gott steckt im Detail." Als van der Rohe einmal einem Studenten die Aufgabe übertrug, ein Gebäude mit einer vollständigen Ziegelwand zu entwerfen, ließ er ihn nicht einfach einen Teil der Wand skizzieren, sondern jeden einzelnen Ziegelstein sowie jeden Zentimeter Mörtel dazwischen. Die Menge Mörtel, die verwendet wird, bestimmt die Anzahl der Ziegel, die notwendig sind, und damit das gesamte Erscheinungsbild, nicht nur der Wand, sondern des ganzen Gebäudes.

Wenn wir dieses universelle Prinzip auf die soziale Architektur menschlicher Beziehungen anwenden, dann haben Sie bestimmt in dem Moment, in dem eine Berühmtheit zu einer Versammlung dazukommt, die starren Blicke, das Geflüster, die Ooohs und die Aaahs bemerkt. Vielleicht haben Sie aber auch die Umarmungen gesehen und die frohen Begrüßungsworte gehört, wenn ein einfacher, freundlicher, mitfühlender Mensch in den Kreis tritt, jemand, den man als guten, ehrlichen, netten Menschen kennt. Mit diesem Bewusstsein fangen Sie an der richtigen Stelle an, nach Ihrer Lebensaufgabe zu suchen. Sie sind wichtig! Die Welt braucht Ihre Art von Güte und Charakterstärke. Sie braucht sie dringend. Ihr Auftrag kann ein Vermächtnis hinterlassen, so dass jemand sagen kann: „Er ist so ein mitfühlender und wunderbarer Mensch – ich will auch so sein." Ihr positives Selbstbild ist der erste Schritt auf dem Weg zum Erfolg Ihrer Lebensaufgabe.

Wie können Sie diesen hohen und ehrenhaften Auftrag für Ihr Leben finden? Fangen Sie einfach damit an, *sich einige grundlegende Fragen zu stellen*:

Was würde ich unternehmen, wenn ich genau wüsste, dass ich nicht versagen könnte?

Was möchte ich wirklich mit dem einen, einzigen Leben anfangen, das ich zu leben habe?

Wie müsste eine gerechte Sache aussehen, an die ich mich so stark binden könnte, dass ich sogar bereit wäre, dafür zu sterben?

Manche Menschen erkennen ihren Auftrag schon früh im Leben, früh genug um vorausplanen zu können. Sie können die richtigen Abschlüsse machen, genügend Geld ansparen, die richtigen Schulen besuchen. Andere finden ihren Auftrag erst später im Leben, vielleicht als zweite Karriere im Rentenalter, nachdem sie ihre finanziellen Angelegenheiten geregelt haben. Wieder andere stolpern im ungeeignetsten Moment über ihre Berufung. So erging es einem jungen Mann, der in Israel wohnte.

Bill Rhodes hatte mit 26 Jahren geheiratet, und seine Frau erwartete gerade ihr erstes Baby. Bill studierte alte semitische Sprachen und Archäologie an der Universität in Jerusalem und machte gerade sein Diplom.

Als hingegebener Christ verbrachte Bill jeden Morgen eine gewisse Zeit im Gebet, in stiller Zwiesprache mit Gott, auf der Suche nach Seiner Weisheit. Laura, seine Frau, erinnert sich daran, dass er, um völlige Einsamkeit zu finden, buchstäblich den Worten Jesu folgte: „Wenn du aber betest, so geh in dein

Kämmerlein und schließ die Tür zu …" (Matthäus 6, 6). Allein auf einem Hügel über Jerusalem sitzend, verschrieb Bill sein Leben dem Ruf, den Gott ihm senden würde – was es auch sei.

Die Antwort, die, wie er glaubt, von Gott kam, war zunächst völlig unverständlich. Es ergab überhaupt keinen Sinn, es konnte nicht stimmen, aber die Idee wollte einfach nicht verschwinden. Sie wurde zum Wunsch, und dieser Wunsch wurde immer stärker. Im Kopf fügten die Vision und der Traum sich klar zusammen. Schließlich gab er sich seinem Auftrag mit Überzeugung hin – als Arzt und Missionar in Afrika Tausenden von Menschen Hoffnung für die Zukunft zu bringen.

Das einzige Problem war, dass Bills Studien ihn in eine völlig andere Richtung geführt hatten. Er musste noch einmal ganz von vorne beginnen – dabei war er ein verheirateter Mann und inzwischen Vater zweier Kinder! Es gelang Bill jedoch mit der Unterstützung seiner Frau, durch ihre Ermutigung und Bereitschaft, zum Unterhalt der Familie beizutragen, schließlich seinen Abschluss mit dem Bachelor of Science[3] zu machen. Er fand Mittel und Wege, auch etwas zum Familieneinkommen beizutragen. Laura arbeitete nicht nur, sie unterrichtete sogar die Kinder selbst, während Bill vollzeitlich an der medizinischen Fakultät studierte und auch während seiner praktischen Ausbildung.

Siebzehn Jahre später packten Bill, Laura und die Kinder – inzwischen waren es vier – das Wenige zusammen, was sie sich in 23 Ehejahren angeschafft hatten und zogen unter der Ägide der Africa Inland Mission nach Kapsowar, Kenia. Bill und seine Familie lernten Kisuaheli, und er wurde der einzige Chirurg am Krankenhaus in Kapsowar. Er führt hier alle erdenklichen Operationen für die Einheimischen durch. Er hat Babys zur Welt gebracht und Gehirnoperationen vorgenommen, denn er ist in der ganzen Gegend der einzige Mediziner. Er kümmert sich sogar um die Aids-Patienten in der Region, wobei er oft sein Leben für seinen Auftrag aufs Spiel setzt.

Das Leben ist nicht lebenswert, solange Sie nicht jemanden oder etwas haben, für das sich zu sterben lohnt. Würden Sie Ihr

[3] Studienabschluss im Bereich der Naturwissenschaften

Leben für Ihre Karriere oder Ihren Beruf geben? Ich habe oft gesagt, dass ich dazu bereit wäre, sollte ein solches Opfer für meinen Auftrag nötig sein.

Fangen Sie damit an, Ihre Werte zu überprüfen. Würden Sie für Dinge sterben? Spielzeug? Schätze? Wohl kaum. Würden Sie Ihr Leben für Menschen opfern? Für Ihren Ehepartner? Für Ihr Kind? Ich denke, das würden Sie tun. Jetzt wird Ihre Lebensaufgabe langsam klar.

Als Nächstes *schauen Sie sich Ihre natürlichen Fähigkeiten und Talente an*. Jeder Mensch hat von Geburt an Gaben, die nur darauf warten, entdeckt und entwickelt zu werden. Jedes Individuum ist ein einzigartiger Kosmos, eine völlig neue Mischung aus DNA, wie sie noch nie zuvor im Leib einer Mutter herangewachsen ist. Hineingeboren in eine negative Umwelt, müssen Ihre Gaben vor den negativen Kräften beschützt und bewahrt werden, die den goldenen Ruf in Ihrem Unterbewusstsein ersticken könnten: „Nimm mich wahr! Setz mich frei! Lass mich mit einem göttlichen Auftrag erfüllt werden!“ Paulus gab seinem jungen Freund Timotheus folgenden Rat, und er machte damit eine lebensbejahende Aussage: „Lass nicht außer Acht die Gabe in dir, die dir gegeben ist …“ (1. Timotheus 4, 14). Werfen Sie Ihr Morgen nicht weg!

Wie kommt es nun, dass Millionen von Menschen ihr Leben lang keine Verbindung zu diesem göttlichen Funken in ihrem Innern finden? Ein Grund dafür, dass die Menschen ihr Morgen wegwerfen, liegt darin, dass negative Kräfte ihr geistiges System vergiften. Die positiven Kräfte, die in der Lage wären, diese negative geistige Atmosphäre zu entgiften, bleiben unerkannt oder einfach ungenutzt.

Außerdem ist der Prozess der Auftragsfindung eben genau dies: ein Prozess. Bei mir war dieser Prozess sehr einfach und spezifisch. Mit fünf Jahren sah ich zum ersten Mal meinen Onkel Henry, einen Missionar mit Princeton-Ausbildung, der gerade aus China zurückkam. Er fuhr mir durchs Haar und sagte voller Begeisterung: „Robert, wenn du groß bist, dann wirst du Prediger!“ Ich hörte es. Ich spürte es. Ich nahm die Vision an. Ich gab mich ihr hin – mit Herz und Verstand. Ich habe diesen Auftrag niemals aus den Augen verloren. Seitdem habe ich im Morgen und für das Morgen gelebt, und ich tue es heute noch!

Die meisten Menschen erleben es eher, dass ihre Berufung sich nach und nach entwickelt. Änderungen im Berufsleben ergeben sich, Menschen tauchen auf, Menschen verschwinden, unvorhergesehene Möglichkeiten tun sich auf. Positive Zwänge ergeben sich, die Korrekturen an der Vision, der treibenden und lenkenden Kraft ihres Auftrages, nötig machen.

Vor kurzem habe ich in *Hour of Power*, unserem wöchentlichen Fernsehgottesdienst, ein Interview mit Dr. Steven Sample gemacht. Dr. Samples eindrucksvolles Resümee zeigt, wie sich seine Lebensaufgabe entwickelte. 1991 wurde er Präsident der University of Southern California[4] (USC). Während seiner Präsidentschaft entwickelte sich die USC zum Weltführer auf dem Gebiet der Kommunikation und der Multimediatechnologie und festigte ihre Reputation als eines der führenden Forschungsinstitute der Welt. 1998 wurde Dr. Sample in Anerkennung seiner Beiträge zur Konsumentenelektronik und als Vorreiter der interdisziplinären Forschung und Bildung in die angesehene 'National Academy of Engineering[5]' gewählt. Danach wählte man ihn zum Vorsitzenden der 'Association of American Universities[6]', einer Vereinigung der 62 wichtigsten forschenden Universitäten, sowohl privaten als auch staatlichen, in den USA und in Kanada. Außerdem ist er noch Mitbegründer und Vorsitzender der 'Association of Pacific Rim Universities[7]', in der 34 der wichtigsten forschenden Universitäten von Russland bis Neuseeland vertreten sind.

Ich führe seine Referenzen so detailliert auf, weil man, wenn man seinen Rat und seine Weisheit liest, denken könnte, er wäre Theologe. In den weltlichen Zentren der höheren Bildung wird sein Rat nicht genug zur Kenntnis genommen.

„Ich wurde in einem Vorort von St. Louis, Missouri, geboren und großgezogen. Als ich sechs war, zogen wir auf eine Farm im St. Charles County“, erzählt uns Dr. Sample. „Als junger Mann arbeitete ich als Berufsmusiker und spielte die Kesselpauken bei den St. Louis Philharmonikern. Ich spielte auch in verschiedenen

[4] Universität von Südkalifornien
[5] Nationale Akademie der Ingenieurskunst
[6] Vereinigung der amerikanischen Universitäten
[7] Vereinigung der Universitäten des pazifischen Raums

Tanzbands und rauchigen Kabaretts in St. Louis County, aber dann beschloss ich, Ingenieur zu werden. Nach meiner Promotion wurde ich schließlich Professor in diesem Fachbereich. Später habe ich mich dann Verwaltungsaufgaben zugewandt, wie viele von uns Akademikern."

Dr. Samples vielfältige und umfangreiche Erfahrungen als Musiker, Ingenieur, Akademiker und Führungsperson haben ihm die Gelegenheit gegeben, sein Wissen an Tausende junger Menschen weiterzugeben. In unserem Interview zitierte er aus einer erstaunlichen Festrede, die er an der Universität von Nebraska gehalten hat. Er stellte den Absolventen dieser weltlichen Universität drei Fragen:

„Die erste Frage, die Sie sich nach Ihrem Abschluss stellen müssen, ist diese: ‚Wie ist Ihr Verhältnis zum Geld wirklich?' Die zweite Frage: ‚Wie stehen Sie wirklich zu Kindern und zu Ihrer Verpflichtung ihnen gegenüber?' Und drittens: ‚Was denken Sie über Gott?' Meine jahrelange Erfahrung hat mich gelehrt, dass Sie ihr ganzes Leben sehr viel glücklicher und produktiver leben können, wenn Sie sich schon früh in Ihrem Leben mit diesen drei Fragen auseinandersetzen und Antworten finden, die für Sie funktionieren (nicht *meine* Antworten oder sonst irgendjemandes Antworten, sondern *Ihre eigenen*)."

Dann erzählte Dr. Sample von dem persönlichen Rat, den ein leitender Angestellter von General Motors ihm gegeben hatte, als er noch ein junger Mann war:

„Ich hatte gerade meine Festanstellung als junges Fakultätsmitglied an der Purdue-Universität erhalten, da machte man mir ein äußerst lukratives Angebot von Seiten der Industrie. Der Personalchef sagte zu mir: ‚Steve, Sie und Ihre Frau, Sie müssen herausfinden, was Geld wirklich für Sie bedeutet.' Er fuhr fort: ‚Ich meine nicht, dass Sie sich so oder so entscheiden müssten. Viele Menschen machen sich aber niemals klar, wie sie zu diesem Thema wirklich stehen. Es gibt so viele, die versuchen, Geld zu machen, obwohl sie in einem altruistischeren Beruf sehr viel glücklicher wären.' Und dann sagte er: ‚Andere wieder haben solche Positionen inne – als Lehrer, Pastor und so weiter – und würden viel lieber Geld verdienen.' Er kam zum

Schluss: ‚Wenn Sie diese Frage für sich selbst richtig beantworten können, dann werden Ihnen viele Entscheidungen im Leben leichter fallen, und die Ergebnisse werden befriedigender sein.‘

Meine Frau und ich dachten also darüber nach, und wir beschlossen, dass Geld für uns nicht an erster Stelle stand. Wir wollten lieber bei der akademischen Arbeit bleiben. Und mit dieser Entscheidung sind wir unser Leben lang sehr glücklich gewesen.“

Dann fragte Dr. Sample die Absolventen nach ihrer Haltung Kindern gegenüber: „Die zweite Frage, die ich Ihnen stelle, ist gerade heutzutage in den Vereinigten Staaten so wichtig, weil unsere Gesellschaft – auch wenn uns das nicht gefällt – und wir geben es nicht gerne zu – ihre Kinder schlimmer behandelt als nahezu alle anderen Industrienationen der Welt. Dies ist eine raue Umgebung für Kinder, mit schwachen Familienstrukturen, einem hohen Gewaltpotenzial, einer schlechten Gesundheitsversorgung für viele Kinder und einigen der schlechtesten Schulen der Welt. Und so frage ich Sie als Studenten: ‚Wie stehen Sie zu Kindern? Was für Verpflichtungen haben Sie Ihrer Meinung nach den Kindern gegenüber? Welche Verpflichtungen sind Sie bereit, für Ihre Kinder einzugehen? Und welche für die der Anderen?‘“

Danach ging Dr. Sample auf seinen Glauben an die Bedeutung einer langfristigen, stabilen Ehe ein. „Meine Frau und ich sind seit mehr als vier Jahrzehnten verheiratet. Wir haben beide den starken Willen in unsere Ehe mit eingebracht, sie zu einem Erfolg zu machen. Wir waren beide bereit, dem anderen mehr als nur den halben Weg entgegenzukommen. Meine Eltern hatten kurz vor unserer Eheschließung eine wirklich schwierige Scheidung durchgemacht, was für mich ohne Frage das Schmerzhafteste war, was mir bis dahin zugestoßen war. Wir beide waren entschlossen, unseren Kindern und Enkeln ein stabiles Familienleben zu schenken.

Die dritte Frage an die Abschlussklasse war: ‚Was denken Sie über Gott?‘ Ich denke, diese Frage ist vielen Menschen peinlicher, als wenn man sie fragt, was sie vom Sex halten. Wenn ich Ihnen diese Frage stelle, dann möchte ich Ihnen nicht irgendeinen Glauben verkaufen. Die Frage ist nicht, was Sie über Gott denken *sollten*, sondern was Sie *tatsächlich* über Gott denken.

Es ist in Ordnung für mich, wenn Sie der Meinung sind, dass es keinen Gott gibt, oder aber dass es zwar einen Gott gibt, dass Sie mit ihm aber nichts zu tun haben möchten. Mir ist aber aufgefallen, dass die meisten Menschen sich vor dieser Frage drücken. Sie schrecken davor zurück, sich damit ernsthaft auseinanderzusetzen.

Millionen von Menschen gehen in diesem Land jeden Sonntag zum Gottesdienst, ohne sich Gedanken darüber zu machen, wie sie über Gott denken. Dann gibt es noch die Millionen von Agnostikern, die der Meinung sind, dass Fragen, die Gott berühren, unwichtig oder unbeantwortbar seien. Auch sie sind aber nicht in der Lage, die geistlichen Bedürfnisse ihrer eigenen Existenz völlig zu unterdrücken.

Denn eines der tiefsten und unauslöschlichsten Bedürfnisse an allen Orten und für alle Völker ist der Gedanke an Gott und die Beziehung zu Ihm.

Ich will Folgendes sagen: Sie können sich vielleicht kurzfristig vor einer Stellungnahme zu Gott oder Nicht-Gott drücken, aber auf lange Sicht wird das nicht möglich sein. Also ist es für Sie von Vorteil, wenn Sie sich möglichst früh mit dieser Frage beschäftigen."

Der Wissenschaftler und Elektronik-Ingenieur Dr. Sample, außerdem einer der hochgeachtetsten Männer in der akademischen Welt, berichtete anschließend, wie er sich selbst der Frage stellte, was er über Gott dachte. Er war dem Namen nach seit 35 Jahren bei den Episkopalen – ein 'kultureller Christ', und dann – eher beiläufig – kam er in näheren Kontakt mit der Bibel, und damit begann ein neues Kapitel in seinem Leben.

„Ich hatte für einige Zeit einen zeitlich befristeten Job in Chicago angenommen. Ich wohnte in einem der Vororte und nahm jeden Tag den Pendlerzug in die Innenstadt. Im Zug hatte ich Zeit zu lesen, also meinte ich, dass ich etwas für meine kulturelle Bildung tun und die Bibel lesen sollte. Ich bemerkte bald, dass niemand den Platz neben einem belegt, wenn man mit der Bibel in der Hand im Abteil sitzt. Das war eine kleine Zugabe.

Auf jeden Fall versuchte ich, während ich die Bibel las, zu verstehen, warum dieses Buch einen so immensen Einfluss auf unsere Gesellschaft, ja, auf die ganze Welt gehabt hat.

Letzten Endes las ich die ganze Bibel, aber es waren die vier Evangelien, die wirklich eine Auswirkung auf mich hatten. Es traf mich nicht wie der Blitz. Ich hatte keine Erscheinung in dem Sinn, aber durch das mehrmalige Lesen der Evangelien erwachte in mir ein Gefühl dafür, dass da etwas war, was weit über das kulturelle Christentum hinausging. Ich fing an, mich mehrmals am Tag in persönlichem Gebet an Gott und Christus zu wenden. Von da an ist das Gebet ein wichtiger Bestandteil meines Lebens geblieben."

Dr. Sample kam zum Ende: „Der zentrale Auftrag einer Universität ist die Ausbildung von Studenten – vom Grundstudium bis zum Examen sowie die Unterstützung weiterführender Studien und professioneller Forschung –, aber der Schwerpunkt liegt hierbei immer auf der Entwicklung des Individuums durch die Kultivierung und Bereicherung des menschlichen Geistes und der Seele. Mein religiöser Glaube hat mir geholfen, die Grundwerte der Universitäten nicht aus den Augen zu verlieren, die menschliche Werte sind, Werte des Volkes."

WOW – was hat Dr. Sample für einen tollen Auftrag: Er darf dazu beitragen, dass der nächsten Generation Werte vermittelt werden und sie mit intellektueller Nahrung versorgt wird. Und dies entstand daraus, dass er seine Werte untersuchte, seine natürlichen Gaben entdeckte – und den Prozess in Gang setzte.

Um einen Auftrag finden zu können, der Ihrem eigenen Leben Inhalt und Sinn gibt, *müssen Sie ihm erlauben, größer zu sein als Sie selbst – machen Sie Ihre Ziele groß genug, damit auch Gott noch darin Platz hat. Dann werden Sie einen Auftrag finden, der Ihrem Leben wahrhaftig Zweck und Bedeutung verleiht.*

Neulich bin ich auf eine weitere Geschichte gestoßen, in der ein Mann auf ganz andere Art die Sonderaufgabe fand, die Gott für ihn vorgesehen hatte. Ich fand sie in einem Artikel mit der Überschrift „Er fand sich auf einer Insel wieder“, geschrieben von Lori Basheda und am 14. Oktober 2003 im ‘Orange County Register’ abgedruckt.

Sie stecken also in der Midlife-Crisis, quälen sich mit Fragen wie: „Wohin soll das Ganze führen?“ und: „Was hat das alles überhaupt für einen Zweck?“

Machen Sie es wie Sean Downs, und besorgen Sie sich ein zweites Leben. Eines mit einem Dorf voller Eingeborener. Auf einer primitiven Insel. In Indonesien.

Sean Downs lebt in Laguna Hills. Er hat eine Frau, die ihn unterstützt, und zwei bezaubernde Kinder. Und einen sagenhaften Pool – der neben dem ‘Schloss’ des Verlegers Hearst keine schlechte Figur abgegeben hätte – im Garten hinter seiner Villa, in der es an nichts fehlt. Er ist verantwortlich für 300 Mitarbeiter der Irvine-Niederlassung der Fair Isaac, einer Softwarefirma, die an der New Yorker Börse gehandelt wird.

Mit Vierzig begann er sich jedoch einige schwerwiegende Fragen zu stellen: „Welche Verantwortung habe ich einem höheren Ziel gegenüber, wenn ich derartig gesegnet bin?“ und: „Was sollte ich mit der zweiten Hälfte meines Lebens anfangen?“

Downs hatte das Buch gelesen, das als Katalysator für die Midlife-Crisis gilt: „Half Time[8]“. Das Thema „Vom Erfolg zur Bedeutsamkeit“ fesselte ihn sofort.

Er nahm sich drei Monate frei und zog los, auf der Suche nach – der perfekten Welle. Nun, es gibt kein Gesetz, das besagt, dass man nicht über Bedeutsamkeit nachdenken und gleichzeitig surfen dürfte. Außerdem war er ausgebrannt. Er brauchte Zeit zum Nachdenken.

Und schließlich führten die Wellen Down zu seiner Bestimmung.

Zuerst flog er mit seiner Familie nach Bali, wo er vorher schon gesurft hatte, aber diesmal waren die Gewässer überfüllt. Downs Frau, Kathryn, und die Kinder, der 13-jährige Avery und der neunjährige Brian, kehrten nach Laguna Hills zurück. Er selbst nahm eine Propellermaschine und flog auf die Insel Sumba. Hier, so hatte er gehört, würde er einen ruhigen Strand

[8] Halftime – Changing Your Plan From Success to Significance (Halbzeit – vom Erfolg zur Bedeutsamkeit), Bob Buford, 1995

und mächtige Surfer-Wellen finden.

Das war jedoch nicht alles, was er vorfand.

Sumba ist eine der ärmsten Inseln im indonesischen Archipel. Bis zum Alter von acht Jahren starben fast 40 Prozent der Kinder an der Ruhr oder anderen Krankheiten, weil es kein sauberes Wasser gab. Die meisten Einwohner auf der Westseite lebten in Hütten aus Gras und Bambus. Es gab keine Elektrizität.

Die Insel hatte wegen ihrer megalithischen Grabmale und ihrer Stammesrituale, über die auf Discovery Channel berichtet worden war, einige Berühmtheit erlangt, aber als es um Unterstützung ging, verblasste der Ruhm sehr rasch.

Was das bedeutet, sieht man leider bereits ein paar Hundert Meter von Nihiwatu entfernt, einer Freizeitanlage, die Claude Graves aus New Jersey im Jahr 2001 eröffnet hat. Er stellt nur Einheimische ein.

Graves erzählte Downs, dass es sein Auftrag sei, die Menschen von Sumba von ihrer Armut zu befreien, indem er Arbeit für sie schuf. Sein Traum war die Gründung einer Stiftung, um das Leben der Sumbaner zu verbessern. Downs wusste sofort, dass das der Moment war, auf den er gewartet hatte.

„Zuerst hatte ich Angst“, erinnert er sich. „Ist dies nicht ein ziemlich verrücktes Unternehmen, für das ich da mein Geld und meine Zeit opfern soll?“

Drei Wochen später reiste er nach Laguna Hills zurück und machte seine Frau mit dem Plan bekannt. „Ich machte einfach diesen Glaubensschritt“, erzählt er. Kathryn sagte ihre Unterstützung zu. „Das ist nicht bloß ein Strohfeuer“, meint sie. „Es ist eine lebenslange Verpflichtung.“

Ein Anwalt aus Costa Mesa war ihm behilflich, die gemeinnützige Sumba-Stiftung aus der Taufe zu heben. Ihr erklärtes Ziel ist die Verbesserung der Gesundheitsfürsorge und Bildung auf der Insel unter Respektierung der vorhandenen Traditionen.

Das war im April 2002. Das erste Projekt, das die Stiftung anging, war die Anschaffung einer Bohrausrüstung in Indonesien. Per Fähre transportierten sie das Gerät und eine Mannschaft, die die Einheimischen einweisen würde, auf die

Insel. In achtzehn Monaten bohrten sie sechs Brunnen, die 1500 Inselbewohner mit sauberem Wasser versorgen.

Im April stellte die Stiftung die Dorfbewohner an, um eine Klinik zu bauen. Per Luftfracht wurden Vitamine, Antibiotika und Malaria-Medikamente im Wert von 150.000 $ herangeschafft, eine Spende von ‚Direct Relief', einem Wohltätigkeitsverein aus Santa Barbara.

Und im Mai kam ein achtköpfiges Team von Ärzten der Surfers Medical Association auf der Insel an. Die freiwilligen Helfer behandelten schon am ersten Tag Hunderte von Dorfbewohnern.

Dann reiste Downs nach Sumba, um ein Programm zur Ausrottung der Malaria zu starten. Er kümmerte sich um die Verteilung von Moskitonetzen und Medikamenten. Jede neue Reise bestätigt ihm immer wieder, dass er das Richtige tut.

Downs bemerkte, dass die Dorfschulen löchrige Dächer und Fußböden hatten. Die Überreste der Pulte waren kaum brauchbar. Die Kinder hatten weder Bleistifte noch Papier. Sie schrieben mit Stöcken in den Sand. Die meisten Schüler hörten nach der sechsten Klasse auf.

Bis heute hat die Stiftung drei Schulen gesponsert. Sie hat Tische bauen lassen und Waschräume – etwas, was die Schüler noch nie hatten. Und sie hat Bleistifte gespendet und Papier und Fußbälle.

In einem der Dörfer holten Downs, sein Bruder und zwei Freunde von ihnen einen Frisbee hervor und begannen, ihn einander zuzuwerfen. Schnell hatte sich eine Menschentraube gebildet. Die Leute kamen von den Hügeln herunter, um dem fliegenden Diskus zuzusehen. „Wuuu-wuuup! Wuuu-Wuuuup!", sangen sie bald bei jedem Wurf. Die Amerikaner schenkten den Frisbee dem Stammeshäuptling. Er warf ihn und traf jemand in der Menge gegen die Brust. „Sie hielten das für die spaßigste Sache, die sie je gesehen hatten." Das Spiel dauerte Stunden. Als Downs einige Monate später in das Dorf zurückkehrte, fragte er, was aus dem Frisbee geworden sei. „Sie hatten offensichtlich so lange damit gespielt, bis er sich buchstäblich aufgelöst hatte."

Downs spricht nicht gerne darüber, wieviel Geld seine

Familie der Stiftung gespendet hat: „Das einzige Kriterium war, dass es eine Summe sein sollte, die uns auch wirklich etwas bedeutete.“ Mehr sagt er nicht.

Graves spendet einen Teil des Geldes, das er in seiner Freizeitanlage verdient. Das Haupteinkommen der Stiftung beruht aber auf privaten Spenden, so Downs. Dieses Jahr hat er fast 100.000 $ von Geschäftspartnern, Freunden aus seiner Gemeinde und Surfkameraden gesammelt. Ein Arzt aus Newport Beach hörte von der Stiftung, flog nach Sumba und stellte später einen Scheck über 5.000 $ aus. Der Direktor eines Missionskrankenhauses spendete vor kurzem 10.000 $.

Nachdem Downs kürzlich in seiner Gemeinde die Geschichte von Sumba erzählte, fragten ihn vier Familien aus Orange County, ob sie nicht die Patenschaft für ein Dorf übernehmen könnten. Sie übernehmen die Kosten dafür, dass ein Brunnen gegraben wird, für die Reparatur der Schule und für Moskitonetze. Im Juli reisen die Familien mit ihren insgesamt dreizehn Kindern nach Sumba, um die Menschen kennen zu lernen, denen ihre Hilfe zugute kommt.

„Ich habe einfach versucht, meinen Lebenszweck herauszufinden“, sagt Downs. „Ich hatte keine Ahnung.“

Sean Downs fuhr in die Ferien – und fand ein fantastisches Morgen.

VIER

Entscheiden Sie sich für positive Werte, die Ihrer Zukunft Kraft geben!

Ihre Werte bestimmen Ihr Geschick.

„Johnny“, sprach die dankbare Mutter zu ihrem Sohn, „du hast mir heute so lieb geholfen, ich möchte dir ein besonderes Dankeschön schenken.“ Auf ihrer offenen Handfläche reichte sie ihm einen Vierteldollar. „Johnny, hiermit kannst du zum Laden gehen und kannst dir kaufen, was immer du haben möchtest. Nun geh, und viel Spaß!“

Johnny war im siebten Himmel. Dies geschah vor vielen Jahren, als sich für 25 Cent noch eine Menge Kinderwünsche verwirklichen ließen. Im Laden fühlte sich Johnny von den Ballons angezogen. Die Vielfalt der Farben und Formen fesselte ihn, aber er legte sie wieder beiseite und ging weiter. Eine Schachtel mit Kreide! Oh, ja! Ach, doch nicht. Modellautos! Ein gelbes? Ein blaues? Ein rotes? „Ich weiß es nicht“, murmelte er vor sich hin. Einen Drachen? Dann, endlich ... Trillerpfeifen! Ja! Ja! Er traf seine Wahl. Er ging zur Kasse. Ganz aufgeregt war er über seinen Kauf mit seiner einzigen Münze. Der Kaufmann gratulierte ihm zu seiner Entscheidung. Er nahm das Geld, gab ihm seine funkelnagelneue Trillerpfeife und sah ihm hinterher, als er aus dem Laden rannte. Direkt vor der Tür setzte er die Pfeife schon an die Lippen und blies hinein. Sie war laut. Sie war klasse. Den ganzen Weg nach Hause machte er Musik! Schon immer hatte er sich eine Pfeife gewünscht, und jetzt hatte er endlich eine! Noch bevor er jedoch zu Hause ankam, war seine Begeisterung schon versiegt. Gelangweilt warf er das neue

Spielzeug ins Gras. Frustriert und enttäuscht machte er sich unter Tränen Selbstvorwürfe. „Eine Pfeife! Warum um alles in der Welt musste ich meinen Vierteldollar für eine Pfeife verschwenden? Dabei hab ich doch gar keine Pfeife gewollt!"

Im „*Kaufmann von Venedig*" schreibt Shakespeare: „Ihr sucht den ganzen Tag, bis Ihr sie findet, und wenn Ihr sie habt, sind sie das Suchen nicht wert."

In unserer zwanghaften Hast nach Befriedigung sind wir zu einer Wegwerfgesellschaft geworden. Wir werfen Essen weg, werfen Kleidung weg, werfen Geräte weg. Die Handys vom letzten Jahr, die Computer und die Videorecorder sind bereits alle überholt. Technik ist eine Einwegindustrie. Das Ergebnis? Unsere Müllcontainer quellen über, und die Deponien unserer Städte türmen sich zu Bergen auf, mit Tonnen und Tonnen von Müll, die Tag für Tag dazukommen. Währenddessen werden wir durch Situationskomödien im Fernsehen, durch Sensationsblätter und Filme mit Wegwerf-Beziehungen, Wegwerf-Ehen, Wegwerf-Familien, ja, sogar mit Wegwerf-Leben bombardiert.

Kein Wunder, dass wir Gefahr laufen, auch erprobte Werte über Bord zu werfen, wie Klassische Musik, klassische Sexualmoral und klassische jüdisch-christliche Werte. Sorglos, rücksichtslos und unverbindlich werfen wir zu oft diese klassischen Werte weg, indem wir das akzeptieren, was – zumindest für heute – gerade Mode ist.

Nicht wenige werfen ihr Morgen weg, weil ihre Werte in Unordnung und miteinander in Konflikt geraten sind. Sie werden eher von primitiven, unzivilisierten Leidenschaften getrieben als von zivilisierten Werten. Geld, Ego, Sex, Vergnügen, Macht und Kontrolle sind die starken, primitiven Triebkräfte der menschlichen Persönlichkeit. Diese Leidenschaften sind Ausdruck natürlicher emotionaler oder biologischer Bedürfnisse im Menschen. Sie sind die natürlichen, inneren Triebfedern der menschlichen Persönlichkeit, die unser Verhalten zum Guten oder zum Schlechten beeinflussen können.

Leidenschaften müssen nicht unbedingt ein negativer Ausdruck von Menschen sein, aber sie können mit den charakterbildenden Werten in Konkurrenz treten, die unser Leben letztlich erst mit Zufriedenheit und Selbstachtung erfüllen. Sie können Ressourcen wie Zeit und Energie von unseren hohen Zielen abziehen. Leidenschaften und Begierden geraten häufig in Konflikt mit Werten. Ich möchte gerne schlank und attraktiv und körperlich fit sein. Das ist ein Wert! Ich esse aber für mein Leben gern. Das ist eine Leidenschaft!

Werte müssen über die primitiven biologischen Bedürfnisse hinausweisen. Sie müssen den archaischen, emotionalen Ausbrüchen zivilisierte Formen verleihen. Werte, nicht triebhafte Sehnsüchte, müssen die Grundlage unserer Moral sein. Unsere Werte bestimmen die Grenzen, die wir unseren Leidenschaften und Begierden setzen, damit sich unser Charakter entwickeln kann. Leidenschaften sind eher instinktive Emotionen, sie unterliegen nicht der Ratio. Für Werte entscheidet man sich bewusst. Werte sind das moralische, ethische und geistige Prinzip, das die Kraft unserer Leidenschaft führt, kontrolliert, kanalisiert und verwaltet, das sie zurückhält oder entfesselt.

Unsere Leidenschaften sind sehr wichtig, und jede von ihnen wird auf die eine oder andere Weise durch unsere Werte geformt. Die Werte, für die Sie sich entscheiden, bestimmen die Architektur Ihrer Persönlichkeit – für positive oder negative Zwecke. Gesunde Werte erzeugen Freude und Begeisterung. Diese wiederum setzen Energie frei. Wenn die Architektur Ihrer Persönlichkeit jedoch von negativen Werten bestimmt wird, dann werden Ihre Launen eher düster sein, melancholisch, morbid oder sogar gemein. Wenn ehrbare menschliche Werte unsere primitiven Leidenschaften nicht im Zaum halten, dann wird die Persönlichkeit, die sich entwickelt, eine faktisch unzivilisierte sein. Zivilisiertheit ist eine sehr verletzliche Tugend.

Was ist in Ihrem Leben wirklich wichtig?

Was motiviert Sie?

Werden Sie von Leidenschaften bestimmt?

Werden Sie von Zielen geleitet?

Ich habe in den letzten 50 Jahren in Südkalifornien gelebt. Hier herrscht ein verrücktes Gemisch von Ideologien, politischen Überzeugungen und Religionen. Das Motto ist: „Alles geht!“ – im Vergnügen genauso wie in Geldangelegenheiten, in zwischenmenschlichen Beziehungen, in der Ehe und beim Sex. Die Freiheit in dieser Gesellschaft grenzt an kulturelle Anarchie. Dabei hat Kalifornien wegen seiner Unterhaltungsindustrie und der daraus resultierenden meinungsbildenden Macht eine Vorreiterrolle bei weltweiten kulturellen Veränderungen. Die moderne Welt des „Alles geht!“ ist eine Welt ohne ein Fundament solider Werte, sie hat kein Ziel, keine Richtung. Was diese Welt braucht, ist eine Wiedergeburt der positiven Werte.

Ein Reporter einer berühmten und erfolgreichen Erotikzeitschrift stellte mir einmal folgende Frage: „Dr. Schuller, kennen Sie irgendeine Leidenschaft, die ein Mensch erfahren kann, die über das hinausgeht, was wir beim Sex empfinden?“ Meine Antwort war: „Ja.“ Es ist die Freudenträne bei einer Hochzeitszeremonie, bei einer Abschlussfeier oder Preisverleihung, beim Erklingen einer Nationalhymne oder bei einer geistlichen Feier. Die Tränen, die wir bei einer Beerdigung spüren, wenn die glückliche Erinnerung an Liebe und Fürsorge unser Herz mit unaussprechlicher Liebe erfüllt.

Ja, es sind die ‘glücklichen’ Tränen der leidenschaftlichen Freude, die fließen, wenn unser Herz von der Geschichte eines Mitmenschen bewegt wird, einer liebevollen, anrührenden Geschichte, von einem Sieg, den ein anderer in seinem Leben errungen hat. Oder wenn wir Unschuld oder wahres Heldentum spüren oder wahrnehmen, wie beim Olympioniken, der sich jahrelang ein bequemes Leben und jedes Vergnügen versagt und sich ganz der harten Arbeit des Trainings geopfert hat. Wie klatschen wir begeistert mit der Menge, wenn er die Goldmedaille erringt. Ja, so ist es jedes Mal, wenn wir Zeuge von etwas ‘Gottgefälligem’ werden und wir es miterleben dürfen. Wenn jemand eine wahre Geschichte erzählt, in der ehrlichen Absicht, uns zu inspirieren, uns aufzubauen, uns zu motivieren. Wenn der Wunsch in uns entsteht, so zu handeln wie die Helden des Geschehens, dann wird unser Herz bewegt. Plötzlich keimt

Hoffnung auf, und Tränen steigen uns in die Augen. Das ist geistige Leidenschaft. Sie lässt eine Ahnung davon entstehen, was für ein kraftvolles Potenzial in emotionaler Gesundheit schlummert.

Die Diskussion 'angeboren oder anerzogen' wird wahrscheinlich ewig fortgeführt werden, aber es gibt wohl kaum noch jemanden, der der Ansicht ist, dass wir mit fix und fertigen Wertvorstellungen auf die Welt kämen. Werte sind nicht in den Genen angelegt. Man übernimmt sie von den Eltern oder den Lehrern, man wählt sie aus Ideologien und Philosophien, aus dem, was Kultur und Religion anbieten.

In einem Doktorandenseminar der Erziehungswissenschaften einer namhaften Universität leitete der Professor seine Studenten zu einer Diskussion über Ethik in der Erziehung an. Ziel der Diskussion war es, diesen zukünftigen Lehrern zu helfen, ihre eigenen Werte zu identifizieren.

„Welcher Wert ist für Sie der Wichtigste?“, fragte der Professor.

Ein ehrgeiziger Student hob die Hand und sagte: „Ich denke, es ist Ehrlichkeit. Ich meine, es ist für uns wichtig, ehrlich zu sein – unseren Schülern, unseren Eltern und unseren Kollegen gegenüber.“

„Ach, wirklich?“, fragte der Professor. „Was ist, wenn Sie jemanden im Kollegium haben, der übergewichtig ist? Wären Sie ehrlich und würden ihm sagen, dass er abnehmen sollte?“

„Nun …“, stammelte der Student und begann zurückzukrebsen. Er fing an, Regeln aufzustellen, wann und wie Ehrlichkeit angemessen sei; verzweifelt suchte er nach Worten, die den Professor zufrieden stellen würden.

Da ergriff ein anderer Student tapfer das Wort: „Ich denke, mehr als Ehrlichkeit brauchen wir die Achtung vor jedem Menschen.“

„Tatsächlich?“, fragte der Professor wieder mit hochgezogenen Augenbrauen. „Auch vor Hitler?“

„Na, ja …“

So ging es weiter. Die unterschiedlichsten Vorschläge wurden gemacht, revidiert, bewertet. Einige favorisierten die persönliche Verantwortung. Schließlich kamen Fürsorge und Mitgefühl zur Sprache. Auf die Erwähnung genau dieser Werte schien der Professor gewartet zu haben.

„Der springende Punkt ist der, dass Sie wissen müssen, woran Sie glauben!“, gab er der Diskussion eine neue Wendung. „Welche Werte bestimmen Ihr Leben? Durch welche Brille nehmen Sie Ihre Umwelt und Ihre Mitmenschen wahr? Es ist nämlich Ihre Philosophie, die Ihre Werte bestimmt.“

Was versuchte der Professor dieser Gruppe zukünftiger Führungspersönlichkeiten im Bildungswesen nahe zu bringen? Er versuchte, ihnen dabei zu helfen, ihre eigenen Werte zu erkennen. Nachdem er ihr Bewusstsein durch die eingehende Diskussion geweckt hatte, führte er sie in eine Diskussion über die persönliche Philosophie und auf welche Weise sie unsere Werte prägt.

Auf der ganzen Welt ist *Habitat for Humanity*[9] für ihre mitfühlende Fürsorge bekannt. Nur wenige Menschen kennen aber die Gründe und die näheren Umstände der Entstehung dieser Organisation. Ich habe allerdings Informationen aus erster Quelle, denn Millard Fuller ist mein Freund.

Als Millard Fuller begann, sich mit seinen Werten auseinanderzusetzen und sie neu zu definieren, sollte er echte Freude und Erfüllung finden.

Millard hatte es als Anwalt und Geschäftsmann bis zum Millionär gebracht, als seine Frau ihn aus heiterem Himmel verließ. Gott sei Dank konnte er sie zurückgewinnen. Sie hatten aber beide das Gefühl, dass ihr luxuriöser Lebenswandel sie von Gott und voneinander entfernt hatte. Also entschieden sie sich dafür, einen gewaltigen Schritt zu tun: „Unseren ganzen Besitz einfach wegzugeben.“ Genau das taten sie, und *Habitat for Humanity* war geboren. Wie Millard Fuller es selbst ausdrückt: „Heute sehe ich mich als einen der reichsten Menschen auf der Welt. Wie wollen Sie einen Wert festsetzen für das, was wir erleben, wenn wir einer bedürftigen Familie ein Heim übergeben können?“

[9] Wörtlich: Häuser für die Menschheit

Millard Fullers Auftrag war es, den Elendsbehausungen ein Ende zu setzen. Die Basis seiner Arbeit sind die großen Werte der Bibel: „Mit Gott sind alle Dinge möglich!“, „Liebe deinen Nächsten wie dich selbst!“ *Habitat* baut das ganze Haus, inklusive Garten und Blumen, die Familie muss nur noch einziehen.

Millard meint: „Wenn Sie den Namen Ihres Nachbarn kennen, wenn Sie versuchen, echte Familien mit echten Bedürfnissen zu finden, wenn Sie dann mit echter Liebe zu ihnen gehen und Häuser bauen, nicht nur *für* sie, sondern *mit* ihnen – das ist echte Nächstenliebe.“ *Habitat*-Häuser werden nicht verschenkt. Die Familien müssen als Ausgleich Hunderte von Stunden mit schweißtreibender Arbeit investieren. Und wenn ein Haus fertig ist, bezahlt die Familie es nach dem biblischen Finanzplan ab: kein Gewinn – keine Zinsen. Das können sich auch Familien mit geringem Einkommen leisten. Jeder Hausbesitzer, für den *Habitat* gebaut hat, wird zum Partner. Jeder macht mit. „Geben ist seliger als nehmen“, sagt Millard. „Wenn Sie dem Beschenkten nicht die Möglichkeit geben, wiederum zu schenken, dann haben Sie ein wesentliches Element des christlichen Glaubens, den wir bekennen, außer Acht gelassen.“ Das ist Millards Philosophie, die *Habitat for Humanity* zum Erfolg führte.

Habitat for Humanity wird in diesem Jahr ihr 200.000. Haus bauen und damit über einer Million Menschen ein Dach über dem Kopf gegeben haben. Dem Bekenntnis der Organisation nach sollte jeder Mensch, der nach dem Bilde Gottes geschaffen wurde, einen anständigen und bezahlbaren Platz zum Leben haben. Dies wird hauptsächlich durch freiwillige, ehrenamtliche Arbeit bewerkstelligt. Örtliche Organisationen von *Habitat for Humanity,* sogenannte Filialen, nehmen die Bewerbungen von Familien entgegen, die obdachlos sind oder in unangemessenen Behausungen leben und deren Einkommen nicht ausreicht, um einen Bankkredit oder ein ähnliches Darlehen aufzunehmen.

„Wir haben nun einmal keinen Zauberstab, mit dem wir für jeden, der ein Haus braucht, sofort eines bauen können. Es ist wie bei einem kleinen Senfkorn des Glaubens: Man baut eines und wird dabei ein bisschen stärker, dann baut man noch eines und wird wieder ein wenig stärker, dann baut man noch zwei weitere. „Aber," betont Millard: „Wir behalten immer das Ziel vor Augen, ein Haus für jeden zu bauen. Denn der Gott, dem wir dienen, ist unser aller Gott. Der Gott, dem wir dienen, ist der Gott der hundert Schafe. Wir wissen, dass er auch der Gott des verlorenen Schafs ist. Es mögen neunundneunzig wohlversorgt im Stall sein, aber solange noch eines draußen ist – geistlich, wirtschaftlich oder psychisch – solange ist es eines zu viel." Also macht Millard Fuller weiter und baut mit *Habitat for Humanity* weiter ein Haus nach dem anderen.

Am 9. September 1996 wurde Millard Fuller, Gründer von *Habitat for Humanity*, bei einer Zeremonie im Weißen Haus mit der Präsidentschaftsmedaille für Freiheit ausgezeichnet, der höchsten Auszeichnung, die der amerikanische Staat an Zivilisten zu vergeben hat. Mit dieser Ehrung wurden seine bedeutenden Verdienste, nicht nur der amerikanischen Nation gegenüber, sondern auch in über fünfzig Ländern außerhalb der USA, gewürdigt. Heute ist *Habitat for Humanity* in mehr als einhundert Ländern tätig.

Ihr Wert als Mensch wird an der Qualität der Werte gemessen werden, die Sie für sich wählen.

Auf dem College ließ uns unser Psychologielehrer folgende Zeilen auswendig lernen:

Säen Sie eine Idee – ernten Sie eine Tat.
Säen Sie eine Tat – ernten Sie eine Gewohnheit.
Säen Sie eine Gewohnheit – ernten Sie einen Charakter.
Säen Sie einen Charakter – ernten Sie eine Bestimmung.

Jeder Mensch entwickelt – intuitiv, zufällig oder nach Plan – einen 'Charakter'.

Der Charakter ist die Definition Ihrer Persönlichkeit. In ihm ist alles gebündelt und festgeschrieben, was Ihre Reputation begründet. Der Charakter wird dort 'empfangen' und geboren, wo die Entscheidungen für die prinzipiellen Grundlagen Ihres

Lebens fallen. Danach wird der Charakter Ihre Wahlmöglichkeiten und Entscheidungen bestimmen. Der Charakter wird auch die Kraft in Ihrer Persönlichkeit sein, die Sie befähigt, sich Ziele zu setzen und Ihr Leben so in den Griff zu bekommen, dass Sie sie erfüllen können. Ein starker Charakter wird mit allem fertig. Ralph Waldo Emerson hat einmal gesagt: „Charakter ist das, was bleibt, wenn wir unsere Erfolge abziehen." Was Sie sind, ist wichtiger als das, was Sie tun.

Letztendlich gibt es keine großen oder unbedeutenden Menschen. Wir sind alle gleich. Der Unterschied ist, dass manche Menschen sich hohen und edlen Werten verschreiben. Hohe Werte bilden einen noblen Charakter.

Im Lauf meines Lebens habe ich viele hoch angesehene Menschen kennen gelernt und mit vielen von ihnen Freundschaft geschlossen. Sie alle wurden/werden nicht von ungezügelter Leidenschaft geprägt, sondern von etwas, was ich 'werte-kontrollierte' Leidenschaft nennen möchte. Dadurch haben sie selbstlose Größe erreicht.

Mutter Theresa wurde kürzlich von der römisch-katholischen Kirche selig gesprochen. Sie hat so manchen davon abgehalten, sein Morgen wegzuwerfen. Nach ihrer eigenen Aussage war sie ein Mensch, in dessen Herz Jesus Christus lebt. Ihr Auftrag: „Etwas Schönes für Gott tun." Ihre Strategie eröffnet sich in einem handgeschriebenen Segen, den sie mir einst gab: „Für Dr. Schuller – Seien Sie nur ganz und gar für Jesus da, lassen Sie sich von Ihm gebrauchen, ohne dass Er Sie erst fragen muss."

Zwei der größten Ehren, die mir je zuteil wurden, waren die Einladung zu ihrer Beisetzung in Kalkutta, Indien, und die zu ihrer Seligsprechungszeremonie im Vatikan in Rom. Meiner Meinung nach war das Mitgefühl der Wert, der ihr Leben am meisten bestimmte. Aus dieser geistlichen Quelle bezog sie die Leidenschaft, mit der sie so viel Liebe und Hoffnung in die Morgen Tausender leidender Menschen gebracht hat.

...

Wann und wo können wir dazu inspiriert werden, hohe und ehrbare Werte zu wählen?

Manche Werte sind naturgegeben. Viele sind nicht verhandelbar. Alles Leben auf dem Planeten Erde braucht saubere Luft und sauberes Wasser. Die Natur kann das nicht alleine schaffen. Der Mensch muss Verantwortung übernehmen – für eine Umwelt, in der Vögel singen und Blumen blühen können. Wenn wir diese Werte zu lange außer Acht lassen, wird unser Planet sterben.

Traditionen liefern starke Werte. Betrachten Sie einmal – mit allem Respekt, aber auch mutig – den Einfluss, den die Tradition auf die Entwicklung unserer Werte hat. In primitiven Kulturen wurde die Machtfrage – zum Guten oder zum Bösen – oft von der Stammestradition diktiert.

Im eindrucksvollen Musical *Anatevka* kämpft das Familienoberhaupt Tevje im kleinen Dorf Anatevka mit Traditionen und Werten. In Anatevka, so sagt er, bestimmten Traditionen alles und jedes. Was man aß, wie man schlief, wie man sich kleidete. So hielten sie zum Beispiel stets den Kopf bedeckt und verzichteten auch nie auf einen kleinen Gebetsschal, der ihre ständige Hingabe an Gott symbolisierte. Wegen seiner Traditionen wusste jeder, wer er war und was Gott von ihm erwartete.

Tevje wird durch die Tradition geformt, aber er ist kompromissfähig, bis zu dem Punkt, an dem seine jüngste Tochter um seine Erlaubnis bittet, einen Atheisten zu heiraten. Hier endet seine Kompromissfähigkeit, und er tut lauthals kund: „... Manches werde ich nicht, kann ich nicht dulden – Tradition!" Trotzdem wenden sich Menschen von bewährten Traditionen ab. Warum? Manchmal geschieht es aus einer jugendlichen Rebellion heraus. Manchmal ist es das Verlangen nach Aufmerksamkeit, der Wunsch, im Rampenlicht zu stehen, das Ego zu füttern. Revisionismus findet wieder Aufmerksamkeit, wenn sich bislang unbekannte Autoren mit ihren haarsträubenden Theorien in Journalen, Kolumnen, redaktionellen Kommentaren und Büchern breit machen. Sogar verantwortungsbewusste Verleger können dieser Versuchung erliegen. Und das Internet veröffentlicht ohnehin alles.

Wenn Sie das Gestern wegwerfen, werfen Sie auch einen Teil von Morgen weg. Wenn Sie vergessen, wo Sie herkommen, werden Sie nicht lange bleiben, wo Sie sind. Aus diesem Grund hängt an der Wand meines Arbeitszimmers in einem Rahmen mein Taufkleid.

Die Tradition ist für eine Kultur wie das Wurzelwerk für eine Pflanze. Die Wurzeln müssen vor einer Invasion durch Gift geschützt werden. Wenn man die Wurzeln vernachlässigt, wird der ganze Obstbaum von innen heraus langsam aber sicher absterben.

Die Tradition ist die große Bewahrerin bewährter historischer Tugenden. Sie schützt Lebensformen vor der Degeneration oder Ausrottung. René Du Bois, der Vater der Soziobiologie, hat entdeckt, dass man, wenn man die Soziologie einer Lebensform verändert, auch den lebenden Organismus verändert. In den meisten Fällen wird er sterben – oder aber er gestattet seiner Natur, sich im Daseinskampf anzupassen. Ändern Sie die natürliche Umgebung des Menschen, und Sie ändern seinen Charakter. Wenn man Adam aus dem Garten Eden herausreißt und ihn dem modernen Straßenverkehr mit Hupen, Sirenen und Gestank aussetzt, wird er sein geistliches Bewusstsein verlieren.

Tradition kann aber auch der erste und schlimmste Feind des Fortschritts sein –, und sie ist es in vielen Fällen gewesen. Sie hat viele Morgen abgewürgt, die die Zukunft der Gesellschaft reicher und gesünder gemacht hätten. „Wenn es funktioniert, lass die Finger davon!“, warnt der Traditionalist. Den positiv denkenden Menschen drängt es jedoch, kreativ zu sein. „Wenn es funktioniert, verbessere es!“, erklärt sein schöpferischer Geist. Falsch angewandte Tradition kann den Fortschritt gewiss unterdrücken und verhindern. Eine ähnlich große Gefahr liegt allerdings auch darin, gegen eine Tradition anzugehen, nur aus dem einen Grund, dass sie alt und aus der Mode gekommen ist. „Sei nicht der Erste, der das Alte beiseite legt – aber auch nicht der Letzte, der das Neue ausprobiert!“ Man kann sicher sein, dass den meisten Traditionen etwas Weisheit und ein echter Wert zu Grunde liegen, sonst hätten sie niemals lange genug überleben können, um eine anerkannte und respektierte Tradition zu werden. Das ersatzlose Streichen von Traditionen hinterlässt ein Experimentierfeld für ungeprüfte und unerprobte, avantgardistische Werte. Die Weisheit sagt uns, dass das Abschaffen von Traditionen ein ernstes Unterfangen ist, das man nicht leichtfertig angehen darf. „Bevor wir Zäune niederreißen, sollten wir zu verstehen versuchen, warum sie ursprünglich aufgestellt worden sind.“

Religion ist die Kraft der positiven, geistlichen Leidenschaften. Keine andere Institution kommt ihr gleich, wenn es darum geht, menschliche Persönlichkeiten auf traditionelle Werte einzuschwören. Der Glaube, den man mich als Kind gelehrt hat, ist die erste Grundlage meiner Werte. Ich wuchs mit den Zehn Geboten und der Bergpredigt auf. Auf dieser jüdisch-christlichen Basis erhielt ich starke, tragfähige Werte, durchdrungen von Glaube, Hoffnung und Liebe. Dieser Glaube hat mein Leben mit Kraft und mit Begeisterung versorgt. Diese Werte haben mich motiviert, zu großen Ideen „Ja“ zu sagen. Sie haben mir geholfen, eine Haltung des „Ich werde nicht aufgeben“ zu verinnerlichen, und mir den Mut gegeben, zu den verführerischen Werten „Nein“ zu sagen, die aus einer entmenschlichten, weltlichen Kultur stammen.

Im Jahr 1967 besuchte ich den Weltkongress der Psychiatrie in Madrid zusammen mit über 4.000 Psychiatern aus der ganzen Welt. Die abschließende Plenarsitzung trug den Titel: „Menschliche Werte in der Psychiatrie“. Drei berühmte Psychiater stellten nacheinander je einen Wert vor. Als der erste der Vortragenden über das Thema ‘Glaube’ zu sprechen begann, war ich geschockt. „Geben Sie ihn nicht auf! Suchen Sie in Ihren Patienten danach!“, sagte er. „Bauen Sie darauf auf. Er ist ein Ausdruck positiver geistlicher Aktivität, eine gewaltige potentielle Kraft in der menschlichen Persönlichkeit.“ Der zweite Arzt sprach über die ‘Hoffnung’. „Ein unglaublich kraftvoller, menschlicher Wert“, erklärte er. Der dritte Psychiater sprach über die ‘Liebe’. „Der mächtigste unter den menschlichen Werten“, war seine Aussage. Diese drei Werte wurden dieser Berufsgruppe, die sich um die Heilung geistiger und seelischer

Krankheiten bemüht, als die ultimativen positiven Werte vorgestellt.

Wo hatten die Psychiater diese kraftvollen Werte gefunden? Diese drei Männer waren in Kulturkreisen aufgewachsen, in denen die jüdisch-christliche Religion dominierte und die Heilige Bibel respektiert wurde. In diesem Buch lesen wir, was Paulus die Jünger von Jesus Christus lehrt: „Nun aber bleiben Glaube, Hoffnung, Liebe, diese drei; aber die Liebe ist die größte unter ihnen“ (1. Korinther 13, 13).

Positive, geistliche Leidenschaft ist die Kraftquelle menschlicher Werte, die Menschen von selbstsüchtigen, gierigen, arroganten und doppelzüngigen Kreaturen in wundervolle, menschliche Wesen verwandelt, die selbstlos, großzügig, fürsorglich und mitfühlend sind.

Wählen Sie Ihre Werte sorgfältig. Suchen Sie den Glauben, der die Werte fördert und segnet, die Sie zu einem wunderbareren menschlichen Wesen machen, und nehmen Sie diesen Glauben an.

Aus der Tradition der jüdisch-christlichen Kultur kommen zwei weitere überaus wichtige menschliche Werte – Demut und Ehrlichkeit. Alle großen Menschen, die ich in meinem Leben gekannt habe, zeigen eine unerschrockene und mutige Hingabe an diese Zwillingstugenden. Ehrlichkeit ist das Nebenprodukt von Demut. Und Demut ist das Nebenprodukt von Ehrlichkeit. Wenn Sie demütig sind, haben Sie den Mut zuzugeben: „Ich brauche Hilfe, ich schaffe es nicht alleine.“ Wenn Sie ehrlich sind, dann haben Sie die Freiheit, die Hilfe anzunehmen, die Sie brauchen. „Danke, das hatte ich nötig.“ Sagen Sie es, auch wenn es bedeutet, die Ehre mit einem anderen teilen zu müssen. Denken Sie daran: „Gott kann große Dinge tun durch den, dem es gleich ist, wer den Ruhm einheimst.“

Ehrlichkeit und Demut werden anziehend wirken und die nötige Unterstützung sichern. „Man kann ihm trauen“, wird es von Ihnen heißen. „Ihr kann man glauben.“ Mit diesen Worten werden die Menschen, die mit Ihnen zu tun haben, Ihre gute Reputation verkünden. Leben Sie so, dass Sie den Respekt und das Vertrauen derer um Sie herum verdienen. Mit Demut und Ehrlichkeit lässt sich das erreichen!

Mein Schwiegervater, Lou DeHaan, war ein einfacher Farmer aus Iowa. Eines Tages kam sein Neffe mit einem speziellen Anliegen zu ihm. „Onkel Lou“, sagte er zu meinem Schwiegervater, „ich will in Sioux City ein neues Restaurant aufmachen.“ Das war die größte Stadt in Nordwest-Iowa. „Ich brauche Startkapital. Hast du nicht ein bisschen Bargeld übrig, das du in mein Geschäft stecken kannst?“ Onkel Lou war eingeschüchtert. Er wartete. Er wollte ‘kneifen’. „Keine Angst, Onkel Lou, du bekommst dein Geld zurück. Du kannst mir vertrauen. Und du kannst den Zinssatz selbst festlegen!“ Also gab Schwiegerpaps seinem Neffen, worum dieser ihn bat. Und das war fast seine gesamte, bescheidene Alterssicherung. Der Handel war gemacht. Es gab nur einen Handschlag. Keine Papiere. Nur Versprechen. Noch nicht einmal Zinsen. Ein Jahr später war das Restaurant bankrott. Am Ende blieb für die Investoren nichts übrig. Mein Schwiegervater hatte jeden Penny verloren. Sein Neffe zog aus Scham in einen anderen Bundesstaat. Er konnte seinem Onkel Lou nicht mehr in die Augen sehen, der durch ihn seine ganze Investition verloren hatte.

Jahre später – Lou dachte schon so langsam an den Ruhestand – war plötzlich ein Brief seines Neffen in der Post. Er enthielt einen kleinen Scheck. Im nächsten Monat kam wieder ein Scheck. Und so ging es weiter, die nächsten 24 Monate hindurch, bis das gesamte Darlehen, das Schwiegerpaps seinem Neffen gewährt hatte, abbezahlt war. Mit dem Konkurs war der Rechtsanspruch auf Rückzahlung erloschen, aber der Neffe richtete sein Leben nach höheren und edleren Werten aus als nach dem Gesetz.

Dann, in der Vorweihnachtszeit, kam eines Tages ein riesiger Laster auf den Hof gefahren. Eine große Kiste wurde vom LKW geladen. Der Fahrer stellte sie auf die Veranda. „Was ist das?“, fragte meine Schwiegermutter.

„Ich habe keine Ahnung“, antwortete mein Schwiegervater.

Als sie die Kiste öffneten, fanden sie als erstes einen

Umschlag – von Lou's Neffen. Diesmal enthielt er keinen Scheck – die Schulden waren abbezahlt –, stattdessen hielten sie eine Notiz in Händen: „Du hast mir nie irgendwelche Zinsen berechnet, Onkel Lou. Deswegen schicke ich Dir als Geschenk ein besonderes Dankeschön." Unter dem Packpapier erschien ein riesiger, luxuriös gepolsterter, in allen Richtungen verstellbarer, superbequemer La-Z-Boy[10] Lehnstuhl mit allen Schikanen.

Ja, Werte formen den Charakter. Und der Charakter formt die Persönlichkeit.

Was passiert aber, wenn Werte aufeinanderprallen? Wenn zwei Grundsätze, denen Sie sich gleichermaßen verpflichtet fühlen, plötzlich miteinander in Konflikt geraten? Arbeiten Sie daran. Treten Sie dem Konflikt mit einer Lösungsstrategie gegenüber. Werfen Sie einfach Ihr Morgen nicht weg.

Meistens muss man sich nicht einmal zwischen gut und böse entscheiden. Oft muss man gut gegen gut aufwiegen! Oder das Gute gegen das Bessere! Oder das Bessere gegen das Beste! Oder es ist der Konflikt zwischen Mittelmäßigkeit und Exzellenz.

Ein Konflikt kann entstehen, wenn man auf der einen Seite ein entwicklungsfähiges Geschäft und auf der anderen Seite eine tolle Ehe mit genügend Zeit für die Kinder aufbauen will. Oder vielleicht sind Sie hin- und hergerissen, ob Sie Ihr Kind auf eine feine Privatschule schicken oder ob Sie Geld opfern sollen, um eine bessere Versorgung für Ihre alte Mutter zu gewährleisten.

Wie können Sie eine Entscheidung treffen, wenn der Wettbewerb innerhalb Ihrer gewählten Werteordnung verlangt, dass Sie einen Grundpfeiler dem anderen vorziehen?

Nehmen wir zum Beispiel einmal Gerechtigkeit gegen Gnade. In Amerika und dem größten Teil der zivilisierten Welt können die Menschen ihren Glauben und ihre Philosophie frei wählen. Nicht alle wählen aber das Gleiche. „Auge um Auge, Zahn um Zahn!", hieß es, bevor Jesus kam. Rache war ein allgemein anerkannter Ausdruck von Gerechtigkeit, was in mehr als einer Kultur oder Religion zu bitteren, blutigen Kriegen geführt hat – um 'heimzuzahlen' und um 'das Unrecht mit der Waffe in

[10] wörtlich: Fauler Junge

der Hand zu bekämpfen'. Dann kam Jesus und predigte die bedingungslose Liebe ohne Verurteilung. Vergebung wurde zur höchsten Tugend. „Gerechtigkeit und Gnade müssen einander umarmen." Viele Christen glauben, dass dies geschehen ist, als Christus am Kreuz für uns starb. Christen lernen, dass der Gnade der Vorzug zu geben ist, wenn es gilt, zwischen Gerechtigkeit und Gnade zu wählen.

Oder nehmen wir die Zwangslage des Überlebenswillens. Überleben ist der allerwichtigste Wert des Menschen. Wenn wir in Gefahr geraten, wenn Feinde oder eine tödliche Krankheit unser Leben bedrohen, wie schnell verblassen da alle anderen Werte. Dann zählt bald nur noch die eine Frage: „Wie kann ich mein Leben retten?"

Im Leben eines jeden Menschen sollte die Verteidigung der Familie und des Glaubens einen wichtigen Wert darstellen. Wenn der Ehepartner oder die Kinder Opfer eines ungerechtfertigten Angriffs werden, verändern sich auf einmal unsere Prioritäten. Wir finden ganz selbstverständlich die Zeit, das Geld und die Kraft, die nötig sind, um unsere Familie zu unterstützen.

Nach gesundheitlichen oder finanziellen Rückschlägen kann es zum bedeutendsten Antrieb in unserem Leben werden, wieder zu Kräften zu kommen. Nennen Sie es meinetwegen 'Schadensbegrenzung'. Ein weitverbreitetes Ziel war der Ruhestand, bis der Zusammenbruch des Aktienmarktes von 2002 die Rücklagen vieler Pensionäre vernichtete. Für einige bedeutete es, wieder zu Kräften zu kommen, wieder mit der Arbeit zu beginnen.

Unsere Tochter Carol hat ihr Bein bei einem tragischen Unfall verloren. Als sich ihr in der High-School die Möglichkeit bot, ins Behindertenskiteam der USA aufgenommen zu werden, waren gute Ziele im Widerstreit: Entweder konnte sie einen ordentlichen Schulabschluss machen – oder alles hinter sich lassen und sich dem Sport widmen, der ihr Erfüllung versprach. Wir fanden, dass es für sie als junger Teenager wichtig war, eine starke „Ich-schaffe-das"-Mentalität zu entwickeln. Also hinderten wir sie nicht daran, die High-School ohne Abschlussdiplom zu verlassen. Sie entschied sich dafür, ihre Ausbildung im

Fernstudium zu absolvieren. War das die richtige Entscheidung? Sie brach den Geschwindigkeitsrekord auf der Piste und erreichte auf nur einem Ski eine gemessene Geschwindigkeit von über 110 Stundenkilometern! Das hat ihr geholfen, einen sehr starken „Ich-schaffe-das"-Charakter und ein ebensolches Selbstbewusstsein zu entwickeln, und es hat viel zu ihrem Riesenerfolg als Erwachsene beigetragen.

Wie steht es mit dem Ehrgeiz, dem Drang, beruflich, akademisch oder finanziell weiterzukommen? Robert Browning hat einmal gesagt: „Das Ziel eines Mannes sollte außerhalb seiner Reichweite liegen. Wozu gäbe es sonst den Himmel?" Aber – ist Ehrgeiz nicht gefährlich, fragen manche. Er kann gefährlich werden, wenn man keine ethischen, moralischen, geistlichen und menschlichen Werte besitzt, die einen vor Unehrlichkeit, Doppelzüngigkeit, Selbstsucht, Gier oder brutalem und rücksichtslosem Verhalten bewahren.

Wie steht es mit der Zufriedenheit? Wäre dies nicht ein hoher und heiliger Wert? Der Apostel Paulus preist sie mit diesen Worten: „Ich sage das nicht, weil ich Mangel leide; denn ich habe gelernt, mir genügen zu lassen, wie es mir auch geht. Ich kann niedrig sein und kann hoch sein; mir ist alles und jedes vertraut: beides, satt sein und hungern, beides, Überfluss haben und Mangel leiden ..." (Philipper 4, 11 – 12).

Was ist mit Glück? Kann man Glück kaufen? Ein guter Freund von mir, Professor Martin Seligman, Professor für Psychologie an der Universität von Pennsylvania, hat zusammen mit Ed Diener von der Universität von Illinois, Urbana-Champaign, eine anspruchsvolle Untersuchung in Bezug auf Glück und Wohlstand durchgeführt. Hierzu wurden 150 Einzelstudien ausgewertet. Die Untersuchung zeigte: „Mehr Geld bringt nicht viel mehr extra Glückseligkeit. Dieses Glück resultiert aus sozialen Beziehungen, einer erfüllenden Tätigkeit, ... dem Gefühl, etwas zu bewirken." Fazit: „Geld macht vielleicht nicht glücklich, aber Glücklichsein macht vielleicht reich" (so berichtet Sharon Begley im *Wall Street Journal*, 13. August 2004).

Sie werden eventuell Ihre Werte den verschiedenen Stadien

Ihres Lebens anpassen müssen. Das ist vielleicht nicht ganz einfach. Es kann sogar äußerst schmerzhaft sein. Bist du sechs Jahre alt und in der ersten Klasse? Oder bist du ein Heranwachsender? Lebensabschnitte könnten kaum verschiedener sein. Sind Sie in den frühen Zwanzigern? In den Dreißigern? Jenseits der Vierzig, die Midlife-Crisis vor Augen? Haben Sie die Sechzig überschritten, und sehen Sie dem Ruhestand entgegen? Sind die Kinder aus dem Haus und in der ganzen Welt verstreut? Sind Sie über siebzig, Ihr Körper verändert sich, und Ihre Freunde beginnen wegzusterben? Ist das Licht am Ende des Tunnels das ewige Licht?

Eine Freundin von uns gab vor kurzem ihren Rolls Royce auf und zog aus ihrer 930-Quadratmeter-Villa in eine 110-Quadratmeter-Wohnung in einem dreistöckigen Altersheim, in der sie von nun an leben wird. Sie hat einen leichten Schlaganfall erlitten und ist einem aufwändigen Lebensstil nicht mehr gewachsen. Wenn es ihr gesundheitlich einmal noch schlechter gehen sollte, kann sie in die Pflegeabteilung ihres neuen Zuhauses übersiedeln. Dort kann sie rund um die Uhr medizinisch betreut werden. Das Leben stellt neue Anforderungen, und unsere Prioritäten müssen sich ebenfalls ändern.

Es steckt viel Weisheit in Prediger, Kapitel 3:

„Ein jegliches hat seine Zeit,
und alles Vorhaben unter dem Himmel hat seine Stunde:
geboren werden hat seine Zeit,
sterben hat seine Zeit;
pflanzen hat seine Zeit,
ausreißen, was gepflanzt ist, hat seine Zeit."

Wie würden Ihre Werte und Prioritäten sich verändern, wenn man Ihnen sagen würde, dass Sie nur noch sieben Tage zu leben hätten? Neulich, in einem Interview, überraschte man meine Frau mit dieser Frage. Sie ist ihr ganzes Leben lang von tiefem Glauben erfüllt und eine Nachfolgerin Christi gewesen. Der Glaube hat sie geformt und erhalten, von den Tagen, in denen sie ein junges Mädchen war, bis heute – wo sie selbst Großmutter ist.

Mit einem strahlenden Lächeln und leuchtenden Augen spricht sie die Worte aus, die durchs ganze Studio hallen: „Nun, ich würde gar nichts ändern. Ich bin glücklich mit dem Leben, das ich gelebt habe. Wie mein Mann immer sagt: ‚Lebe so, dass es am Ende Stolz ist, den du empfindest auf das, was hinter dir liegt. Dass es Liebe ist, die dich umgibt. Und dass es Hoffnung ist, die vor dir liegt.'“ Mit einem zufriedenen Lächeln fügt sie hinzu: „Es gibt nichts, dem ich nachtrauern müsste, also würde ich die letzten sieben Tage meines Lebens damit zubringen, Folgendes zu sagen: ‚Danke ... Danke, meine guten Freunde. Danke, meine liebe Familie. Und am meisten von allen … Danke, Jesus.'“

Auf welcher Basis wählen Sie die Werte, die Ihr Leben bestimmen sollen? Wenn die Werte, die Ihnen die Gesellschaft anbietet, verwirrend und widersprüchlich sind, durchmischt mit zweifelhaften Leidenschaften, wie entscheiden Sie sich? Gebrauchen Sie sowohl Ihren Verstand als auch Ihr Herz dazu.

Fangen Sie mit dem Verstand an. Seien Sie klug. Sie müssen wissen, dass das elementare Bauteil, das 'emotionale Atom', aus dem ein glücklicher Charakter aufgebaut ist, Selbstachtung ist. Wertschätzung des eigenen Selbst, gepaart – bei aller Demut – mit Stolz. Ich stelle die Behauptung auf, dass Scham die bedauerlichste, zerstörerischste Emotion ist, die wir kennen – Erniedrigung, Unehre und Schande – das genaue Gegenteil von Stolz. Kein elementarer Wert übertrifft Selbstachtung und Selbstrespekt. Also entscheiden Sie sich für Werte, die die Entwicklung eines gesunden Selbstrespekts bei sich selbst und allen anderen menschlichen Wesen fördern.

Seien Sie unter diesem Leitgedanken darauf vorbereitet, die vielen widersprüchlichen Werte zu prüfen, die unsere unverbindliche Gesellschaft Ihnen anbietet. Stellen Sie sich folgende Fragen:

1. Dienen die Werte, für die ich mich entscheide, wirklich dem Wohl meiner Mitmenschen? Ein weiser Mann hat einmal gesagt: „Das wichtigste Bedürfnis ist das Bedürfnis, gebraucht zu werden." Das Geheimnis des Erfolgs ist es, ein Bedürfnis zu finden und es zu stillen, eine Not zu sehen und zu lindern. Wird diese Philosophie mich und andere für Werte wie Altruismus, Großzügigkeit und Selbstaufopferung empfänglich machen?

2. Wenn ich mich dafür entscheide, nach diesen Werten zu leben, werde ich meiner Familie, meinen Freunden, meiner Gemeinde und natürlich meiner Reputation ehrlich und in aller Demut Ehre machen?

3. Werden die Menschen, an denen mir am meisten liegt, mich für das, was aus mir geworden ist und was ich getan habe, respektieren und achten? Werden außerdem andere, die ich respektiere, sich von mir angezogen fühlen und meine Freundschaft suchen?

4. Werden diese Werte mein Glück und meine Zuversicht stärken – für morgen und für alle zukünftigen Morgen?

Ich bin in einer ländlichen Gemeinde standhafter holländischer Immigranten aufgewachsen. Wir waren alle protestantische Christen mit einem starken Glauben an Gott und an die Bibel. Die Werte dieser Gemeinschaft waren unmissverständlich und unumstößlich. Ich habe diese klaren Grundregeln für mein Leben angenommen, und sie haben mich zu einem sehr erfüllten Leben geführt. In dieser Kultur und in dieser Bibel habe ich *Gottes Zeilen* gefunden, die zu meinen *Leitgedanken* wurden.

Es besteht für mich nicht der geringste Zweifel daran, dass

diese Werte zeitlos, klassisch, unveränderlich waren – und es immer sein werden. Sie ändern sich nicht mit der Mode und den Zeiten.

Was haben sie für mich bewirkt? Diese Frage lässt sich aus meiner Perspektive heraus – zwei Jahre vor meinem achtzigsten Geburtstag – hervorragend beantworten.

In meinem ganzen Leben wurde meine Berufung zum christlichen Pastor nur ein einziges Mal ernsthaft in Frage gestellt. Dies geschah in dem Moment, in dem ich im Hope College den Seminarraum für Psychologie betrat. Ich wollte Pastor werden, weil ich berufen worden war, menschlichen Wesen dabei zu helfen, kreative, konstruktive, glückliche, gesunde Personen zu werden. Ich genoss dieses Leben, also musste ich es auch anderen mitteilen. Das ist genauso, wie wenn Sie ein tolles Musikstück hören, ein großartiges Buch entdeckt haben oder einen herrlichen Aussichtspunkt erblicken. Sie möchten sofort zu Ihrem besten Freund laufen und ihm begeistert davon erzählen: „Da musst du unbedingt mit hin! Das musst du lesen! Das musst du dir anhören!“ Das Glück und die Gesundheit in meinem Leben hatten ihre Ursache in den positiven Werten, die in meinem positiven Glauben verwurzelt waren.

Als ich anfing, mich mit der Psychologie zu beschäftigen, fing ich auch an, meine Entscheidung für die Predigerlaufbahn in Frage zu stellen. Vielleicht könnte ich als weltlicher Psychologe mehr Menschen erreichen, als in meiner Rolle als Pastor, gehüllt in einem religiösen Image, das Menschen wie Agnostiker, Atheisten, Kirchengegner oder religiöse Sektierer anwidern könnte. Vielleicht hätte ich mich für diesen Karrierenumschwung entschieden, wenn ich nicht eines Tages im Unterricht folgenden Satz gelernt hätte: „Es ist ethisch nicht vertretbar, wenn Psychologen oder Psychiater ihren Patienten oder Klienten ihre eigenen Werte aufoktroyieren.“ Das störte mich wirklich – obwohl ich die ethische Richtigkeit dieser Berufsregel natürlich erkannte und sie guthieß. „Was aber, wenn die geistige oder emotionale Störung, die ich behandeln soll, ihre kranken Wurzeln in den Werten des Patienten hat?“, fragte ich. Die Antworten konnten mich nicht zufrieden stellen. Die

Berufung meiner Kindheit wurde bestätigt. „Nein, werde nicht Psychologe; werde Pastor.“ Ein geistlicher Leiter hat als Ratgeber die Freiheit, die Werte der gequälten Menschen zu untersuchen, die ihn um Rat bitten. Er kann auch die allergesündesten Werte anbieten, in deren Rahmen sich emotionale Gesundheit wieder erreichen lässt. Ein Geistlicher kann der verwirrten Seele raten und ihr helfen, die zerstörerischen Werte durch die Erlösungstherapie eines positiven Glaubens zu überwinden.

Also blieb ich bei meiner Entscheidung, Prediger und Pastor zu werden. Ich habe aber mein ganzes Leben lang niemals aufgehört, stets die neuesten Erkenntnisse und Einsichten zu verfolgen, die die größten Psychiater und Psychologen der Welt über das menschliche Verhalten gewinnen. Es hat sich herausgestellt, dass positive Werte die Grundlage meiner Beratung sind – und die Ergebnisse sind fantastisch. Ich weiß, dass ich, wenn ich ans Ende meines Lebens gelange, nichts von dem Leben bereuen werde, das meine Werte mir bereitet haben!

Ich weiß ganz sicher, dass ich niemals zu mir sagen werde: „Warum, um alles in der Welt, habe ich nur diese dumme Pfeife gekauft?“

Ein Wort zum Schluss: Gehen Sie eine Verpflichtung ein! Verpflichten Sie sich nicht verhandelbaren Werten, die Sie ermutigen, zu den positiven Möglichkeiten des Lebens Ja zu sagen und die Ihnen auf der anderen Seite zeigen, wann und wie es nötig ist, den negativen Verführungen und Ablenkungen Grenzen zu setzen. Wenn die Entscheidung für Ihre Werte getroffen worden ist, dann verteidigen Sie sie mit Ihrem ganzen Leben. Wählen Sie die Regeln, und ziehen Sie die Grenzen, die Ihre Werte schützen und fördern werden. Dann werden sie Sie mit einem erfolgreichen und erfüllenden Morgen beschenken.

FÜNF

Lassen Sie Ihr Gewissen die Regeln festsetzen und die Grenzen ziehen

Leben ohne Grenzen ist wie ein Fluss ohne Ufer.

„Schön, dich wieder zu sehen, Opa!“, sagte Jason, mein ältester Enkel. Jason hatte gerade die Grundausbildung der Marinereserve hinter sich gebracht. Anlässlich des Geburtstags von Chris, Jasons Bruder, gab es ein Familienessen, und wir standen im Garten hinter dem Haus, umweht von den Düften des Grills, die über uns hinwegschwebten. „Hier kann man sich wenigstens beim Essen unterhalten“, meinte Jason.

Ich war verdutzt. „Wie meinst du das, Jason? Ihr werdet euch in der Grundausbildung doch wohl beim Essen unterhalten dürfen!“

„Aber auf keinen Fall!“, erklärte er. „Die Marine hat strikte Regeln, und eine davon lautet: ‚Absolute Ruhe beim Abendessen. Kein Wort.‘“

Ich lachte und meinte: „Und wenn du jemanden um das Salz bitten möchtest?“

„Oh, wir hatten eine Zeichensprache für alles, was wir brauchten. Das hier bedeutet zum Beispiel Salz“, er hielt den Zeigefinger hoch. „Für Pfeffer hält man zwei Finger hoch, und für Ketchup haben wir so gemacht.“ Er hielt eine imaginäre Ketchupflasche hoch, schüttelte sie rauf und runter auf die andere Hand, mit der Handfläche nach oben.

Während des gesamten Abendessens unterhielt uns mein Enkel mit Geschichten über die vielen Vorschriften bei der Marine – wie sie durchgesetzt werden, und warum man sie macht.

Hochaufgerichtet und mit weit aufgerissenen Augen machte

er eine sehr wichtige Bemerkung: „Sie haben unglaublich wichtige Regeln, und für jede einzelne gibt es einen guten Grund. Und sie machen unmissverständlich klar, welches die Hauptregeln sind.“

Nieta Armstrong, eine Freundin von mir, ist ein treues Mitglied des Kirchenvorstands in unserer Gemeinde und Oberstleutnant im Marine Corps. Sie musste in den Irak. Als sie viele Monate später wieder zurückkehrte, zeigte sie mir eine Plastikkarte von der Größe einer Postkarte. Sie sagte, dass das Militärpersonal verpflichtet gewesen sei, diese Karte in einer Tasche der Uniform mit sich zu führen. Auf der Karte standen genaue Verhaltensregeln für jede Person, die unser Land repräsentiert. Nieta wies mich darauf hin, wie sich die Regeln in besonderem Maß mit dem Verhalten gegenüber Zivilpersonen und feindlichen Kombattanten befassten. Ein besonderer Schwerpunkt lag auf dem Respekt vor der Menschenwürde.

Bei jedem Auftrag, den wir im Lauf unseres Lebens haben, gibt es Verhaltensregeln. Das gilt nicht nur für den militärischen, sondern auch für den akademischen, geschäftlichen, politischen, religiösen und athletischen Bereich. Regeln – entworfen, niedergeschrieben, für richtig befunden, verbreitet, ausgelegt, durchgesetzt – sie machen den größten Teil dessen aus, was man in der Gesellschaft als ‘Regierungsgewalt’ bezeichnet, auf nationaler, regionaler und lokaler Ebene.

Als das antike Rom zwischen Kaiserreich und Demokratie schwankte, sprach Cicero: „Freiheit ohne Gesetze wird zur Anarchie führen. In der Anarchie aber wird die Freiheit nicht lange geduldet sein.“ Dieses universelle Prinzip lässt sich nicht nur auf demokratische Institutionen anwenden, es gilt genauso in unserem Privatleben.

„Wie gefällt dir deine neue Schulklasse?“, frage ich meine elfjährige Enkelin Paige.

„Ich mag sie, es gibt bloß so viele Regeln“, sie zieht die Nase kraus. „In der Schule sollte es gar keine Regeln geben. Dann würde es richtig Spaß machen, Opa.“

„Aber in der Familie habt ihr auch Regeln“, erinnere ich sie. Sie wurde für einen Moment still.

„Aber die meisten sind nette Regeln. Und Daddy und Mom haben gesagt, dass es die Regeln für Julia und mich gibt, damit uns nichts Schlimmes passiert. Also sind es eigentlich Liebesregeln."

„Ja, aber, Paige, erinnerst du dich, als Gouverneur Schwarzenegger bei uns in der Kirche zu Besuch war? Er und Maria haben von den Familienregeln erzählt, die sie bei sich zu Hause haben. Die eine Regel ist, dass zwischen 4 und 7 Uhr nachmittags alle Telefone und Fernseher *aus*geschaltet sind. Das sorgt für 'Redezeit' in der Familie und verhindert, dass die Kinder eine Menge Müll im Fernseher sehen, den sie gar nicht sehen sollten."

Ich kann mich noch daran erinnern, wie psychologisch Liberale argumentierten, dass Kinder und Jugendliche in der Entwicklung ihrer Persönlichkeit von Regeln eingeengt und erdrückt würden. Ihre natürliche Kreativität würde durch sie eingeschränkt. Die menschliche Freiheit sollte in keiner Weise begrenzt werden, so argumentierten sie, solange „niemandem Schaden zugefügt wird".

Genau diese Argumentation stellte sich als falsch heraus, als jemand auf die Idee kam, einen Spielplatz für Kleinkinder ohne Zaun anzulegen.

Der Spielplatz war frisch und sauber, mit Rasen, Bäumen, Klettergerüsten und Schaukeln. Die fehlenden Zäune, so stellte man sich vor, würden sich positiv auf die emotionale Gesundheit der Kinder auswirken. „Sie werden sich nicht mehr eingeengt und eingesperrt fühlen, nicht mehr das Gefühl haben, in einem Areal eingeschlossen zu sein", argumentierten die Befürworter des Projekts. Was geschah, als man schließlich die Kinder selbst den Spielplatz ausprobieren ließ, überraschte allerdings jedermann. Anstatt frei und ungehemmt von einem Ende des großen Platzes zum anderen herumzutollen, verkrochen sich die Kinder und setzten sich selber eigene Grenzen. Ohne eine klare und sichere Begrenzung waren sie auf sich selbst zurückgeworfen. Als man später die Zäune installierte, war dies eine regelrechte Befreiung für die Kinder! Mit weit geöffneten Armen liefen sie, so schnell sie konnten – bis zur sicheren Grenze und manchmal auch dagegen – in einem harmlosen Zusammenstoß mit den nachgiebigen Kettengliedern.

Dann wurde den Erziehern ein Video gezeigt, das ihre Theorien noch mehr ins Wanken brachte. Es zeigte Autos auf Brücken über tiefe Schluchten. Die Brücken hatten keine Geländer, und so fuhren die ängstlichen Fahrer mit ihren Autos in der Mitte der Straße! Nachdem wieder Leitplanken installiert waren, fühlten sich die Fahrer sicher genug, am Fahrbahnrand zu fahren und Raum für den Gegenverkehr zu lassen. Wie falsch waren doch die Annahmen über die 'uneingeschränkte Freiheit'!

Den größten Teil meines Lebens habe ich in einem Jahrhundert gelebt, in dem es einen Wechsel von Regeln zur Freiheit gegeben hat. In meiner Kindheit waren die Regeln durch die Religion festgesetzt. Katholiken und Protestanten sahen ihre Rolle gleichermaßen in der Durchsetzung von Regeln. Predigten dienten dazu, den Menschen bestimmte Regeln einzubläuen, um unerwünschtes Verhalten sowohl im privaten als auch im öffentlichen Bereich im Rahmen zu halten. Grenzen wurden gezogen, und auf ihre Einhaltung wurde geachtet. Verstöße gegen diese enge Auslegung der Grenzen wurden als 'Sünden' gebrandmarkt, Schuld war unausweichlich.

In allzu vielen Fällen waren die religiösen Regeln enge, strenge, persönliche Auslegungen von biblischen Gesetzen durch religiöse Leiter, die ihre eigenen, negativen Ansichten durch bestimmte Bibelstellen zu untermauern suchten.

Die Hauptkirchen in Amerika waren im Wesentlichen Institutionen, die dafür sorgten, dass man nicht vergaß, dass man ein Sünder war und zu bereuen hatte. Das gab vielen Religionen den Aspekt einer repressiven Institution, einen negativen Beigeschmack, den viele Menschen inakzeptabel fanden.

Dann erlebte ich eine große Wandlung in den Religionen, als die Theologen begannen, die Grenzen und Einschränkungen abzubauen. Religion, so behaupteten sie, sei dazu da, die Menschen zu befreien, nicht zu versklaven. Also müssen wir alle Regeln abschaffen. „Die Kirche hat nicht das Recht und sollte sich nicht unterstehen, den Menschen erzählen zu wollen, was ‚Sünde' ist und was nicht!", das waren die neuen Weisheiten, die

die Professoren in den Seminaren den zukünftigen Pastoren mit auf den Weg gaben.

Heute spielen die Hauptreligionen ihre Rolle als Meinungsbildner mehr und mehr herunter, oder sie haben diese Rolle ganz aufgegeben. Sie sind schon lange nicht mehr die Vordenker in Bezug auf Moral und ethisches Verhalten. Sogar die Bibel wird nicht mehr von allen religiösen Leitern als das endgültige Wort Gottes akzeptiert. So werden die Pilger auf ihrer Suche nach Wegweisern und Richtlinien allein gelassen, ohne die endgültige Autorität eines heiligen Buches. Wir versuchen, uns mit moralischen und ethischen Problemen herumzuschlagen, die weit komplexer sind als je zuvor, und es regiert die Verwirrung.

Das Endergebnis? Unsere zügellose und entwurzelte Gesellschaft ist dabei, zum Recht des Stärkeren zurückzukehren. Das ist ein Morgen, das sich niemand wünscht. Wir müssen eine Gesellschaft anstreben, deren Motor eine Erneuerung der Moral und des ethischen Gewissens bei unseren Leitern, in der Religion, in der Wissenschaft, in der Politik und in der Erziehung ist. Ich gebe zu, dass es natürlich am Einzelnen und an der einzelnen Familie liegt, ein tragfähiges, individuelles Gewissen zu entwickeln, das geeignet ist, dem Leben Richtung zu geben.

In einer Welt kultureller Komplexität und Verwirrung muss jedes Individuum und jede Institution ein starkes und empfindsames Gewissen entwickeln, um die Regeln festlegen zu können, nach denen die gesteckten Ziele erreicht werden sollen.

Mein Enkel Ethan Milner hatte am Sommertrainingscamp für Football der säkularen Athletikabteilung seiner High-School teilgenommen. „Die hatten wirklich einige strenge Regeln, Opa", erzählte er. „‚Respektiere deinen eigenen Körper und den der anderen' war die erste Regel. ‚Wie macht man das?', fragten uns die Trainer. Die Spieler antworteten: ‚Sag *nein* zu Suchtmitteln ..., *nein* zu Alkohol, *nein* zu Drogen, Tabak und Pornographie! Sag *ja* zum Training und zu einer gesunden Ernährung. Sag *ja* zur Disziplin!'"

Ja, Sie müssen sich entscheiden, welche Art von Mensch Sie

werden wollen. Dann werden Sie festlegen müssen, welche Art von Regeln Ihre Grenzen bestimmen wird. Auf welche Weise wollen Sie Ihre moralischen, ethischen und geistigen Ziele verwirklichen? Die Regeln müssen definieren und beschreiben, auf welche Weise Ihr Traum zur Selbstachtung und zum Selbstwertgefühl aller beiträgt, die in ihn involviert sind. Was immer Ihr Traum auch sei: Menschliche Würde muss das oberste Prinzip sein. Am Ende einer jeden Unternehmung muss die Frage stehen: Hat das, was wir getan haben, uns und vielleicht auch andere zu besseren Menschen gemacht?

Wo finden wir aber die Grundlage und die Bildung eines Gewissens, das uns auf den positiven Weg zu höherer Ethik und Moral führt und uns auf Kurs hält? Wer hilft uns, ein solches Gewissen zu entwickeln?

Hilfe finden wir wohl kaum in der säkularen Kultur, in der keine Regeln gelten. Wo 'alles geht', verabschiedet sich auch das Gewissen. Da finden wir zum Beispiel graduierte Studenten des Rechts, der Medizin oder anderer Disziplinen, die beim Abschlussexamen betrügen. Damit wollen sie einen Universitätsgrad für ihre Wahlkarriere erringen.

In den Massenmedien wird die Wahrheit oft verschwiegen, vergessen oder verdreht, zum Beispiel durch 'Tonhäppchen' und gewisse Eigenschaftswörter, oder aus dem Zusammenhang gerissene Sätze werden zitiert, unterschwellig werden Stimmungen erzeugt – Reputationen werden ruiniert, Karrieren und Familien zerstört. Im Journalismus ist das Verbreiten von Plagiaten zu einer regelrechten Modeerscheinung geworden, und das Internet quillt über von Halbwahrheiten und falschen Anschuldigungen.

Die Finanzberichte angesehener Firmen weisen am Schluss zwar Profite aus – die Zahlen stimmen jedoch nicht.

Dann gibt es die, die in der Welt zu Ehren gekommen sind, berühmte Sportler oder Showstars, erfolgreiche Geschäftsleute – viele von ihnen sehen es nicht als ihre besondere Pflicht an, nach ethischen Grundsätzen zu leben. Sei es nun der Vorstandsvorsitzende oder der kommandierende General oder auch nur der Manager einer Imbissbude – die Verantwortung für die Einhaltung der Regeln liegt bei ihnen, nur entscheiden sich manche, dies nicht zu beachten.

Es besteht immer die Gefahr, dass die Person an der Spitze in Versuchung gerät, sich törichterweise als 'über dem Gesetz stehend' anzusehen. Zu viele Leiter missachten und übertreten die Regeln in persönlichen Beziehungen und in eigener Funktionsherrschaft. Wir sehen, wie dies in der Regierung, in Körperschaften, in der akademischen Welt und in religiösen Institutionen geschieht.

Unsere Gesellschaft braucht hohe moralische Regeln, sonst ist die Zukunft in Gefahr. Werfen Sie Ihr Morgen nicht weg!

Wir brauchen unbedingt ein wahrhaft erbauliches Buch und eine wahrhaft inspirierende Person, der wir nachfolgen können. Für mich ist dieses Buch die Bibel und die Person Jesus Christus. Dieses Buch und dieser Herr helfen mir, ein Gewissen zu entwickeln, das mich von einem Augenblick zum nächsten führen kann.

Drei der Hauptreligionen der Welt – Judaismus, Islam und Christentum – basieren alle auf den Zehn Geboten, die ich „Gottes Weg zum guten Leben" nenne. Mein erstes Buch beruhte auf diesen Geboten, und darin habe ich die zehn Regeln Gottes als positive Bestimmungen interpretiert, nicht als negative, bedrückende Lehren. Die Zehn Gebote zeigen, dass wir Menschen aller Glaubensrichtungen zusammenleben können, wenn wir uns der Höflichkeit, der Freundlichkeit und dem Mitgefühl verschreiben.

Die Zehn Gebote sind dazu vorgesehen, unsere 'moralische Architektur' zu unterstützen. Die Gebote sind jedoch nicht zehn einzelne, frei stehende Säulen, wie in einem uralten römischen Innenhof. Wenn man dort eine Säule umstößt, bleiben die anderen neun stehen.

Sie sind vielmehr wie die zehn Hauptsteine in einem römischen Bogen. Jeder einzelne lehnt sich sorgsam gegen den anderen, und sie unterstützen sich alle gegenseitig, um den Eingang über einem Fußweg zu umrahmen – ein Fußweg, der zu Würde und Selbstrespekt führt. Nehmen Sie *einen* Stein heraus, und Sie riskieren den Einsturz des gesamten Säulenganges. So wie die

Zehn Gebote sich gegenseitig unterstützen, so schützen sie ihrerseits Sie.

Das siebte Gebot: „Du sollst nicht ehebrechen“ ist das Gebot, über das heutzutage in unserer Kultur am meisten geredet wird. Es wird oft ignoriert, mit Spott bedacht oder lächerlich gemacht, und dennoch wird mehr Elend und Gewalt durch das Übertreten dieses einen Gebotes verursacht als durch die Übertretung irgendeines anderen der Zehn Gebote. Übertreten Sie dieses Gebot, und allzu bereitwillig übertreten Sie alle zehn. Lügen, stehlen, töten, begehren ... Ihre Verteidigung gegen all diese Gebote wird zerbröckeln.

Das siebte Gebot ist dazu vorgesehen, um Sie und mich und die Menschen zu beschützen, die wir am meisten lieben – unsere Familien. Wenn Sie entscheiden, sich an die Regeln für Ihre Ehe zu halten, macht es das Leben einfach leichter, inniger, harmonischer, sogar gedeihlicher und angenehmer.

Kobe Bryants Leben und Karriere wurden komplett auf den Kopf gestellt, als er beschuldigt wurde, eine Frau vergewaltigt zu haben. „Er mag schuldig sein oder auch nicht“, sagte der Friseur zu meiner Frau. „Er hat allerdings zugegeben, dass er tatsächlich Ehebruch begangen hat!“ Sein Gewissen, seine Familie, seine Karriere und seine Reputation haben entsetzlich gelitten.

Gelegenheitssex unter jungen Leuten hat sich in unserer Gesellschaft eine weitverbreitete Akzeptanz erworben, aber kürzlich haben Untersuchungen an weltlichen Universitäten die negativen Konsequenzen aufgezeigt. Forscher an der Harvard-Universität haben eine Langzeitstudie an verheirateten Paaren durchgeführt, die vor ihrer Hochzeit zusammengelebt hatten. Man hat entdeckt, dass die „Versuchen-wir-es-erst-einmal“-Methode nicht funktioniert.

Paare, die vor der Ehe zusammenleben, haben eine viel höhere Scheidungsrate und erleben mehr Ernüchterung in ihrer Ehe.

Ein Freund von mir ist der NBA[11] Star und dreimaliger Weltmeister Laker A. C. Green. Er hat kürzlich seine erfolgreiche Basketballkarriere aufgegeben, aber er wird immer noch geehrt und respektiert, sowohl in der Sportwelt als auch in der Gesellschaft in ihrer Gesamtheit. Seine Reputation ist ohne Fehl

[11] National Basketball Association (Nationale Basketball Vereinigung)

und Tadel, und der Glaube ist ein dominierender Faktor in seinem Leben. Er ist wahrhaftig ein lebendiges Beispiel für den Heldenstatus, den er für viele junge Leute bekleidet, sowohl beruflich als auch persönlich.

Für seine A. C. Green Youth Foundation[12] wurde er in die World Sports Humanitarian Hall of Fame aufgenommen. Die 1989 gegründete Stiftung fördert sexuelle Enthaltsamkeit unter Jugendlichen. Was für ein frischer Wind!

„Die A. C. Green Youth Foundation konzentriert sich auf Enthaltsamkeit und arbeitet mit Einzelpersonen, die benachteiligt sind“, sagt er zu mir. „Wir bieten Jugendlichen im Alter von zehn bis fünfzehn Jahren kostenlose Basketballlager an. Und wir haben einen Lehrplan, den wir in den Schulen unter dem Namen „Spielplan“ vorstellen und der die Vorteile der Enthaltsamkeit lehrt. Es ist toll, dabei eine kleine Rolle spielen zu dürfen.“

„Nun, es ist weit reichend bekannt“, sage ich zu A. C., „dass Sie bis zur Ehe Enthaltsamkeit geübt haben.“

„Ja“, lautet seine Antwort, „ich bin ein lebendes Beispiel dafür. Falls es mir in der Rolle, die Gott für mich vorgesehen hatte, nämlich für die NBA herumzureisen, möglich war, dann braucht mir kein Teenager erzählen, dass es für ihn oder sie schwieriger ist.“

„Das stimmt genau“, räume ich ein. „Einige der Basketballspieler haben offen darüber geprahlt, wie viele Affären sie hatten.“

A. C. stimmt mir nickend zu und fährt fort: „Wenn du eine Vision oder einen Zweck hast und deine Berufung verstehst, kannst du außergewöhnliche Sachen für Gott tun, sogar inmitten einer eigenartigen Situation. Es war sehr eigentümlich, zwanzig Jahre in der NBA zu leben, aber gleichzeitig hat es mich nicht vom Ziel getrennt, das ich hatte – eine brennende Leidenschaft, die Gott in mein Herz gelegt hatte: der zukünftigen Generation, den Jugendlichen, eine bestimmte Art von Hoffnung zu vermitteln.“

Während ich über sein Beispiel nachsann, erwähnte ich die Studien, die zeigen, dass Menschen, die sich bis zur Ehe des Geschlechtsverkehrs enthalten, glücklichere Ehen führen: „Als

[12] Stiftung für die Jugend

Grund geben sie an: ‚Wenn sie ihren Ehepartner körperlich lieben, muss dieser nicht mit früheren Partnern konkurrieren, deshalb haben sie den Kopf frei.'"

„Das stimmt haargenau", sagt A. C., und auf seinem Gesicht erscheint ein Lächeln. „Meine Frau und ich haben das erfahren. Wir sind seit einem Jahr verheiratet, und wir können mit großer Bestimmtheit sagen, dass es eine gute Sache ist, wenn wir in unserem Kopf keine Vergleichsmöglichkeiten haben."

„Aber ich treffe viele Jugendliche, die zum Sex bereits „Ja" gesagt haben", erklärt er weiter. „Sie müssen durch diesen Heilungsprozess hindurch, der ein Vergebungsprozess ist. Es ist unvergleichlich besser, wenn du noch Jungfrau bist, wenn du heiratest, und keine Vergleichsmöglichkeiten hast."

Die Kinder zwischen zehn und zwölf und die Teenager von heute brauchen unbedingt die Prinzipien der A. C. Green Stiftung, die gegründet sind auf den positiven Glauben, der ein täglicher Bestandteil von A. C.´s Leben ist. „Die Bibel lesen und beten ist etwas für jeden Tag", sagt A. C. „Du musst deine eigene, individuelle Beziehung zu Jesus Christus aufbauen. Es kann nicht nur der Gottesdienst am Sonntag sein, weil du dort nicht immer hingehen kannst. In meinem Beruf spielen wir fast jeden Sonntag. Jeden Tag findet irgendetwas statt – ein Training oder ein Spiel. Manchmal gewinnst du; manchmal verlierst du bei den Zielen, die du hast, aber was das große Ziel betrifft, wirst du immer gewinnen."

Zum Glück gewinnt Enthaltsamkeit vor der Ehe immer mehr an Popularität unter den jungen Leuten. Einige meiner Enkelkinder haben am „Wahre-Liebe-Wartet"-Programm unserer Kirchengemeinde und ihrer örtlichen Jugendgruppen teilgenommen. In diesem Programm und in anderen ähnlichen Programmen lernen Jugendliche, dass es wirklich keinen sicheren und echt zufriedenstellenden Sex vor der Ehe gibt. Sie hören einiges über die emotionalen und körperlichen Gefahren von Sex außerhalb der Verpflichtung der Ehe. Sie werden angeleitet, wie sie sich wehren und zur momentanen weltlichen Kultur, die 'sicheren Sex' gutheißt, „Nein" sagen können. Sie verstehen allmählich, dass 'die wahre Liebe wartet' bis zu jenem Tag, an dem sie sich vor Gott verpflichten als „Ehemann und Ehefrau, bis dass der Tod uns scheidet.“ Liebe, die wartet, ist wahrhaftige, zufriedenstellende, wunderbare Liebe. Gott hat die Ehe darauf ausgelegt, dass sie die intimste aller Beziehungen sein sollte, wo Ehemann und Ehefrau eins werden, nicht nur körperlich, sondern emotional, sozial und geistig. Genau das hatte Gott im Sinn, als Er den liebevollen, ehelichen Sex erschuf.

Meine Frau und ich erfreuen uns seit etwas mehr als fünfzig Jahren an einer wunderbaren, glücklichen, erfüllten Ehe, weil wir erfolgreiche Regeln aufgestellt haben. Hier sind einige praktische Regeln, die sich in unserem Fall sehr zu unserem Wohl ausgewirkt haben.

1. Es gibt einen Abend in der Woche, an dem wir uns für ein Rendez-vous verabreden, und wir gestatten es keinem einzigen Punkt in unserem Terminkalender, damit zu kollidieren. Wir haben in unserer gesamten Ehe äußerst gewissenhaft an diesem Brauch festgehalten, während der frühen Jahre, als wir Kinder großgezogen haben, bis zum heutigen Tag, bis in unsere ‘goldenen Jahre’ hinein. Wir haben uns für gemeinsame Spaziergänge verabredet, wir haben zusammen gesessen und Eis oder eine warme Mahlzeit zu uns genommen – was auch immer vonnöten war, um als Liebespaar einfach ruhig, bewusst, alleine etwas Zeit miteinander zu verbringen.

2. Jeder von uns ist der beste Freund des anderen, und unsere intimsten Unterhaltungen finden nur unter vier Augen statt und werden anderen nicht mitgeteilt. Wir können ehrlich und offen sein und wissen, dass das, was gesagt wird, nirgendwo anders hingeht.

3. Wir lassen nicht zu, dass eine kompromittierende Situation mit einem Mitglied des anderen Geschlechts entsteht.

Ich habe es mir in meinem Dienst zur Regel gemacht, nie meine Sekretärin oder irgendein anderes weibliches Personalmitglied alleine zum Mittagessen auszuführen. Außer in einem Notfall fahren wir nicht alleine mit einem Freund, Nachbarn oder Personalmitglied des anderen Geschlechts mit. Bei persönlichen Beratungen sitze ich nicht neben einer Frau auf dem Sofa, sondern hinter meinem Schreibtisch, ihr also gegenüber. Meine Frau war eine der ersten Frauen, die in den Fernsehstudios von Hollywood hinter den Kulissen gearbeitet haben. Sie machte es sich zum Prinzip, den Raum zu verlassen, wenn die Gespräche zu freundlich oder zu zweideutig wurden. Sie hat immer ein hohes Niveau an Professionalität beibehalten und dies auch von anderen gefordert.

Einige Menschen mögen empfinden, dass diese Regeln zu sehr einschränken, weil sie ihre Freiheit einengen könnten. Ich kann dazu nur sagen, dass ich es nie bereut habe, in meinem persönlichen Leben und in meiner Ehe nach diesen Regeln gelebt zu haben. Ich danke Gott für die Regeln.

Wayne Gretsky, der berühmte Hockeyspieler, und ich wurden vor einiger Zeit als Gäste von Dennis Washington in seinem Privatflugzeug befördert. Wir waren unterwegs von unseren Häusern in Südkalifornien zu einem Treffen der Horatio Alger Society Association an der Ostküste der Vereinigten Staaten. Wir bürgten damals für Wayne, damit er als erster Kanadier als Mitglied der Horatio Alger aufgenommen werden konnte.

Während des fünfstündigen Fluges führten Wayne und ich eine längere Diskussion über unsere persönliche Freiheit, die moralischen und ethischen Regeln zu wählen, nach denen wir leben.

Wayne Gretsky traf schon in jungen Jahren eine unumstößliche Entscheidung, sowohl in seinem persönlichen als auch in seinem Berufsleben dem Beispiel von Jesus Christus zu folgen. Dies bedeutet, dass er mit einem ausdrücklichen *Nein* viele amoralische, unmoralische und unethische Praktiken ablehnt, die unsere moderne, weltliche Gesellschaft umfassend und uneingeschränkt akzeptiert. Irgendwann fragte er mich: „Dr. Schuller, was tun und sagen Sie, wenn Sie mit dem Lebensstil von Menschen nicht einverstanden sind, ihnen aber dennoch ausreichend freundschaftlich verbunden bleiben möchten, um mit ihnen arbeiten zu können, ohne sie zu beleidigen oder herabzuwürdigen?“

Ich riet Wayne, den Dialog zu eröffnen mit: „Ich respektiere Sie. Ich mag Sie als Freund, aber obwohl ich Ihre Freiheit respektiere, die Regeln zu wählen, für deren Befolgung Sie sich entschieden haben, bin ich trotzdem mit einem Teil Ihrer Wahl nicht einverstanden und kann Ihnen da nicht zustimmen.“

Dann lobte ich Wayne für seinen außerordentlich moralischen Lebensstil: „Halten Sie weiterhin an den höheren, edleren Werten fest, die Sie gewählt haben, um Ihren Charakter zu bilden. Es trägt dazu bei zu erklären, warum Sie so erfolgreich sind.“

Ein strenges, moralisches Gewissen macht in unserem persönlichen und beruflichen Leben einen Riesenunterschied. Kurz gesagt, es schafft eine psychologische Umgebung, in der sich das emotionale Wohlbefinden entwickeln kann.

Schauen Sie sich jetzt den Unterschied an, den ein starkes, moralisches Gewissen in unserer emotionalen Entwicklung macht. Ein moralisches Gewissen ist nicht nur eine Stimme, die sagt: „Nein.“ Es ist auch eine Stimme, die sagt: „Jetzt geht’s los!“

Was ist ein moralisches Gewissen? Eine Definition heißt: „Man fühlt sich verpflichtet, das Rechte zu tun und gut zu sein.“ Dieses „Das-Rechte-Tun–Sich-Gut-Fühlen“-Gefühl in einem Menschen fördert emotionales Wohlbefinden.

• Ja, emotionales Wohlbefinden fängt mit einem reinen Gewissen an – Freiheit von Schuld. Dies erlaubt es uns, freudig zu leben anstatt in der Verteidigung.

• Ferner trauen wir uns mit einem reinen Gewissen, an uns selbst zu glauben. Die Kraft der Selbstachtung und des Selbstvertrauens bringt ein starkes, sicheres und zufriedenstellendes Ego hervor.

• Emotionales Wohlbefinden ist nicht möglich, bis wir uns trauen, emotional offen und ehrlich zu sein. Wir haben keine

Angst, unser wahres Ich zu zeigen oder zu riskieren, in Verlegenheit gebracht zu werden, wenn eine dunkle Seite unseres Wesens per Zufall bloßgestellt wird, und wir sind frei von den Zwängen der Heuchlerei.

• Als Nächstes kommt beim sich entwickelnden, emotionalen Wohlbefinden spontane Begeisterung hoch. Lediglich ehrliche und offene Personen können wahrhaftig begeistert sein, denn sie haben keine Angst vor Freudschen Versprechern, die geheime Sünden offenbaren.

• Wenn wir emotional befreit sind, benutzen wir unsere Energie für positive Spontaneität. Wir hören zu. Wir lachen. Wir lieben. Wir vertrauen der Güte, wenn wir sie sehen.

• Als Nächstes gewinnen wir Freunde. Begeisterung ist Energie. Die lässt eine gewinnende Persönlichkeit entstehen. Gute Menschen fühlen sich von uns angezogen, und wir vertrauen ihnen. Zynismus macht sich nicht gut in dieser positiven Umgebung. Wir können mit anderen begeistert kommunizieren und bauen glückliche und gesunde Beziehungen auf. Emotionales Wohlbefinden erzeugt ein aufregendes Leben.

• Ein moralisches Gewissen gibt uns die Freiheit, kreative Ideen zu denken und zu erhalten. Dann kommt plötzlich aus dem Nichts ein wunderbarer Traum. Weil wir an uns selbst und an das Beste im Menschen glauben, werden wir starke Möglichkeitsdenker. Das Gewissen ist nicht länger eine Stimme, die nur „Nein“ sagt. Es ist jetzt eine Stimme, die sagt: „Jetzt geht’s los!“

• Emotionales Wohlbefinden ist die Belohnung, wenn wir im Einflussbereich eines ehrenwerten, moralischen Gewissens leben. Wir sind optimistisch. Wir heißen Besucher willkommen. Der Klang der Türklingel freut uns. Wir sind freudig erregt, wenn das Telefon läutet.

- Jetzt haben wir den Mut, Gott in unserem Leben willkommen zu heißen. Das Wort 'Enthusiasmus' ist abgeleitet von den griechischen Wörtern 'en Theos', was mit 'in Gott' übersetzt wird. Emmanuel Kant, einer der größten Philosophen in der Geschichte, hat verkündet, dass sein Glaube an Gott sich auf zwei Wirklichkeiten stütze: „Den Sternenhimmel über mir und das moralische Gesetz in mir." Wenn wir ein hochmoralisches, engagiertes Leben führen, trauen wir uns, an eine höhere Macht zu glauben. Jetzt sind wir motiviert und bereit, den Risiken und den Belohnungen von morgen entgegenzutreten.

SECHS

Wägen Sie die Risiken und die Belohnungen von morgen sorgfältig ab

Alles, was schön ist, hat seinen Preis.

Lassen Sie nicht zu, dass die Angst vor dem Eingehen von Risiken Sie dazu verleitet, Ihr Morgen wegzuwerfen.

Jede Karriere hat eigene berufliche Wagnisse. Es gibt viele Gefahren, die nicht verhindert werden können, nicht einmal durch Sicherheitsvorrichtungen wie Fallschirme, Schleudersitze, Schutzhelme, Sicherheitsgurte, Schwimmwesten, schusssichere Westen, splitterfreies Glas oder Impfungen. Rechtsgültige Verträge können Sie nicht immer vor allen vorhersehbaren Konflikten schützen, und nicht einmal eine Versicherung kann alle potenziellen Verluste decken.

Sie können nicht jede Veränderung auf dem Markt vorhersagen. Neue Konkurrenten können plötzlich durch neue Forschungen oder Fusionierungen auftauchen. Ein Fehlbetrag bei den Einkünften mag den Vorstandsvorsitzenden überraschen, und nicht einmal Lloyd's aus London wird 'Erfolg' versichern.

Beziehungen können genau an ihrem empfindlichsten Punkt getroffen werden. Partnerschaften zerbrechen. Scheidungen finden statt. Schlüsselpersonen verschwinden oder sterben sogar. Was dann? 'Voreheliche Vereinbarungen' können uns nicht immer vor allen Gefahren schützen, die auftauchen können, wenn kreative Partnerschaften auseinanderbrechen. Es gibt keine Schutzschilder gegen Rebellion, Verrat, Treulosigkeit oder Untreue. Es finden feindliche Übernahmen statt, sowohl in Ehen als auch in Firmen.

Es gibt Menschen, deren Lebenstraum, eine Militär-, Polizei- oder Feuerwehrkarriere zu haben, das ultimative Risiko in sich birgt, dass sie dabei ihr Leben verlieren.

Ich habe das Vorrecht gehabt, viele der großartigen Astronauten unserer Nation kennen zu lernen. Für die meisten war die Erkundung des Weltalls ein lebenslanger Traum – eine sie verzehrende Leidenschaft –, und ihr Leben zu riskieren war ein Preis, den sie zu zahlen bereit waren, aber sie nahmen den potenziellen Verlust ihres Lebens beileibe nicht auf die leichte Schulter. Die NASA verlangt, dass jeder Astronaut sich mit realistischen Gedanken den Risiken seiner oder ihrer Mission stellt; die NASA vergewissert sich, dass die Astronauten bereit sind, unter der klaren Prämisse in den Weltraum zu gehen, dass sie möglicherweise nicht zurückkehren. Die Astronauten müssen „ihre Angelegenheiten in Ordnung haben".

Evelyn Husband, die Ehefrau des verstorbenen Rick Husband, kannte die Risiken, als ihr Ehemann die Raumfähre *Columbia* als Kommandant befehligte. Am 1. Februar 2003 bewahrheiteten sich ihre größten Befürchtungen, als die Raumfähre beim Wiedereintritt in die Erdatmosphäre explodierte. Ihr Ehemann und der Vater ihrer Kinder würde nie mehr nach Hause kommen.

Sie sprach mit mir über diese kummervolle Erfahrung:

„Wir waren in Florida und warteten auf dem Landeplatz auf den dafür vorgesehenen Stehplätzen, zusammen mit Rick's Mutter, seinem Bruder und unseren Kindern. Ungefähr eine Minute vor der Landung konnten wir von den Gesichtern der anderen ablesen, dass irgendetwas entsetzlich schief lief. Ich fragte einen der Astronauten, die bei mir waren: ‚Wann sollen wir angeblich den Überschallknall hören?' Und dann hörte ich Rick's Bruder sagen: ‚Wir werden keinen Überschallknall zu hören bekommen.'

Der 1. Februar war zwar der schlimmste Tag meines Lebens, aber ich bin schnurstracks in Gottes Arme gelaufen und habe mich ganz fest an Ihn geklammert, und Er hat mich wiederum ganz fest umfangen. Ich wusste, dass ich in Seiner Kraft ruhen konnte. Ich habe in der ganzen Bibel nachgeschaut, ob es irgendwo ein Schlupfloch gibt, durch das man aus dem Trauern herauskommen kann, aber das geht nicht. Ich muss hindurch, ob es mir gefällt oder nicht, aber ich kann Ihnen nicht sagen, wie erstaunlich es ist, mitten im tiefsten Leid Gottes Freude und Frieden zu haben.“

Trotz ihrer Trauer drückte Evelyn nicht das Bedauern aus, dass ihr Mann den falschen Beruf gewählt oder den falschen Traum geträumt hätte. Stattdessen erklärte sie mir, dass Rick’s Prioritäten die richtige Reihenfolge aufwiesen, als er die Entscheidung traf, Astronaut zu werden, und sie blieben in der richtigen Reihenfolge, als er nach der Erreichung dieses Traumes strebte.

„Er wollte Astronaut werden, seitdem er vier Jahre alt war. Das war sein Lebensziel. Ich traf Rick im College, und wir verabredeten uns während der ganzen Studienzeit miteinander. Ich habe beobachtet, dass jede Wahl, die er in seiner Karriere traf, darauf zielte, die Vorbedingung jedes Kästchens zu erfüllen, das auf dem Anmeldeformular für Astronauten angekreuzt werden musste. Es war interessant. Als Rick schließlich alle Kriterien besaß, um Astronaut zu werden, arbeitete Gott wirklich an ihm und fragte ihn: ‚Rick, was ist das Verlangen deines Herzens?’ Rick’s automatische Antwort lautete immer: ‚Ich will Astronaut werden.’ Gott arbeitete weiter an Rick, und schließlich nahm Rick die ganze Sache auf eine tiefere Ebene, so dass es sein Verlangen war, Gott zu dienen, Ihn von ganzem Herzen zu lieben, ein guter Ehemann und Vater zu sein. Als Rick einmal zu dieser Erkenntnis gekommen war, bewarb er sich, und Gott belohnte ihn, indem Rick Astronaut wurde, nachdem er gelernt hatte, seine Prioritäten richtig zu setzen.

Gott hat er ausdrücklich an die erste Stelle gesetzt, uns an die zweite und seine Arbeit an die dritte. Er hatte eine großartige Arbeit – er liebte seine Arbeit –, aber sie hat ihm nicht alles bedeutet. Jesus war alles für ihn. Wenn man Jesus zu seinem Ein und Alles macht, kommt alles andere auf den dafür bestimmten Platz. Ich bin so dankbar für das Vermächtnis, das Rick uns hinterlassen hat. Er hat unseren Kindern ein großartiges Beispiel gegeben. Das ist ein Vermächtnis, von dem ich hoffe, dass es sie während ihres ganzen Lebens begleitet – Jesus an die erste Stelle zu setzen und sich auf Ihn zu verlassen.

Die meisten Menschen denken gar nicht über den Tod nach, bis es soweit ist, obwohl es ja uns allen geschehen wird. Ich denke, dass wir den Tod verleugnen. Bei der NASA jedoch füllen die Astronauten einen Bogen mit all ihren finanziellen und persönlichen Bitten aus, ausschließlich für den Fall, dass eine Weltraummission misslingt. Auf Rick's Bogen fanden sie seine persönlichen Notizen für einen Beerdigungsgottesdienst. Alles, was Rick schrieb, war: ‚Erzähle ihnen von Jesus, weil Er für mich real ist.'"

Für die meisten von uns gilt, dass unsere Arbeit nicht solche Gefahren mit sich bringt, die mit dem Leben eines Astronauten in Verbindung gebracht werden, aber wir alle sehen uns in alltäglichen Situationen erkannten und unerkannten Risiken gegenüber.

Wenn Sie den Risiken des Lebens mit realistischem Möglichkeitsdenken entgegentreten, wird Sie das an vielen verschiedenen Wendepunkten herausfordern. Wie können Sie jedoch wissen, ob das Risiko, für das Sie sich gerade engagieren, es überhaupt wert ist?

Wie stellen Sie sich sowohl echten als auch möglichen Risiken? Zunächst einmal: Stellen Sie sich ihnen ehrlich und positiv. Lassen Sie sich nicht durch unredliche Illusionen risikofreier Belohnungen blenden. Bevor Sie sich auf das Spiel einlassen, sollten Sie herausfinden, was es fürs Mitspielen zu zahlen gilt.

Außer wenn und bis Sie den – wirklichen oder eingebildeten – Gefahren Paroli bieten, befinden Sie sich nicht im Spiel des Lebens. Suchen Sie sich als Berater weise und verantwortungsbewusste, positive Denker aus. Stellen Sie ihnen unbequeme Fragen: „Ist an dieser Sache irgendetwas falsch, an das ich nicht gedacht habe?" „Gibt es eine Ausstiegsstrategie, die Sie in einem Notfall empfehlen könnten?" „Gibt es Korrekturen, die ich auf halber Strecke ausführen könnte, ohne den Auftrag abzubrechen?"

Seien Sie sich aber darüber im Klaren, dass Sie ganz sicher verlieren werden, wenn Sie sich weigern, den Preis zu zahlen. Praktizieren Sie realistisches Möglichkeitsdenken. Schnallen Sie sich einen Fallschirm um. Schließen Sie eine Versicherung ab. Suchen Sie einen guten Anwalt. Stärken Sie Ihre Verteidigung. Lassen Sie sich dann auf das Abenteuer ein.

Im emotional zarten Alter von dreizehn Jahren, wenn die meisten Teenager sich über Akne oder ihre Körperform große Sorgen machen, sah sich der junge Erik Weihenmayer einer lebensverändernden Krankheit gegenüber, durch die er erblindete, aber das Verlangen dieses Teenagers, ein erfülltes Leben zu leben, mit oder ohne Sehfähigkeit, befähigte ihn dazu, seinen Blick statt auf einen Fehlschlag auf die Zukunft zu richten.

Es war das realistische Möglichkeitsdenken, dass Erik in die Lage versetzte, der erste blinde Mensch zu sein, der auf die Spitze des Mount Everest kletterte. Eriks Traum, wieder auf greifbare Art die Verbindung mit der Welt aufzunehmen, war nicht ohne Risiko. Dennoch erlaubte es ihm sein Ziel, trotz seiner Blindheit ein erfülltes Leben zu führen, sich mit der Haltung „Wie kann ich dafür sorgen, dass es geschieht?“ den Risiken zu stellen.

„Wir können nicht alle Dinge kontrollieren, die uns passieren“, sagte Erik zu mir, „aber wir können aus unserem Leben all das machen, was wir wollen. Ich wollte mein Leben nicht vergeuden. Das Leben ist eine Gabe – ich wollte es so vollständig wie möglich leben.“

Also versuchte Erik, den Nachteilen die Stirn zu bieten und ein ‘normales’ Leben zu führen, aber erst als er mit der Sportart Bergsteigen anfing, fand er seine Berufung. „Da gab es keinen Baseball, der mich am Kopf hätte treffen können“, erklärte er. „Ich konnte diese Löcher ergreifen und mit meinen Händen die Oberfläche der Felsen abtasten. Es war so greifbar; es war fast schmerzlich, ich empfand so etwas wie eine Wiedergeburt. Ich spürte: Dies verbindet mich mit der Welt.

Eines Tages kletterten mein Freund und ich auf Felsen in Arizona herum, und er sagte: ‚Warum klettern wir nicht auf etwas Größeres?’ Ich sagte: ‚Was denn zum Beispiel – meinst du eine 200 Fuß steile Felswand?’ Und er sagte: ‚Wie wäre es mit Mount McKinley – dem höchsten Berg in Nordamerika?’“

Also stellte Erik seinen Traum auf die Probe. „Ich halte mich nicht für wahnsinnig risikofreudig“, sagte er, „aber einige dieser Glaubenssprünge kann man nicht vermeiden. Ich habe mich aufgemacht, sehr viel trainiert und bin auf jede Menge kleinerer Berge geklettert. Im Jahr danach war ich der erste blinde Mensch, der auf dem höchsten Gipfel des Mount McKinley stand, des höchsten Punktes Nordamerikas.“

Erik setzte seine Ausführungen fort. Als er danach sämtliche sieben der höchsten Bergspitzen von jedem Kontinent der Welt bestieg, einschließlich des Mount Everest, tat er das mit Hilfe der Unterstützung von Freunden auf der ganzen Welt und aus seinem Glauben heraus. Als er diesen ‘Glaubensschritt’ tat, gelang es ihm, in sich die Kraft zu finden, von der er nie gedacht hätte, dass er sie besäße. „Ich bin doch gar nicht so stark“, behauptete er.

„Vor zwanzig Jahren, nachdem ich blind geworden war, wäre ich dankbar gewesen, hätte ich alleine das Badezimmer gefunden. Auf dem höchsten Gipfel des Mount Everest habe ich ein Gebet gesprochen und Gott für alles gedankt, was ich habe. Einige Menschen sagen, ihr Becher sei halb voll oder halb leer – mein Becher fließt über. Als ich nach Hause kam, war das großartig, weil das Leben zwar voller Leistungen ist, aber es ist auch gefüllt mit der Freude, die ich mit und an meiner Familie erlebe. Meine Frau und ich haben auf dem Kilimandscharo in Afrika geheiratet. Als ich dreizehn war, habe ich realisiert, dass Blindheit kein Todesurteil ist. Ich wollte mein Leben in Fülle leben. Ich wollte eine Familie haben. Ich wollte nicht auf die Seite geschubst und vergessen werden. Ich habe den Preis bezahlt, und die Belohnung war fantastisch!“

Sich nicht trauen, Risiken einzugehen, könnte das allergrößte Risiko sein!

Ich habe mich mein ganzes Leben lang für meinen Traum engagiert. Dabei habe ich beobachtet, dass die erste Frage, die die meisten Entscheidungsträger zu stellen geneigt sind, ist: „Was wird es mich kosten?“ Wenn man diese Frage schon beim ersten Anlauf stellt, könnte das meiner Meinung nach ein schrecklicher Fehler sein. Später ist die Frage sicher angemessen, aber als erste Frage ist sie vorschnell, denn die Antwort ist nur allzu oft zu schwer, um in diesem Stadium behandelt zu werden. Immer und immer wieder könnten die Kosten an verfügbaren Ressourcen – sowohl finanziellen (Geld) als auch menschlichen (Zeit, Gefühl und Talent) – nicht zur Herausforderung des Auftrags passen.

Die erste Frage – oder die ersten Fragen – muss Ihre Leidenschaft für Ihr Projekt qualifizieren und bestimmen. Ihr Traum muss nochmals stark bestätigt werden, bevor Sie die Kosten überschlagen, und die Risiken müssen gegen die potentiellen verheißenen Belohnungen aufgewogen werden. Auf einem Schild über der Sitzbank eines alten Schneiders heißt es: „Dreimal Maß nehmen, aber nur einmal zuschneiden."

Im Rahmen meines Dienstes darf ich den Mitgliedern meines Kirchenvorstandes neue Projekte präsentieren; dabei instruiere ich sie folgendermaßen: „Fragt nicht: ‚Was wird es kosten?', bis ihr euch mit diesen drei Fragen auseinandergesetzt und sie beantwortet habt:

1. Wäre es eine großartige Sache für Gott? Falls wir nicht einstimmig mit „Ja" antworten, dann werden wir keine weitere Zeit damit verschwenden, um darüber nachzudenken. Wenn die Antwort „Ja" ist, stellen wir die zweite Frage.

2. Würde es hilfsbedürftigen Menschen helfen? Um es noch einmal zu sagen: Die einstimmige Antwort muss „Ja" sein, sonst werden wir die Sache vergessen. Wenn die Antwort „Ja" ist, stellen wir die dritte Frage.

3. Gibt es jemanden, der diese Arbeit bereits macht? Wenn die Antwort „Ja" ist, könnten wir uns noch einmal anschauen, wer das ist und was gerade gemacht wird, bevor wir uns damit beschäftigen. Wenn die Antwort „Nein" ist – niemand macht bisher irgendetwas in dieser Richtung –, dann ziehen wir weitere Schritte in Erwägung und gehen sorgsam und unter Gebet weiter.

Wenn ihr das so weise wie möglich getan habt, dann ist es an der

Zeit, folgende Fragen zu stellen: ‚Was wird es kosten? Was sind die Risiken und Belohnungen des Auftrags?'"

Überschlagen Sie die Kosten. Sind Sie zu dieser Verpflichtung bereit? Bevor Sie eine unwiderrufliche Verpflichtung eingehen, stellen Sie sich die weisen Fragen: Ist dies ein Auftrag, an dem ich mich beteiligen sollte? Passt dieser Auftrag zu meinen Werten und Prioritäten? Ihre persönlichen Werte müssen sauber und ohne jegliche Verwirrung sein, wenn Sie den Preis bestimmen, den Sie für die Verfolgung Ihrer Lebensaufgabe zahlen können und in Erwägung ziehen sollten.

• • •

Sie betreten nun die anregende Arena, in der Risiken eingegangen werden. Vorher sollten Sie jedoch erfahren, dass einige Risiken mit 'kein Diskussionsgegenstand' angeschrieben sein sollten. Risiken, die nicht zur Diskussion stehen, sollten Ihren Glauben, Ihr Land, Ihre Familienbeziehungen, Ihre finanzielle Integrität und Ihre Selbstachtung berücksichtigen.

Zu den Risiken, die als 'kein Diskussionsgegenstand' eingestuft werden sollten, zählt auch Ihr Ansehen. Kathy Ireland erfüllte ihren Auftrag, indem sie Model war. Dabei erreichte sie den Gipfel von Ruhm und Reichtum. Es war mir eine Ehre, sie in unserem Fernsehgottesdienst vorzustellen, weil sie ein leuchtendes Vorbild ist. Ihr Buch *Powerful Inspirations: Eight Lessons That Will Change Your Life*[13] ist ein Buch, das alle Mädchen als Teenager unbedingt lesen sollten. Kathy erzählte unseren Zuschauern Folgendes:

„Ich arbeitete gerade als Fotomodell in Paris; das hört sich viel glamouröser an, als es tatsächlich ist. Ich wohnte in einem Haus, in dem ich mich nicht gerade wohl fühlte, also schloss ich mich nach der Arbeit grundsätzlich in mein Zimmer ein. Aus Langeweile, Einsamkeit und wegen Jetlag griff ich zur Bibel, die meine Mutter mir in den Koffer gepackt hatte. Aus irgendeinem Grund öffnete ich sie bei den Evangelien und fing an zu lesen. Und während ich las, war ich einfach hin und weg. Als Achtzehnjährige las ich gerade etwas über Jesus, und Er war wirklich klasse. Er war überhaupt nicht so, wie ich gedacht hatte.

[13] wörtlich: Kraftvolle Inspiration: Acht Lektionen, die Ihr Leben verändern

Er war nicht irgendwo da draußen, um mich zu verdammen. Er liebte und führte mich.

Hier war ich, eine junge Frau, die zum ersten Mal im Leben ganz alleine war, aber in einer Welt, die meiner Empfindung nach häufig von Männern dominiert wird. Und als ich las, wie Jesus jeden Menschen liebt und respektiert, fühlte ich mich so ermutigt. Damals, in biblischen Zeiten und an einem Ort, wo Frauen nicht einmal als zweitklassige Bürger galten, gab Jesus ihnen Ehre, Würde und Selbstachtung. Ich wurde dort auf der Stelle Christin. *Jesus wurde mein bester Freund. Diese Beziehung half mir, keine Kompromisse einzugehen.*"

Diese Kraft, fest zu bleiben, kam Kathy eines Tages sehr zugute, als ein Fotograf zu ihr sagte: „Zieh deine Bluse aus."

„Ich hatte schon einige ungemütliche Situationen erlebt, und diese war nicht anders. Als der Fotograf mich bat, ohne Bluse zu posieren, erklärte ich ihm, dass mir nicht wohl sei dabei, so zu posieren. Er wurde sehr aufdringlich und überschritt für meinen Geschmack gewisse Grenzen. Er schubste mich sogar. Ich bin kein gewaltbereiter Mensch, aber ich musste diesen Schubs einfach erwidern, ging weg und ließ die Arbeit Arbeit sein. Die Gewissheit jedoch, dass Gott bei mir war, gab mir Kraft und Mut, jede beliebige, brenzlige Situation durch Weglaufen zu beenden. Und ich wusste: Mit Ihm an meiner Seite kann ich etwas Anderes tun, um meinen Lebensunterhalt zu bestreiten."

Das wurde zum bestimmenden Augenblick in der Gestaltung von Kathy Irelands Lebensaufgabe. Heute ist sie die dynamische Vorstandsvorsitzende eines Unternehmens mit einem Umsatz in Milliardenhöhe. Und Kathy ist schon seit über sechzehn Jahre glücklich verheiratet und Mutter von drei Kindern.

Kathy beschreibt ihren Wunsch für ihre Kinder wie folgt:

„Sie wachsen auf und erreichen ein Alter, in dem sie anfangen, die Autorität in Frage zu stellen, und sie sehen ein, dass Mutter und Vater vielleicht nicht wirklich alles wissen. Ich will, dass sie ihre eigene Beziehung mit Jesus aufbauen. Ich will, dass sie sich an Gott wenden, wenn sie die Autorität in Frage stellen, weil Er die endgültige Autorität ist. Und mein Gebet für sie ist, dass sie auf Seinem Weg bleiben."

...

Ruhm und Reichtum können sehr verlockend sein, doch sie verlangen einen Preis. Zu viele Menschen, die großen Wohlstand erlangt haben, geraten in einen Rauschzustand, und mit der Zeit werden sie von Ausbeutern 'übers Ohr gehauen', ihr Reichtum wird verschwendet, gestohlen oder einfach so mies verwaltet, dass er sich in Nichts auflöst. Fünf Männer, die ich persönlich kenne, haben *jeder* im Laufe *eines einzigen Jahres* über 1 Milliarde Dollar verloren.

Ruhm und Reichtum tragen auch unberechenbare Risiken für Beziehungen in sich. Sind Ihre Freunde wirkliche Freunde, oder sind sie nur auf Ihr Geld aus? Die Tendenz, 'Berühmtheiten anzuhimmeln', wird in Amerika zwar groß geschrieben, aber leider muss man sagen, dass das Gesicht oder der Name einer Person, die Berühmtheit erlangt hat, zum Guten oder zum Bösen umworben wird.

Wenn man in der Öffentlichkeit auftritt – zum Beispiel als Fernsehmoderator, Politiker, Entertainer, Athlet oder ja, sogar als Prediger –, verliert man seine Privatsphäre und damit auch die Freiheit, jederzeit irgendwohin zu gehen, um einfach unbeschwert mit dem Ehepartner oder einem engen Familienmitglied oder einem Freund zusammen zu sein. Viele berühmte Persönlichkeiten haben mir gesagt: „Ruhm kann dafür verantwortlich sein, dass man sich statt als Mensch mehr wie ein Produkt vorkommt."

Jeder Auftrag verlangt es uns jedoch ab, dass wir den Preis dafür zahlen. „Denn wer ist unter euch, der einen Turm bauen will und setzt sich nicht zuvor hin und überschlägt die Kosten, ob er genug habe, um es auszuführen", hat Jesus gesagt (Lukas 14, 28). Es gibt die Voraus-Kosten, die relativ einfach berechnet werden können – der Preis von Werkzeugen, Instrumenten, Schulbildung, akademischen Graden, Genehmigungen oder Plänen. Im frühen Stadium der Verpflichtung heißt dies 'Vorauszahlung'.

Der verstorbene Dave Thomas, Gründer der Restaurantkette Wendy's, war ein Freund von mir und ebenfalls Mitglied der Horatio Alger Society Association. Er wusste, dass er sowohl große finanzielle als auch emotionale Risiken würde eingehen müssen, als er danach strebte, seinen lebenslangen Traum, die Gründung einer eigenen Firma, in die Wirklichkeit umzusetzen. Er hatte schon sehr früh gelernt, dass es harte Arbeit erfordert, um in jedem erdenklichen Wettbewerbsbereich Erfolg zu haben.

Im Alter von fünfzehn Jahren hatte Dave es bereits satt, mit seiner Familie, die ihn adoptiert hatte, von einem Bundesstaat zum nächsten zu ziehen, also blieb er alleine in Knoxville, Tennessee, wohnte im CVJM vor Ort und verdiente sich seinen Lebensunterhalt im örtlichen Hobby House Restaurant. „Ich habe schnell gelernt, dass ich nichts zu essen habe, wenn ich nicht arbeite", sagte er. Die harte Arbeit damals war ein Vorgeschmack für die Zukunft.

Nach einem kurzen Abstecher in die Armee setzte Dave seine Arbeit im Restaurantbereich fort, arbeitete sich vom Koch für Schnellgerichte zum Vizepräsidenten der Hobby House Kette in Fort Wayne hoch. Genau dort bekam er die Gelegenheit, eine zum Scheitern verurteilte Kentucky Fried Chicken Konzession in Columbus, Ohio, zu übernehmen, zum Preis der Abfindung eines Eigentümerprozentsatzes. Der finanzielle Befund war düster, aber die Risiken setzten sich hauptsächlich aus seiner Zeit und Energie zusammen. Dave akzeptierte das Risiko und jagte seinem Traum nach. Damit stellte er sich unmittelbar der Herausforderung. Er bekam das nicht nur mit der Konzession hin, sondern er ging noch einen Schritt weiter: Er fügte weitere Konzessionen hinzu und verkaufte sie schließlich für 1,5 Millionen Dollar!

Während Dave immer noch davon träumte, seine eigene Firma zu besitzen, eröffnete er 1969 das erste Wendy's Old Fashioned Hamburgers[14] in Columbus. Sein beliebtes Restaurant expandierte rasant. 1973 stellte Dave sich dem finanziellen Risiko, indem er 1 Million Dollar auslieh, um Konzessionen zu verkaufen. Das Risiko war jedoch wohl kalkuliert: Dave wählte seine Konzessionäre sorgsam unter Leuten aus, die viel

[14] Wendy's Traditionelle Hamburger

Erfahrung beim Betreiben von Restaurants hatten. In den ersten hundert Monaten öffneten mehr als eintausend Restaurants ihre Tore. Bis zum Jahr 1979 hatten die jährlichen Verkaufszahlen 1 Milliarde Dollar erreicht.

Der Erfolg von Dave Thomas versetzte ihn in die Lage, seine sogar noch größere Leidenschaft zu erfüllen – aktiv verschiedene Wohltätigkeits- und Bildungsorganisationen zu unterstützen. Mit seiner Frau Lorraine, die er im Hobby House in Fort Wayne kennen gelernt hatte, gründete Dave eine eigene, große Familie mit fünf Kindern; später kamen noch sechs Enkelkinder dazu. Er vergaß seine Wurzeln als Halbwaise niemals und arbeitete bis zu seinem Tod angestrengt daran, benachteiligten Kindern zu helfen.

Das wurde alles möglich, weil er seinen Risiken mit realistischem, positivem Denken hatte entgegentreten können.

Die Kosten für jeden Auftrag sollten nicht nur in Bezug auf Geld kalkuliert werden, sondern auch, was die persönliche Investition an Zeit und emotionaler Energie betrifft. Welchen Preis sind Sie bereit, dafür zu zahlen? Welche Opfer sind Sie bereit zu bringen? Es ist unbedingt notwendig, den Stress und die Spannung für Ihre am meisten geschätzten Beziehungen einzuschätzen. Ihre Leidenschaft, Ihre Berufung zu verfolgen, wird eine Auswirkung auf Ihre Ehe, Familie und Freunde haben.

Werden die erhofften Belohnungen diese Risiken wert sein? Hier sind einige weise Fragen, die beantwortet werden sollten, bevor Sie sich selber, Ihre Familie oder Ihre Position dem Risiko des Scheiterns aussetzen.

1. Ist der Zeitpunkt richtig? Ist es ein Vorteil, wenn Sie warten? Werden die Möglichkeiten in einem oder in ein paar Jahren nach wie vor noch existieren? Wird der Preis sinken, wenn Sie mit dem Eingehen der Verpflichtung warten, oder werden die Kosten steigen?

2. Müssen Sie Ihre Prioritäten neu ordnen? Sollten Sie diese neue Verpflichtung an die Spitze Ihrer Prioritäten setzen und andere Prioritäten, denen Sie sich ebenfalls verpflichtet wissen, zurückstufen?

3. Könnten Sie in dieser Angelegenheit damit leben, wenn Sie scheitern sollten? Was ist, wenn Sie diesen Preis nur zahlen, um Belohnungen zu ernten, die weniger groß sind als erwartet und den von Ihnen bezahlten Preis nicht wert sind?

4. Würden Sie stolz sein können, falls Sie auf ehrliche Weise scheitern? Würden die Leute sagen: „Er hat den Mut gehabt, es zu versuchen"? „Er war zwar seiner Zeit voraus, aber er hat Neuland betreten"? „Er ist seinem Auftrag treu geblieben"?

5. Bevor Sie die Verantwortung für den Preis übernehmen, der gezahlt werden muss, oder die notwendigen Risiken eingehen, fragen Sie sich: „Was könnte schlimmstenfalls passieren? Kann ich mit dieser Eventualität umgehen?"

6. Gehen Sie weise mit Ihrem Ego um? Diese Frage hilft Ihnen, ein wachsames Auge auf Ihr gottgegebenes Ziel zu werfen. Sie möchten doch sicher mit aller Ernsthaftigkeit sagen: „Ich werde nicht von meinem Ego angetrieben – ich bin erfolgsorientiert", und: „Ich will es nicht unbedingt auf meine Art machen; ich will einfach nicht den Fehler begehen, etwas zu unterlassen oder etwas Falsches tun." Seien Sie aber auf diesem Gebiet weise: Die Furcht vor einem selbstzerstörenden Misserfolg kann Sie davon abhalten, potentiell lohnende Risiken einzugehen. Auf der anderen Seite kann ein aufgeblasenes Ego, das die Möglichkeit des Misserfolges ignoriert, zur Katastrophe führen.

7. Könnten Sie einen Teil der Risiken an jemand anderen weitergeben? Könnten Sie sich mit jemandem zusammentun, der klüger, weltgewandter und erfahrener oder mit mehr kreativen Fähigkeiten ausgestattet ist, der spezifische Risiken eingehen oder sich daran beteiligen kann?

Als ich meiner Lebensaufgabe gegenüberstand, habe ich mein Augenmerk auf die enormen Risiken gerichtet, die ich kreativ bewältigen musste, sonst wäre ich das Risiko eingegangen, meinen Auftrag abbrechen zu müssen. Was würde mich ein solcher Misserfolg kosten? *Eine* Idee gab mir Mut, meinem Risiko, Schiffbruch zu erleiden, mutig entgegenzutreten: *Ich will lieber versuchen, etwas Großartiges zu tun und zu scheitern, als nichts zu tun und darin Erfolg zu haben!*

Als ich im Alter von 28 Jahren in Kalifornien ankam, hatte ich den Ruf akzeptiert, eine neue Gemeinde zu gründen. Es gab lediglich zwei Mitglieder – meine Frau und ich selbst – und bloß 500 $ Bargeld auf dem Bankkonto der Gemeinde. Ich sah der Tatsache ins Gesicht, dass am Sonntagmorgen keine leeren Hallen zur Verfügung standen, in denen ich Gottesdienste abhalten könnte. Ich fühlte mich jedoch der Herausforderung gewachsen und schaffte es irgendwie, den einzigen Ort ausfindig zu machen, an dem wir uns treffen konnten – ein Autokino. „Ja, schon gut", sagte der Besitzer, ein Lächeln mit diesem 'Jetzt schlägt es dreizehn' Ausdruck in den Augen, „aber für den Tontechniker werde ich Ihnen 10 Dollar in Rechnung stellen müssen."

Ich war begeistert. Diese Kosten würde ich doch locker aus der morgendlichen, freiwilligen Kollekte decken können. Hier gab es überhaupt kein Risiko! Ich würde mich ganz einfach auf das Dach der einstöckigen Imbissbude und Übertragungskabine stellen und predigen, und meine Stimme würde durch die Autolautsprecher übertragen, die die Besucher ins Autofenster hängen würden.

In der Nacht vom Samstag auf den Sonntag vor dem ersten Gottesdienst wachte ich plötzlich aus dem Tiefschlaf auf. „Was passiert, wenn es morgen früh regnet?" Ich ertappte mich dabei, dass ich mir diese Frage zum ersten Mal stellte. Daran hatte ich gar nicht gedacht. Ich besaß nicht einmal einen Regenschirm. Was wäre, wenn man mich dort stehen ließ, völlig durchnässt vom Regen, und die Menschen, die trocken in ihren Autos säßen, würden mich anstarren, bis sie dann einfach wegfahren, und ich würde da stehen wie ein begossener Pudel? Mein Gebet lautete so: „Gott, was mache ich, wenn es morgen regnet? Wie kann ich sicher sein, dass mich nicht alle für einen Idioten halten? Wie kann ich mich auf dieses Risiko vorbereiten?"

Gott beantwortete mein Gebet mit einer großartigen, positiven Idee: „Schuller, mach dir bloß keine Sorgen über das Wetter. Das gehört in meinen Verantwortungsbereich, das geht dich nichts an. Du bist für die Botschaft zuständig. Mache sie großartig! Das ist deine Verantwortung!"

Danach konnte ich mich komplett entspannen. An diesem ersten Sonntag und an jedem Sonntag in den darauf folgenden fünf Jahren predigte ich unter bloßem Himmel und machte mir *kein einziges Mal* Gedanken übers Wetter! Das einzige Risiko bestand darin, dass ich möglicherweise eine Botschaft gab, die wie eine Bombe nach hinten losgehen würde, aber das war ein Risiko, das ich bewältigen konnte.

Als junger Pastor hörte ich eine der wichtigen Lektionen für jeden Menschen, der Risiken gegenübersteht beim Wunsch, Erfolg zu haben: *Konzentrieren Sie sich auf die Risiken, die nur in Ihrem Verantwortungsbereich liegen.*

Seien Sie aber auch bereit, um Hilfe zu bitten. Seien Sie bereit, das Risiko und die Ehre mit anderen zu teilen. Lassen Sie mich eine frühere Aussage revidieren: *Gott kann gewaltige Dinge durch die Person tun, die großzügig genug und bereit ist, die Ehre mit anderen zu teilen.*

Mein ganzes Leben habe ich vollständig für den Glauben hingegeben, dass es einen Gott gibt, der mir meinen Auftrag erteilt hat. Ich vertraue darauf, dass Er mich führt und mir die Weisheit gibt, zur rechten Zeit die richtigen Entscheidungen zu treffen. Jetzt lüfte ich das Geheimnis der fünfzigjährigen Geschichte meiner Lebensaufgabe: Die richtigen Leute traten zur rechten Zeit in mein Leben, mit den richtigen Ressourcen. Immer und immer wieder tauchten in meinem Umfeld Leute 'aus heiterem Himmel' auf und brachten Fähigkeiten, Talente, Wissen, Verbindungen, Geld und Managementerfahrung mit. Ich kannte sie vorher nicht und habe sie auch nicht ausgesucht. Wie habe ich sie gefunden? Die göttliche Vorsehung ist die einzige Antwort!

Es gibt eine letzte Sache, die Sie bedenken müssen, wenn Sie die Kosten Ihres Auftrags zusammenzählen: Sie müssen Ihren Auftrag beherzt umarmen.

Trauen Sie sich, es zu versuchen. Trauen Sie sich zu lieben. Trauen Sie sich, eine Verpflichtung zu übernehmen. Trauen Sie sich, ein Risiko einzugehen.

Wenn Sie sich nicht trauen, ein Risiko einzugehen, werden Sie nie wirklich *leben*. Sie werfen alle Ihre Morgen weg.

Wenn Sie lachen, gehen Sie das Risiko ein, wie ein Idiot zu erscheinen.

Wenn Sie weinen, gehen Sie das Risiko ein, sentimental zu erscheinen.

Wenn Sie sich nach einem anderen Menschen ausstrecken, gehen Sie das Risiko ein, involviert zu werden.

Wenn Sie Ihre Gefühle zeigen, gehen Sie das Risiko ein, Ihr wahres Ich zu offenbaren.

Wenn Sie Ihre Ideen, Ihre Träume vor vielen Leuten ausbreiten, gehen Sie das Risiko ein, sie zu verlieren.

Wenn Sie lieben, gehen Sie das Risiko ein, dass Ihre Liebe nicht erwidert wird.

Wenn Sie leben, gehen Sie das Risiko ein zu sterben.

Wenn Sie glauben, gehen Sie das Risiko ein zu verzweifeln.

Wenn Sie etwas versuchen, gehen Sie das Risiko ein zu versagen.

Man muss jedoch Risiken eingehen, weil die größte Gefahr im

Leben die ist, nichts zu riskieren.

Menschen, die nichts riskieren, tun nichts, haben nichts und sind nichts.

Sie vermeiden vielleicht Leiden und Schmerz, aber sie können nicht lernen, fühlen, sich verändern, wachsen, lieben, leben.

Ihre Haltung macht sie zu in Ketten gelegten Sklaven; sie haben ihre Freiheit verwirkt.

Nur ein Mensch, der etwas riskiert, ist frei.

SIEBEN

Behalten Sie Ihre Träume im Blick

Glaube* plus *zielbewusste Ausrichtung
plus *Durchführung*
ist gleich *Auftrag erledigt!*

In früheren Büchern habe ich meinen Lesern diese Idee mitgeteilt: *Glaube* plus *zielbewusste Ausrichtung* plus *Durchführung* ist gleich *Erfolg*. Nun möchte ich das Schlusswort dieses Satzes revidieren, so dass er jetzt lautet: *Glaube* plus *zielbewusste Ausrichtung* plus *Durchführung* ist gleich ... *Auftrag erledigt!*

Die Ziele sind erreicht, die Wünsche erfüllt worden; der Erfolg ist eingetreten; der Zweck ist erfüllt; die Vision ist zur Erfahrung geworden; der Auftrag ist erledigt; die Träume sind wahr geworden. Wie man es auch immer ausdrücken will, das Geheimnis des Erfolgs ist oft in dieser einzigen Disziplin der 'zielbewussten Ausrichtung' zu finden.

Wir wollen uns in diesem Kapitel auf die 'zielbewusste Ausrichtung' *konzentrieren*. Sich konzentrieren heißt, aus Ihrem klar definierten Auftrag ein festes Ziel zu machen, auf das Sie sich ausrichten. Es bedeutet, Ihre kreative Energie mit Leidenschaft auf das Zentrum Ihres Zieles zu konzentrieren.

Als Kind wuchs ich auf einer Farm in Iowa auf, und ich erinnere mich an die spezielle Zeit im Herbst, als es Freudenfeuer gab und Marshmallows geröstet wurden. Alle Blätter wurden zusammengeharkt und zusammen mit toten Zweigen aufgestapelt. Dann pflegte mein Vater zu sagen: „Wer wird das Freudenfeuer anzünden?“ „Ich! Ich!“, war meine eifrige Antwort, und ich holte mein kleines Vergrößerungsglas, um die Sonnenstrahlen bewusst auf ein trockenes Blatt zu richten. Wir schauten immer alle zu; bald schwebte eine kleine Rauchspirale nach oben, und danach zeigte sich eine grelle, gelbe Flamme.

So etwas Ähnliches passiert auch, wenn die ganze Bandbreite an Talenten, Leidenschaften und Werten, die in einem einzigen, menschlichen Verstand herumwirbeln, zusammenkommen. Wenn diese Kräfte zu einer kreativen Koalition werden, konzentriert und vergrößert auf einen inspirierenden Traum, setzen sie enorme Energien frei. Wenn Sie positive Emotionen zusammenbringen und diese leidenschaftlich auf Ihr Ziel richten, schaffen Sie einen verzehrenden, brennenden Elan.

Dann wird die Vision zu einem Wagnis!

Es ist jedoch eine ständige Herausforderung, auf das Ziel ausgerichtet zu bleiben. Der ernsthafte Sportler kämpft damit, auf sein Ziel ausgerichtet zu bleiben, wenn seine Freunde ihn einladen, ein lustiges Wochenende mit ihnen am Strand zu verbringen. Der strebsame Pianist konzentriert sich auf lange Stunden am Klavier, anstatt sich unterhaltsame Fernsehprogramme anzuschauen. Klavierübungen am frühen Morgen stehen im Widerstreit mit einer Extrastunde Schlaf. Stunden mit konzentriertem Studium und harter Arbeit können schon bald die Begeisterung dämpfen, es sei denn, die Ausrichtung ist vom Anfang bis zum Ende auf das Ziel ausgerichtet, bis der Auftrag erledigt ist, sonst werden eine unabsehbare Menge Ablenkungen dafür sorgen, dass Ihre Energie und Ihre Dynamik 'abgesaugt' werden.

Wenn Sie Ihren Freunden und Ihrer Familie Ihren neuen und aufregenden Traum verkünden, seien Sie bitte nicht überrascht, wenn diese nicht augenblicklich in Begeisterungsstürme ausbrechen. Die neuen Ziele, die Sie haben, konkurrieren vielleicht mit deren ausgesprochenen und unausgesprochenen Plänen. Ihre Lieben haben vielleicht eine eigene 'Tagesordnung', und sie hoffen, Ihre Unterstützung zu gewinnen.

Seien Sie also auf der Hut – hören Sie ihnen zu und lernen Sie von ihnen –, aber behalten Sie Ihr Ziel im Auge. Seien Sie auch auf mögliche Opposition vorbereitet. Es gibt Menschen, die wollen Ihre Idee mit Werten belegen, die mit Ihren Vorstellungen kollidieren oder dazu im Widerstreit stehen. Ihre gute Idee begegnet vielleicht Hindernissen, die Menschen Ihnen aus den verschiedensten Gründen vor die Füße werfen. Einige haben im

Sinn, Sie zu behindern, während andere – Ihre Freunde – es wirklich gut mit Ihnen meinen und versuchen, Sie davon abzuhalten, Fehler zu begehen. Ein starkes Ego kann zu einem gefährlichen Ego werden. Richten Sie Ihr Augenmerk jedoch weiterhin auf Ihren Auftrag, und halten Sie sich diese Wahrheit vor Augen: Jede Idee ist mit Problemen behaftet und verbesserungswürdig. Hören Sie zu. Lernen Sie. Gleichen Sie aus. Bearbeiten Sie sie. Verbessern Sie sie. Bringen Sie Korrekturen an. Erinnern Sie sich an den Satz, den ich bereits im vorigen Kapitel aufgeschrieben habe: „Dreimal Maß nehmen, aber nur einmal zuschneiden."

Konzentrieren Sie sich auf Ihr Ziel! Nur Sie alleine haben die Kraft, Ihren Traum zu Fall zu bringen. Ablehnung ist niemals ein fatales oder endgültiges Problem, es sei denn, Sie selbst lehnen Ihren Auftrag ab.

Kritiker? Die wird es mit Sicherheit geben, aber aus Miesmachern müssen keine Verwirrer werden. *Konzentrieren* Sie sich weiterhin auf Ihr Ziel, und machen Sie anderen Ihre Ideen auf positive Art schmackhaft. Ihre positive Leidenschaft kann ansteckend sein! Begeisterung hat eine fabelhafte Kraft, um Unterstützung von zögernden Zuhörern anzuziehen. Total unbekannte Menschen werden aus dem Schatten treten und Ihnen Ermutigung, Beistand und Unterstützung zukommen lassen!

...

Kinderlähmung war eine entsetzliche, schwächende und oft tödliche Krankheit, die Anfang des zwanzigsten Jahrhunderts zur Epidemie wurde. Alle Versuche der besten und gescheitesten medizinischen Forscher, einen Durchbruch zu erzielen, schlugen fehl – bis Dr. Jonas Salk das Heilmittel gegen diese globale Plage fand.

Ich saß eines Tages bei einem Mittagessen in der Nähe dieses großartigen Wissenschaftlers, als er allen, die an seinem Tisch saßen, etwas über seine Kritiker mitteilte: „Als ich zum ersten Mal anderen meine Ideen mitteilte, lehnten meine wissenschaftlichen Mitarbeiter sie sofort einstimmig mit dem Wort ab:

‚Unmöglich'. Als ich neue Beweise vorbrachte, die ich in meiner fortgesetzten Forschung entdeckt hatte, und als meine Theorien untermauert wurden, fragte man einige meiner Mitarbeiter, was sie von meiner Arbeit hielten, und sie gaben zur Antwort: ‚Wir unterstützen ihn zwar nicht –, aber seine Ideen sind interessant.' Andere verkrochen sich einfach in den Schatten und stritten sich hinter meinem Rücken mit ihren Freunden und machten Stimmung gegen meine Arbeit. Kein einziger stellte jedoch auch nur eine ernst gemeinte Frage oder bot Unterstützung oder Ermutigung an. Ich wurde komplett im Stich gelassen. Ich konzentrierte mich weiterhin auf meine Forschung. Als die Impfung ein unwidersprochener Erfolg wurde, las ich ihre Zitate in den Zeitungen: ‚Ich glaubte schon vor langer Zeit, dass er der Lösung auf der Spur war!' Nicht einer meiner früheren Kritiker hat je gesagt: ‚Er hatte Recht, ich hatte Unrecht!'"

Ein kreativer Verstand hört nicht auf, neue kreative Konzepte zu empfangen, nur weil er sich einem einzigen Auftrag verpflichtet hat. Reizvolle Ablenkungen können sogar den kühnsten Träumer auf gefährliche Art und Weise zerstreuen. Diese positiven Ablenkungen kommen in Form von guten Ideen, entweder den eigenen oder solchen, die von anderen an Sie herangetragen werden. Diese Ideen, wie gut sie auch sein mögen, werden jedoch trügerisch gefährlich, wenn sie mit der Zeit, Energie und den Ressourcen konkurrieren, die Ihnen für Ihren zentralen Auftrag zur Verfügung stehen. Konzentrieren Sie sich weiterhin darauf.

Eine der inspirierendsten Erfolgsmenschen, die ich kenne, ist LuAnn Mitchell. Sie ist die Tochter eines Farmers und wurde im Alter von sechzehn Jahren mit einer ungeplanten Schwangerschaft konfrontiert, für die sie nicht verantwortlich war. Sie ließ es jedoch nicht zu, dass diese Tatsache ihr den Weg versperrte. Später wurde sie reich gesegnet, als sie sich in Fred Mitchell verliebte und ihn heiratete. Sein Ziel war, eine große Fleischindustrie aufzubauen und mit kanadischen Einzelhändlern Handel zu treiben. Fast sofort begegnete er Widerstand von allen Seiten, sogar von seiner Mutter und seiner Schwester, die ihn vor Gericht schleppten; sie versuchten nämlich, ihm das Geschäft zu entreißen. LuAnn und ihr Mann waren aber ein starkes Team und gewannen den Prozess. Das Geschäft begann zu florieren. Dann entwickelten sie zusammen mit Hunderten von Arbeitnehmern einen aggressiven Expansionsplan für ihr Geschäft. Sie brauchten 30 Millionen Dollar an neuem Kapital. Das war mehr, als ihre Bank ihnen offerieren konnte. Eine Sackgasse? Nein – sie entschieden sich, an die Börse zu gehen und mittels eines kühnen, neuen IPOs[15] Aktien zu verkaufen. Sie behielten das Ziel im Auge, während sie allen 'Unmöglichkeiten' den Kampf ansagten, um die notwendige Genehmigung für ihre schnell wachsende Firma zu erhalten.

Bevor die IPOs unterzeichnet werden konnten, wurde LuAnns Ehemann von einer möglicherweise tödlichen Krankheit befallen. Die Prognose war denkbar schlimm. Nur eine Herz- und Lungentransplantation konnte Freds Leben retten. Ärzte in Stanford, Kalifornien, führten 1990 die damals seltene Herz- und Lungentransplantation durch. Der Eingriff war ein Erfolg, und Fred Mitchell erholte sich außergewöhnlich gut.

Durch alle diese schwierigen Zeiten hindurch konnten Fred und LuAnn laut ihrer Aussage weiterhin auf ihr Ziel ausgerichtet bleiben, weil sie sich jeden Sonntag in ihrem Heim in Kanada meinen Fernsehgottesdienst *Hour of Power* anschauten. Sie schrieben mir und boten mir an, allen mitzuteilen, wie ihr Glaube sie aus der bedrohlichen Lage herausgerissen hatte. Fred Mitchell war der erste Empfänger eines Spenderherzens, der mein Gast in der Crystal Cathedral war. Was für eine Inspiration!

Da Fred nun wieder gesund war, war er zuversichtlich genug, um die IPO-Dokumente zu unterschreiben, damit das Geschäft, das sie aus dem Nichts erschaffen hatten, einen rapiden Aufschwung nehmen konnte. Kurz bevor die Firma jedoch an der Börse zugelassen werden sollte, fuhr Fred mit seiner Frau nach Stanford für eine medizinische Routineuntersuchung.

In der Klinik in Stanford führte man ihn ins Untersuchungszimmer. „Sie können hier warten, Frau Mitchell", sagten die Ärzte zu ihr. „Es wird nicht lange dauern. Er ist in einer großartigen Verfassung." LuAnn wartete ... und wartete.

15 IPO = Initial Public Offering (Börsengang eines Unternehmens)

Als es ihr vorkam, als ob die Untersuchung schon viel zu lange dauerte, lief sie schnurstracks ohne Einladung oder Zustimmung zur unverschlossenen Tür des Operationstraktes und rannte hinein. Drinnen im Raum herrschte das nackte Chaos. Die Ärzte versuchten verzweifelt, ihren Mann wiederzubeleben. Er war ohne Vorwarnung oder Grund zusammengebrochen. Fred Mitchell war tot.

LuAnn kehrte nach Kanada zurück. Am selben Tag, als ihr Ehemann beerdigt wurde, bat der Geschäftsvorstand sie, auf dem Weg zur Beerdigung kurz zur Firma zu kommen für eine Krisensitzung. Dort stand sie in Trauerkleidung zusammen mit ihren Kindern dem gesamten Vorstand gegenüber, der hinter ihrem Rücken privat übereingekommen war, sie zu ersetzen. „LuAnn", kündigten sie an, „wir haben in dieser schlimmen Zeit gute Neuigkeiten für Sie. Wir sind uns einig, dass wir Ihre Aktien kaufen, dass wir Sie von der Bürde befreien, Vorstandsvorsitzende zu werden, und dass wir Sie ersetzen. Sie werden rundherum abgesichert sein. Das versprechen wir Ihnen." Sie war verblüfft. Sie war wütend. Sie und ihr Ehemann hatten zusammen die Firma aufgebaut. Es war ihr Leben. Sie konnte das nicht einfach alles im Stich lassen. „Den Laden verkaufe ich ganz sicherlich nicht an Typen wie euch", schrie sie. Vor ihren ungläubigen Augen schlug sie mit der geballten Faust auf den Tisch. „Mein Mann und ich haben dies alles aufgebaut. Ich habe meinen Ehemann verloren, aber ich erlaube es nicht, dass das, was wir aufgebaut haben, mit ihm stirbt. Das bin ich ihm schuldig."

LuAnn konzentrierte sich trotz der schrecklichen Hindernisse, die sich vor ihr auftürmten, weiterhin auf das Ziel. Zwei Tage später würde die IPO-Genehmigung ablaufen, es sei denn, sie unterschrieb die Dokumente. „Ich kann es schaffen", sagte sie. Plötzlich wurde sie von einer unglaublichen Inspiration erfasst. „Unterschreibe nicht", war die Botschaft, die sie hörte. Aber was dann? Sie betete darüber und bekam Rat von Gott. Eine gewagte Idee kam LuAnn in den Sinn: Führe eine strategische Fusion mit einer konkurrierenden Firma durch! Damit würde das Geschäft zur nationalen Vertriebsmacht, die

Hunderte von neuen Arbeitsplätzen schaffen würde. Sie traf sich mit dem Vorstandsvorsitzenden der Konkurrenz, und zusammen beschlossen sie, dass es ein Gewinn-Geschäft für alle Beteiligten wäre. So sieht zielbewusste Ausrichtung aus! Drei Monate später unterzeichneten sie das Abkommen. Die Fusion war ein fantastischer Erfolg.

Nach weiteren vier erfolgreichen Jahren und mit dem Segen ihrer Mitarbeiter verkaufte LuAnn Mitchell ihrem Partner ihren Anteil an der Firma. „Jetzt kann ich tatsächlich hocherhobenen Hauptes gehen. Mein Mann und ich haben es geschafft." Durch den Verkauf ihrer Aktien wurde sie eine vermögende Frau und war jetzt frei, sich einem anderen Auftrag zu widmen – der Philanthropie.

Was geschieht, wenn 'Unterbrechungen' auftreten, die das Augenmerk von Ihrem Auftrag und Ihren Morgen ablenken? Ich hatte in Amsterdam im Büro unseres dortigen Zweiges eine Sitzung vereinbart und beabsichtigte, die Stadt am darauf folgenden Tag wegen einer Verabredung mit Papst Johannes Paul II im Vatikan zu verlassen. Von dort wollte ich nach Russland reisen und das Büro unseres Dienstes in Moskau besuchen. Am Amsterdamer Flughafen wurde ich vom Leiter meines niederländischen Büros abgeholt. Als ich mich schnell auf den Beifahrersitz seines Autos schwang, stieß ich mir am Türrahmen den Kopf an. Ich sagte: „Autsch!" und dachte, dass es das wäre.

Gegen Ende des Treffens beim Abendessen hatte ich inzwischen so starke, pochende Kopfschmerzen bekommen, dass ich mich frühzeitig entschuldigte, um 'die Kopfschmerzen im Schlaf loszuwerden'. Ich brauchte Aspirin und ging deshalb kurz beim Portier vorbei. Der gab mir eine Plastikschachtel mit vier Tabletten. Ich nahm alle vier Tabletten auf einmal ein, wusste aber leider nicht, dass ein Blutgefäss in meinem Gehirn geplatzt war, und dass das Aspirin mein Blut verdünnen und eine starke Blutung verursachen würde. Ich nahm noch ein heißes Bad, schlüpfte dann ins Bett und wusste nicht, dass ich schon dicht vor einem Koma stand.

Am nächsten Morgen kam mein Reisebegleiter, um nach mir

zu sehen, weil ich nicht mehr aufgetaucht war und auch nicht ans Telefon gegangen war. Ich war dem Tod nah. Sie fanden mich auf dem Balkon meines Zimmers, das Aussicht auf eine Gracht gewährte. Zum Glück war ich rückwärts gegen die Tür zusammengebrochen. Wenn ich vorwärts gefallen wäre, hätte das niedrige, dekorative Geländer nicht verhindert, dass ich ins Wasser weiter unten gefallen wäre. Mein Körper hatte sich aber gegen die Tür verkeilt, und dadurch konnte mein Mitarbeiter, der mich gesucht hatte, diese nicht öffnen, um mich zu retten. Sie benutzten eine Leiter, um vom Balkon des daneben liegenden Zimmers eine Brücke zu bilden.

Ich wurde ins Krankenhaus gebracht, wo ein Neurochirurg mir das Haar abrasierte, meine Schädeldecke anhob und anschließend durch den Gehirnknochen sägte beim Versuch, die Blutung zu stoppen. Die Operation war nur ein Teilerfolg, aber nach einem zweiten chirurgischen Eingriff war ich schließlich auf dem Wege der Besserung. Der Neurochirurg sagte uns, dass ich gestorben wäre, wenn die Blutung noch weitere zwanzig Minuten ungehindert weitergegangen wäre.

Es dauerte ein paar Tage, bis sich mein verletztes Gehirn darauf konzentrieren konnte, klar zu denken. Der allererste Gedanke, der auftauchte, war jedoch ein göttlicher Gedanke: „Wie lieblich ist es, an der Schwelle zu morgen zu stehen!“ Während ich operiert wurde, riefen meine Geschäftsfreunde die zuständigen Personen in Rom und Russland an, um meine Verabredungen abzusagen. Da sehen Sie: Das nenne ich eine Unterbrechung!

Es gibt Zeiten, in denen Gott von Ihnen verlangt, dass Sie auf halber Strecke eine Korrektur anbringen. Es kann gerade in dem Moment verheerend scheinen, aber Gott erlaubt sich, Ihnen eine neue Richtung zu geben oder den Auftrag aufs Neue zu bestätigen und Ihnen die Kraft zu verleihen, sich auf Ihre vielen Morgen zu konzentrieren.

Gracia und Martin Burham waren christliche Missionare und vermittelten Menschen in den entferntesten Gegenden der Welt ihre Liebe zu Gott. Ihre Hingabe für ihre Mission war klar und unerschütterlich. Sie konzentrierten sich darauf, die Gute Nachricht zu verbreiten. Niemand konnte die Tragödie voraussehen, die ihnen bald darauf zustieß.

Sie waren missionarische Piloten auf den Philippinen und wählten eine der schönsten, fernsten Inseln aus, um dort ihren Hochzeitstag zu feiern.

Viel später beschrieb Gracia Burham in der Crystal Cathedral ihre Feier: „Wir gingen an einen Urlaubsort, der Dos Palmas heißt. Alle hatten uns erzählt, wie toll dieser Aufenthaltsort sei. Eines Nachts, kurz vor dem Morgengrauen, gab es ein *Bum-Bum-Bum* an der Tür. Ich dachte, dass ein Wächter vielleicht betrunken wäre. Martin ging zur Tür, aber bevor er dort ankam, traten drei Männer mit M-16-Gewehren die Tür ein und stürmten ins Zimmer.

Sie zielten mit ihren Gewehren auf mich und sagten: ‚Los, los, los!' Ich sagte: ‚Nein, ich bin ja nicht angezogen.' Ich griff schnell nach meinen Sachen, und als ich endlich etwas anhatte, führten sie uns hinaus zu einem Rennboot. Als wir zusammen mit weiteren achtzehn Geiseln weggeführt wurden, streckten die Männer ihre Waffen in die Luft und schrien: ‚Allah Akbar!' Da wussten wir, dass es Abu Sayyaf war – ein vertrauter Name auf den Philippinen, bekannt als radikale moslemische Terroristen- und Extremistengruppe, von der man glaubt, dass sie mit Al Kaida in Verbindung steht."

In den nächsten zwölf Monaten zwangen die Terroristen die Burhams, um ihr Leben zu rennen, weil die Gruppe vom philippinischen Militär verfolgt wurde. Feuergefecht folgte auf Feuergefecht. Entweder rannten sie, oder sie blieben an einem Ort, von dem die Terroristen meinten, dass er sicher wäre, weit weg vom Militär; dort gab es nichts zu tun. Gracia sagte: „Wir litten entweder unter extremem Terror oder extremer Langeweile. Es gab überhaupt kein Zwischending. Wir waren oft krank, litten an Durchfall, und gleichzeitig gab es nie genügend zu essen."

Dann beschrieb Gracia die Motive ihrer Geiselnehmer: „Sie hatten sich darauf verlegt, Leute zu entführen, um ihren Djihad, ihren heiligen Krieg, zu finanzieren, aber sie sagten: ‚Ihr seid

Amerikaner. Wir werden politische Forderungen stellen und Konzessionen für euch erwirken. Wir werden schon für euch sorgen.'"

Es wurde den Burhams klar, dass die Terroristen Lösegeld haben wollten, sonst würden sie nicht freigelassen. Die Terroristen gingen von einem Dorf zum nächsten, aber es wartete nirgends Geld auf sie, also wurden sie nicht freigelassen.

„Schließlich wurde nach ungefähr einem Jahr Lösegeld für uns bezahlt", sagt Gracia, „und obwohl wir danach besseres Essen bekamen, sagten die Terroristen zu uns: ‚Man hat zwar Lösegeld für euch bezahlt, aber wir werden mehr verlangen.' Ich flehte sie an, das nicht zu tun. Ich sagte: ‚Das wird nicht gut ausgehen.' Sie baten zwar um mehr Geld, aber es kam nie mehr Lösegeld."

Schließlich bewahrheiteten sich die größten Befürchtungen der Missionare. Es gab ein weiteres Feuergefecht, das sich als letztes zwischen den Terroristen und dem Militär herausstellen sollte: „Eines Nachmittags fing es an zu regnen, also hängten wir unsere Hängematten auf und errichteten unsere Unterstände, um trocken zu bleiben. Wir wussten nicht, dass das Militär den ganzen Nachmittag unseren Fußabdrücken gefolgt war. Sie kamen über den Hügel hinunter, sahen unser Lager und eröffneten sofort das Feuer. Martin wurde augenblicklich getroffen. Ich war in der Hängematte neben ihm und wurde ebenfalls getroffen. Ich schaute auf Martin, der aus dem Brustkorb blutete. Dann hörte ich ihn ganz tief atmen, wie im Tiefschlaf, und kurz darauf sackte sein Körper gegen meinen. Ich wusste, dass er tot war. Der Herr gab mir genau in dem Augenblick so viel Gnade. Ich spürte Gottes Frieden und den habe ich seit damals immer gefühlt. Dann hörte ich das Geräusch eines nahenden Hubschraubers, und ich wurde gerettet. Heute sind meine Wunden verheilt, und ich besitze einen solch starken Glauben, wie ich ihn vor meiner Erfahrung im Urwald nie hatte. Ich würde das wirklich niemandem wünschen, aber wissen Sie, der Herr bringt aus allem etwas Gutes hervor."

Während Martin und Gracia gefangengehalten wurden, beschäftigten sich ihre Gedanken mit Plänen für den schlimmsten Fall aller Fälle. „Während wir im Urwald waren, haben wir über jedes erdenkliche Szenario gesprochen – was ich tun sollte, falls Martin nicht mehr nach Hause käme, aber ich schon. Er hat mir sogar gesagt, wer bei seiner Beerdigung die Predigt halten sollte, und wir haben zur Ehre Gottes eine tolle Beerdigung für ihn geplant. Er hat mir gesagt, was für ein Auto ich kaufen, wie viel ich anzahlen und wie viel Kredit ich aufnehmen sollte. Ich wusste, was Martin wollte, weil wir so oft darüber gesprochen hatten."

Heute richtet Gracia auch ohne ihren Ehemann das Augenmerk wieder auf ihren Auftrag und konzentriert sich nach wie vor auf die Ziele der Mission, die sie gemeinsam verfolgten, als sie noch zusammen waren – anderen Menschen die Liebe Gottes zu vermitteln. Einige sagen jetzt vielleicht, dass die beiden Burhams durch die Tragödie einen viel weiter reichenden Einfluss haben: Martin durch seinen Tod und Gracia durch ihr Überleben. Dennoch sind sie geistlich gesehen zweifellos immer noch zusammen.

Wenige unter uns werden im Leben so leiden müssen wie die Burhams während ihres fürchterlichen Martyriums. Ihre übernatürliche Fähigkeit, die schrecklichsten Umstände zu überleben, ist ein Zeugnis für die Kraft und den Frieden des Gebetes. Obwohl wir in unserem Leben vielleicht nicht von Terroristen gefangen genommen werden, müssen wir uns dennoch gegen die Gefangennahme durch Neinsager, Pessimisten, Kritiker und Menschen, die uns enttäuschen, wehren.

Erwarten Sie, dass es lange dauern wird, Ihren Lebenstraum in die Wirklichkeit umzusetzen. Dabei ist es praktisch schon vorprogrammiert, dass es zu Ablenkungen, Enttäuschungen und Unterbrechungen kommt. Wenn 'deprimierende Zeiten' anbrechen, wenn Ihre frühere Begeisterung abnimmt und manchmal durch die energieraubende Frustration dieses Prozesses verschwindet, dann müssen Sie sich einfach weiter konzentrieren. Stellen Sie sich auf die Hinterbeine. Hören Sie nie auf. Halten Sie daran fest. Geben Sie nie auf.

Immer und immer wieder werden Sie vielleicht unter dem Verlust einer Beziehung leiden, die für Ihre Karriere lebenswichtig ist. Nicht all Ihre bewährten und hilfreichen Kollegen werden an Ihrer Seite bleiben. Einige sterben vielleicht, andere haben das Heu nicht auf der gleichen Bühne wie Sie. Letztere stehlen sich fort. Dann tauchen unerwartete Probleme auf. Auseinandersetzungen und Meinungsverschiedenheiten finden statt. Hindernisse und Hemmschuhe kommen zum Vorschein, tauchen manchmal aus dem Nichts auf. Erwarten Sie, dass die anfängliche Begeisterung für Ihren sinnvollen Auftrag mit der Zeit zwar abnimmt, aber richten Sie sich trotzdem unbedingt weiter auf das Ziel aus!

Wie können Sie mit den 'deprimierenden Zeiten' umgehen, wenn Ihre Begeisterung allmählich den Schwung verliert? Greifen Sie das Thema des Glaubensbekenntnisses der Möglichkeitsdenker auf: „Ich gebe nicht auf!" Maximieren Sie Ihre positive Einstellung, indem Sie bei Tagesanfang ans Fenster gehen, sich den neuen Sonnenaufgang anschauen und lautstark bestätigen: „Ich glaube! Ich glaube!" Tun Sie das treu, täglich und regelmäßig. Bestätigen Sie die Aussage, wenn Sie bei Tagesende den Kopf aufs Kissen legen: „Ich glaube, ich glaube, ich glaube!" *Konzentrieren Sie sich weiterhin* auf Ihren Traum!

Dieses Buch ist mein Zeugnis. Ich habe mich das letzte halbe Jahrhundert damit beschäftigt. Dies ist kein Bericht über meine Forschungen – dies ist die wahre Geschichte darüber, wie ich es geschafft habe, meine Träume Wahrheit werden zu lassen.

Es gibt vier wesentliche Merkmale, die für mich funktioniert und mir geholfen haben, mich auf meinen Lebenstraum zu konzentrieren, sogar durch schwierige und manchmal gefährliche Umwege hindurch.

1. *Leidenschaft:* Jeder Traum, jeder Auftrag, ja, sogar jede Ehe kann die Leidenschaft verlieren, die Sie gespürt haben, als Sie zum ersten Mal „Ja" dazu sagten. Halten Sie die Leidenschaft mit emotional erfüllenden Augenblicken am Leben, die die positiven Gefühle, die Sie ursprünglich auf diesen Weg geführt haben, wieder entfachen. Rufen Sie Romantik ins Leben, auch wenn Sie diese nicht fühlen. Umgeben Sie sich bei Ihrem Auftrag mit inspirierenden Erinnerungsstücken, wie zum

Beispiel Ihrem ersten Gehaltsscheck oder Bilder bedeutsamer Meilensteine. Feiern Sie jeden Jahrestag Ihrer Verbindlichkeit, Ihrer Ehe oder Ihres Geschäftes. Emotionalisieren Sie die Reise.

2. *Geduld:* Unsere Kultur, die nach sofortiger Befriedigung schreit, schürt die Ungeduld. Früher dauerte es immer Tage, bis ein Film entwickelt war. Dann hatten wir den eintägigen Service, gefolgt vom einstündigen Service. Mittlerweile haben wir die sofortige Entwicklung durch Digitalkameras. Haben wir das Warten verlernt? Dieser Ratschlag wird in der ganzen Bibel verwendet: „Harre auf den Herrn." „Vertraue und harre auf den Herrn." Wir brauchen den Glauben, um auf das Ziel ausgerichtet zu bleiben.

3. *Beharrlichkeit und Ausdauer:* Das sind die mächtigen Schlüssel für Erfolg in allen Lebensbereichen. Jim Nicholson war ein Farmerjunge und lebte in jämmerlicher Armut, nur wenige Meilen von dem Ort entfernt, an dem ich wohnte. Er hauste auf einer verlassenen Farm, weil seine Mutter es sich nicht leisten konnte, Miete zu zahlen. Jim wurde gehänselt, weil er nie ein passendes Paar Schuhe hatte. Sein Vater, ein Alkoholiker, war spurlos verschwunden, aber Jims Mutter sorgte dafür, dass ihre zwei jungen Söhne sich auf positive Ziele ausrichteten. Sie sagte ihnen immer wieder: „Ihr könnt alles tun und sein, was ihr nur wollt. Vergesst die Hänseleien. Lasst nicht zu, dass irgendjemand euch davon abhält, eure Ziele zu erreichen." Durch harte Arbeit und zielbewusste Ausrichtung wurden die Träume der Mutter für ihre Söhne Wirklichkeit, als Jims älterer Bruder von der US-Militärakademie akzeptiert wurde. Inzwischen hatte Jim im Alter von fünfzehn Jahren Gelegenheitsarbeiten angenommen; er wollte nämlich mithelfen, dass genügend Geld zusammenkäme, um die Bahnkarte für seinen Bruder für die Zugfahrt nach West Point zu kaufen. Jim arbeitete weiterhin hart, studierte nebenher und setzte sich ebenfalls West Point als Ziel. Er erreichte es. Später ging es weiter mit einem Jurastudium und einer fabelhaften Karriere als Experte für Landerschließung. Heute ist Jim Nicholson finanziell unabhängig und dient seinem

Land in der ehrenhaften Position des US-Botschafters beim Vatikan!

4. *Vorsehung:* Erwarten Sie Gottes göttliche Intervention. Halten Sie Ausschau danach, und erkennen Sie sie, wenn sie auftritt. Geben Sie in Zeiten tiefer Frustration, wenn Sie mit Schmerz oder Verfolgung oder offenbarem Misserfolg nicht umgehen können, Gott eine Chance, das Hindernis in eine neue Gelegenheit zu verwandeln.

Am 24. September 2000 erreichte Laura Wilkinson, was zunächst unmöglich schien: Sie gewann die begehrte Goldmedaille beim Turmspringen bei den Olympischen Spielen in Sydney, Australien. Und sie tat dies mit einem gebrochenen Fuß.

Laura brach sich während einer normalen Trainingsstunde auf dem Trockenen drei Knochen in ihrem Fuß und das nur zwölf Wochen vor den Ausscheidungswettkämpfen der Mannschaft! Sie meinte, dass damit auch ihre olympischen Ziele zerbrochen wären, aber bevor sie sich versah, befand sie sich bereits als Mitglied des US-amerikanischen, olympischen Wasserspringteams in Sydney. Laura's Fuß war eingegipst, deswegen konnte sie nicht im Pool trainieren. Stattdessen schaute ihr Coach ihr kritisch zu, als sie auf dem Sprungbrett stand, Armbewegungen machte und in ihrem Kopf den Ablauf der Sprünge probte. Sie sieht das jetzt im Nachhinein als Segen.

„Als ich mir den Fuß brach, *verlor ich meine zielbewusste Ausrichtung.* Ich wollte wieder zurück ins Wasser. Das 'vorgetäuschte Tauchen' half mir aber, mir zu vergegenwärtigen, wie sehr ich liebte, was ich tat.“ Laura, ihr Arzt und ihr Coach entwarfen zusammen einen Spezialschuh für das Besteigen der Turmspringleiter. Vor jedem Sprung und vor jeder Übung sagte Laura ihren Lieblingsvers aus der Bibel auf: „Ich vermag alles durch den, der mich mächtig macht“ (Philipper 4, 13). Dieser Vers war in den ganzen Jahren, als sie heranwuchs, ihr großes Thema gewesen. In der achten Klasse hatte sie sogar ständig ein T-Shirt mit diesem Vers als Aufdruck getragen.

In den letzten Runden ihres olympischen Wettkampfes lag Laura auf dem achten Platz. In der vierten Runde empfand sie plötzlich eine überwältigende Furcht! Ihr Coach sagte zu ihr: „Laura, führe diesen Sprung für Hillary aus.“ Das war eine enge Freundin, die bei einem Autounfall ums Leben gekommen war. Laura lenkte ihre Aufmerksamkeit von sich weg und entschied: „Dieser Sprung ist für Gott. Er ist für alle meine Freunde.“ Plötzlich war es gar nicht mehr so beängstigend. Mit Schmerzen humpelte sie zur Spitze der Leiter; dort zog sie ihren ‘Behindertenschuh’ aus und warf ihn zu ihrem Coach hinunter. Sie balancierte auf dem Ballen ihres gebrochenen Fußes, sprach ihr stilles Gebet, sprang hoch und beendete den Sprung, mit dem sie im olympischen Damenwettbewerb in der Disziplin ‚Sprung vom Zehnmeterbrett’ seit mehr als dreißig Jahren die erste US-Goldmedaille gewann. Die ersten Worte, die sie zu einem Reporter sprach, nachdem sie gewonnen hatte, waren die Worte aus dem Philipperbrief, denen sie ihre Konzentration zu verdanken hatte: „Ich vermag alles durch Christus, der mich mächtig macht.“

Laura hat erfahren, dass *Glaube* plus *zielbewusste Ausrichtung* plus *Durchführung einen verwirklichten Traum* ergibt.

Vor Jahren habe ich einmal etwas verfasst, was ich als das Glaubensbekenntnis des Möglichkeitsdenkers bezeichne. Es fasst meine Interpretation der Worte *zielbewusste Ausrichtung* zusammen:

Wenn ich einem Berg gegenüberstehe,
werde ich nicht aufgeben!
Ich werde mich weiter bemühen,
bis ich darüber klettern kann,
einen Weg hindurch finde,
einen Tunnel darunter,
oder ich harre einfach aus
und verändere den Berg in eine Goldmine –
mit Gottes Hilfe!

ACHT

Wählen und reinigen Sie Ihre Kommunikationskanäle

Ihr Netzwerk wird dafür sorgen, dass der Erfolg funktioniert.

„Dr. Schuller, glauben Sie, dass ich vielleicht das Anfangsstadium von Alzheimer habe?“ Der junge Mann vor mir war sehr gestresst. Seine Augen waren vor Sorge weit aufgerissen.

„Wie alt sind Sie, Mark?“, fragte ich. Ich schätzte ihn auf unter dreißig.

„In drei Wochen werde ich dreißig“, antwortete er. Seine Stimme zeigte eine Spur von Besorgnis, so als ob diese verhängnisvolle Zahl ihn dazu abstempelte, dass er seine Jugend für immer hinter sich ließ, während das hohe Alter an der Ecke schon still und unhöflich auf ihn wartete.

„Nun, ich glaube, dass Sie zu jung sind, um sich über Alzheimer Gedanken zu machen. Warum machen Sie sich so viele Sorgen?“, fragte ich.

„Es kommt mir so vor, als ob ich mein Gedächtnis verliere. Ich kann mich nicht mehr so gut wie früher an Namen und Daten erinnern.“ Er ratterte jede Menge Beispiele herunter. Genau dies hatte ich schon von meinen eigenen fünf Kindern zu hören bekommen – sie sind alle über dreißig. Instinktiv antwortete ich ihm:

„Mark, Sie sind nicht dabei, Ihre normale Gedächtnisfähigkeit zu verlieren – Sie leiden an Überlastung“, erklärte ich ihm. „Das Gedächtnisvermögen Ihres intellektuellen Computers weist nun einmal eine Belastungsgrenze auf.“ Ich zeigte auf meinen Kassettenrecorder und sagte: „Genau wie die

Kassette in meinem Gerät. Sie nimmt nur zwei Stunden auf. Ihr Verstand hat auch eine Belastungsgrenze. Als Gott im Garten Eden die Menschen erschuf, war der einzige Kommunikationskanal der von der Stimme zum Ohr. Jetzt legen Sie einmal den schnellen Vorwärtsgang zum Heute ein. Die Technologie, die keinen Anstand besitzt, unterbricht abrupt die gesprochene Konversation.

Ich habe jeden Tag damit zu tun, Mark. Ich bin vielleicht mitten in einem wichtigen Gespräch mit meiner Frau, und dann klingelt natürlich plötzlich das Telefon und unterbricht meinen Gedankengang. Nach dem Gespräch hänge ich den Hörer auf und frage meine Frau: ‚Wo waren wir eigentlich stehen geblieben?' Fügen Sie den ungebetenen Unterbrechungen durchs Telefon noch die Störungen durch Radio und Fernsehen hinzu. Jetzt haben wir auch noch ein Fax. Und dann gibt es ja noch das Internet und E-Mails. Es läutet an der Tür, und Federal Express steht dort mit etwas, was einfach keinen Aufschub duldet. Und jeden Tag muss ich genau nachprüfen: ‚Oh, der Briefkasten ist noch nicht geleert worden. Er ist voll mit –' wie nennen wir dieses 'Zeug'? Postwurfsendungen? Plus Rechnungen, wichtige Briefe, Einladungen für eine Vielzahl von Anlässen. Ach ja, sie schicken uns Briefe und Broschüren mit der Mitteilung, es sei eine Erinnerung daran, dass wir den Brief beantworten sollen, den sie uns schon eher geschickt haben.

Da geht das *Dudel-didel-dei.* Es klingt ganz angenehm. Es ist mein Handy. Während ich den Anruf entgegennehme, sehe ich, wie ein Fax gerade hereinkommt. Ich suche nach der neuen Nachricht und lege sie auf die anderen Papiere, die bereits in den letzten vierundzwanzig Stunden hereingekommen sind. Ein komisches Gefühl beschleicht mich, und ich fühle mich von all diesen 'Botschaften' gefangen. Ich fühle mich geradezu – überwältigt! Und all dies ist bloß die Sammlung eines einzigen Tages. Da gab es noch gestern und vorgestern, und bis morgen sind es bloß noch ein paar Stunden, und Welle über Welle ist schon unterwegs. *Überlastung!*"

„Um das Maß voll zu machen, Mark", fuhr ich weiter, „Sie sind kein Teenager mehr. Jeden Tag und jedes Jahr wird Ihr

Verstand mit mehr Namen, mehr Orten und mehr Zahlen schwer belastet, an die Sie sich alle erinnern müssen ... neue Geburtstage ... Jahrestage ... mehr Einladungen zu speziellen Anlässen. Die Last wird in jedem Jahr, das Ihrem Leben hinzugefügt wird, größer und schwerer. Warnung! Sie werden konfrontiert mit der Versuchung, die Tür zum Morgen abzuschließen."

„Und Sie leben im Amerika des einundzwanzigsten Jahrhunderts", fügte ich noch hinzu. „Einkaufszentren und Geschäfte haben jetzt sieben Tage in der Woche geöffnet. Die Sonntage sind arbeitsreicher als je zuvor. Als ich ein Kind war, waren die Sonntage ruhige Tage für die Kirche und die Familie. Heute ist der Tag nicht nur für Baseball gedacht, sondern auch für National Football League[16], National Basketball Association[17], National Hockey League[18], und dann gibt es ja noch die Footballmütter und die NASCAR[19]-Väter. In vielen Garagen steht mehr als ein Auto. Wir leben in Amerika auf der Überholspur. Das Auto war früher ein ruhiger Ort, eine Rückzugmöglichkeit und eine Pause in der Kommunikation, aber heutzutage haben wir im Auto nicht nur ein Radio, sondern auch ein Telefon, und wenn wir nach Hause kommen, steht dort das Fernsehgerät, das mit all den neuen Kanälen programmiert ist, damit wir ja nicht die neuesten Schlagzeilen verpassen. All dies reiht sich aneinander und überlastet unsere Sinne."

Das Ergebnis? Viele werden wie Mark von der epidemischen Furcht eines frühen Ausbruchs der Alzheimer Krankheit infiziert.

Intellektuelle Überlastung kann schnell zu Gedächtnisproblemen führen. Wenn wir überlastet werden, hören wir nicht mehr zu. Wir wollen keine weiteren Informationen mehr aufnehmen und finden uns mit 'Geräuschhäppchen' ab. Unser begrenztes Gehirn will herausschreien: „Ich will der Überfütterung nichts mehr hinzufügen, ich will einfach abladen, was ich fühle. Jetzt musst du mir einmal zuhören!"

Mein Rat an Mark war, dass er versuchen sollte, die Überlastung einzudämmen. Wie? Schalten Sie von Zeit zu Zeit die Geräte aus. Gehen Sie ganz alleine an einen ruhigen Ort. Organisieren Sie sich neu, und gönnen Sie Ihrem Verstand eine

16 Nationale amerikanische Footballliga
17 Nationale Basketballliga
18 Nationale Eishockeyliga
19 NASCAR = National Association of Stock Car Auto Racing
= Nationale Vereinigung für Rennen mit Tourenwagen (Motorsportklasse der USA)

Ruhepause. Wenn ich an eine Person denke, die extrem überlastet ist, erinnert mich das daran, wie empfindsam und ruhig Jesus war, als er von Leuten bombardiert wurde, die alle etwas von Ihm brauchten und wollten. Und was machte Er? Er ging regelmäßig ganz alleine weg, um sich wieder 'aufzuladen' und neu zu organisieren.

Übernehmen Sie die Führung in Ihrem Leben. Schalten Sie das Handy aus, lassen Sie den Anrufbeantworter alle Nachrichten aufzeichnen, und drehen Sie die Lautstärke herunter. Lassen Sie nicht zu, dass ungebetene Ablenkungen Sie bei den wichtigeren Aufgaben unterbrechen, die Sie auf Ihren Traum ausgerichtet halten.

Wir führen nicht nur einen Kampf gegen die Kommunikationsüberlastung, sondern unserer Kultur sind Manieren bei der Gesprächsführung ebenfalls abhanden gekommen. Menschen reden über die Köpfe anderer hinweg. Bei Zweiergruppen reden beide Parteien oft gleichzeitig. Wie können wir einander auf diese Weise wirklich zuhören und überhaupt hören? Unsere Gesellschaft leidet an einem Zusammenbruch in der Kommunikation. Es ist eine kulturelle Verschmelzung von etwas, was früher die allgemeine Würde im Dialog war.

Der Dialog selber ist tot oder liegt zumindest im Sterben. Dialog bedeutete früher einen Austausch von Ideen, bei dem eine Person sprach, während andere zuhörten, und so ging das hin und her. Talkshows, die wie Dialoge anfangen, sind zur 'Freiheit-Für-Alle' verkümmert. Ein Gastgeber polemisiert oder redet über den Kopf des Gastes hinweg; der ist aber gekommen, um interviewt zu werden. Diese Unverschämtheit ist ein Markenzeichen des kulturellen Niedergangs. Dieser bedroht die höfliche Kommunikation zwischen uns. Wir sind leider auf dem besten Wege, die Kunst des höflichen Zuhörens zu verlieren.

Effektive Kommunikation ist beim 'Geschäft des Lebens' überaus wichtig. Wir müssen vernünftige Wege erlernen, um die Kommunikationskanäle zu beherrschen. Wir sollten sie nicht dazu verwenden, um uns selbst über Gebühr zu stressen, sondern um unsere Erfahrungen mit Beziehungen zu verstärken.

Kommunikation ist ein gottgegebenes Werkzeug, um Beziehungen herzustellen und sich daran zu erfreuen. „Es ist nicht gut, dass der Mensch allein sei“, sagte Gott, als Er auf Adam herabschaute. Und Er gab ihm Eva. Kommunikation führt zu Verbindung, einem Elementarbedürfnis der Menschen.

Elie Wiesel, ein Überlebender der deutschen Konzentrationslager, sagte in meiner Gegenwart einmal etwas, was ich nie vergessen werde: „Ich habe im Holocaust die schlimmsten Folterungen kennen gelernt“, erinnerte er sich, „aber dort erlitt ich die schlimmsten Schmerzen und die fürchterlichsten Erfahrungen in dem trostlosen Augenblick, als mir klar wurde, dass niemand wusste, wo ich war – und ob ich tot oder lebendig war. Ich fühlte mich von allen menschlichen Wesen total verlassen. Verlassen sein ist die Hölle.“

Beziehungen sind abhängig von offener Kommunikation.

Das Grundbedürfnis zu kommunizieren ist so stark, dass es sogar unter den ausweglosesten Umständen gestillt wird. Sogar in den schlimmsten Zeiten werden Sie, wie William Faulkner sagte, „nicht nur erdulden, sondern obsiegen.“ Dies wurde kürzlich in einem Interview bestätigt, das ich mit einem erstaunlichen Mann führte, der sechseinhalb Jahre als Kriegsgefangener in Vietnam überlebt hat.

Norman McDaniel war während des Vietnamkrieges Offizier für Kriegselektronik in der US-Luftwaffe. Sein Flugzeug befand sich auf seiner einundfünfzigsten Erkundungsmission, als es durch feindlichen Beschuss abgeschossen wurde. Mit dem Fallschirm kam er zwar sicher am Boden an, aber er wurde bald darauf gefangen genommen. Er erzählte, dass die Gefangenschaft sowohl brutal als auch eine Folter war.

„Meine Zelle war kaum 1,80 m auf 2,75 m und sehr schmutzig“, führte Norman aus. „Ich wurde ständig schikaniert und gefoltert, insbesondere während der ersten paar Monate in Haft. Ich durfte mich während der ersten zwei Jahre in meiner Zelle nicht bewegen. Wenn der Feind mich tatsächlich beim Herumlaufen erwischte, folterten sie mich und gaben mir kein Essen und kein Wasser. Immer und immer wieder wusste ich nicht, ob ich im nächsten Augenblick überhaupt noch am Leben sein würde."

Obwohl Norman von den anderen Kriegsgefangenen getrennt war, kam er dahinter, dass sie ein wohldurchdachtes, kompliziertes Kommunikationsnetzwerk entwickelt hatten. Das ermöglichte es ihnen nicht nur, miteinander zu reden, sondern sich auch gegenseitig die dringend benötigte Unterstützung und Ermutigung zu verschaffen.

„Nachdem sie mich gefangen genommen hatten, brauchte ich etwa zwei Wochen, um den Klopfcode zu erlernen", sagte er. „Ich hörte an der Wand neben mir Klopfen und Stöße, wenn der Wächter nicht in der Nähe war, aber ich hatte keine Ahnung, was es war. Mit der Zeit bekam ich es heraus und siehe da, die erste Nachricht, die von der Zelle neben mir kam, war von einem Typen aus meinem Heimatstaat North Carolina. Das war wirklich eine Stärkung, wirklich ermutigend. Also benutzten wir den Klopfcode, um zu kommunizieren. Es geschah im Verborgenen. Falls der Feind uns bei dieser Kommunikation erwischte, folterten sie uns ganz besonders stark, weil sie die Energie und Kraft erkannten, die uns durch unsere Kommunikation zuflossen.

Wir haben es trotzdem getan, auch auf die Gefahr und den Schmerz der Folterung hin. Jeden Sonntag, wenn die Vietnamesen nicht in der Nähe waren, gaben wir etwas im Verborgenen weiter, was wir den ‚Kirchenruf' nannten. Wir hatten dafür ein bestimmtes Klopfsignal. Gleichzeitig sagte jeder das Vaterunser auf und The Pledge of Alliance[20], und jeder betete für die Anliegen, von denen er fand, dass er dafür beten sollte. Eines der Gefühle, die mich am meisten stärkten und für Auftrieb sorgten, stellte sich ein, wenn ich wusste, dass meine Mitgefangenen in der nächsten Zelle und in den anderen Zellblöcken alle zur gleichen Zeit beteten."

Dann beschrieb Norman seinen Gefühlszustand und fügte hinzu, dass er sich auf seinen Glauben verlassen hatte, um die schlimmsten Erlebnisse der Folterung und Trennung auszuhalten, und dass er durch ein höheres Niveau an Kommunikation getragen wurde.

„Als die Sache sich wirklich stark verschlimmerte, wurde ich

[20] ein feierlicher Eid der Loyalität den Vereinigten Staaten gegenüber, der ein Teil der Fahnengrußzeremonie ist

in einem Ausmaß gefoltert, von dem ich nicht glaubte, dass ich das auch nur noch einen weiteren Moment ertragen würde. Die größte Kraftquelle kam von meiner Verbindung mit Gott. Ich betete vom Augenblick meiner Gefangennahme an bis zum Schluss meiner Gefangenschaft. Ich wuchs in eine engere Beziehung mit Gott hinein, und ein Gefühl des Friedens kam über mich, wie ich es noch nie zuvor erfahren hatte. Dieses Gefühl habe ich seitdem nicht mehr verloren. Gott offenbarte mir jedoch, dass ich Ihm unter allen Umständen vertrauen sollte, und dass Er dann für alles andere sorgen würde."

Die sechs Jahre in der Gefangenschaft hinterließen Wunden, deren Heilung Jahre brauchte. Der Tribut schien am schwierigsten zu sein in Bezug auf Normans Fähigkeit, sich seinen Gefühlen zu stellen; während der Gefangenschaft hatte er lernen müssen, diese zu begraben und zu beherrschen.

„Die Vietnamesen deckten uns mit Propaganda ein, die zum Ziel hatte, die Vereinigten Staaten immer in ein schlechtes Licht zu stellen", erklärte Norman. „Also bekamen wir ab und zu Informationshäppchen und -bruchstücke. Als sich die Bombardierungen jedoch verstärkten, wurde uns allmählich klar, dass der Krieg wahrscheinlich sehr bald zu Ende wäre. Eine Bedingung der Pariser Friedensverträge war, dass man die Gefangenen von ihrer Entlassung in Kenntnis setzen würde, also bekamen wir die entsprechende Nachricht. Jetzt würde man doch meinen, dass jeder von uns einfach in die Luft sprang und: ‚Halleluja! Großartig! Ich gehe nach Hause!' schrie. Nein. Wir hatten so viele Höhen und Tiefen erlebt, dass wir gar nichts mehr spürten, als sie die Türen unserer Gefängniszellen schließlich öffneten — obwohl wir genau wussten, dass es tatsächlich geschah. Wir mussten uns in dieser Umgebung immer so stark in der Gewalt haben. Wenn man dem Feind auch nur eine Spur von Feindseligkeit zeigte, pflegten sie dich zu foltern und zu zerbrechen und dir das Leben zur Hölle zu machen. Wir mussten unsere Gefühle in einem solch starken Maß unter Kontrolle halten, dass wir nicht darüber reden oder sie ausdrücken konnten. Also verlor ich den Kontakt zu meinen Gefühlen. Ich konnte die Euphorie erst später fühlen.

Als ich auf freien Fuß gesetzt wurde, erfuhr ich, dass mein Vater und meine jüngste Schwester während meiner Gefangenschaft gestorben waren. Ich hörte es, aber ich fühlte es nicht. Zwei oder drei Monate später, als meine Gefühle allmählich wieder zurückkehrten, brach ich zusammen und weinte über den Verlust meines Vaters und meiner Schwester."

„Es war, als ob ich von den Toten zurückgekehrt wäre", sagte er zum Schluss. „Ich brauchte fast zwei Jahre, um mich wieder an ein normales Leben zu gewöhnen."

Ein normaler Lebensstil war für Norman McDaniel, Teil einer fürsorglichen Gemeinschaft zu sein. Und eine fürsorgliche Gemeinschaft ist eine Gemeinschaft, in der Personen freundlich miteinander kommunizieren und in der Brücken gebaut werden. Diese Personen ziehen sich gegenseitig immer mehr an. Wo zuerst Distanz war, kommt jetzt eine vertraute Nähe zum Vorschein. Augenzwinkern, ein lächelndes Gesicht, Worte, die warm und gütig sind. Jetzt geschieht schöpferische Kommunikation.

Die größte Herausforderung für unsere menschliche Familie, die in verschiedenen Gemeinschaften arbeitet und lebt, ist die Unmöglichkeit, respektvoll miteinander zu kommunizieren. Wie kommunizieren wir mit anderen Menschen, die mit unseren Ansichten und Wertvorstellungen nicht einverstanden sind?

Mein lieber Freund, der verstorbene Dr. Henry Poppen, war fast zwanzig Jahre Missionar in China, bis Mao Tse Tung's kommunistische Macht zum blühenden Dorf Amoy kam und die Sache in die Hand nahm. Nur für ganz kurze Zeit durfte Dr. Poppen seine Arbeit fortsetzen, dann wurde er plötzlich vor ein staatliches Gericht geschleppt und ins Gefängnis gesteckt – er wusste nicht, ob und wann er exekutiert würde. Eines Nachts entkam er auf wundersame Weise. Er kehrte nach Amerika zurück, und nachdem er sich von seinem Gefängnisaufenthalt erholt hatte, wurde er Co-Pastor in unserer rasch wachsenden Kirchengemeinde. Er gab mir diese vier Regeln für eine respektvolle Kommunikation.

1. Seien Sie freundlich.

2. Seien Sie fair.

3. Seien Sie freimütig und dann ...

4. Seien Sie fest.

Wo und wie beginnen Sie, mit misstrauischen Fremden zu kommunizieren? Ich habe das einzige, erfolgreichste Geheimnis von Mutter Teresa gelernt. Es war ein Satz auf einer riesigen Reklametafel am Flughafen von Kalkutta, Indien, die alle Leute, die zu ihrer Beerdigung kamen, gar nicht übersehen konnten. Jahre zuvor hatte sie mir diesen Satz schon einmal persönlich gesagt: „Lächeln Sie, es ist der Anfang vom Frieden."

In einer Welt voller Konflikte sollten neue Beziehungen zu Menschen, die anderer Meinung sind als wir, ganz gewiss nicht mit Kritik, Ermahnung, Zank, Tadel oder Wortwechsel beginnen. Solch negative Mitteilungen bedrohen eine authentische Kommunikation, denn sie sind dafür verantwortlich, dass Gefühle der Verteidigung, der peinlichen Verlegenheit oder des Zornausbruchs aufkommen.

Ich habe ein Grundprinzip gelernt und setze es bei der Kommunikation immer ein: Fangen Sie mit einer Person, die scheinbar Ihr Gegner ist, das Gespräch immer so an, indem Sie versuchen, Ihr Augenmerk auf die Sachen zu richten, auf die Sie sich einigen können – so zum Beispiel Gefahren, die Sie gemeinsam empfinden, die Tatsache, dass Sie einander brauchen und Möglichkeiten, wie Sie sich gegenseitig helfen können. Vielleicht gibt es einen positiven Wert wie klassische Musik oder Sport, den Sie gemeinsam haben, oder es können moralische Werte sein, die Sie beide gemeinsam haben. Nachdem Sie entdeckt haben, worüber Sie sich einig sind, sind Sie auf dem besten Weg, eine respektvolle Beziehung aufzubauen. Kommunikation versucht im Idealfall, immer gewandt und sorgfältig die Bereiche aufzugreifen, bei denen eine Einigung möglich ist; dann können Hoffnungen und Verletzungen mitgeteilt werden, wie auch Träume und Entmutigungen, Glaube und Ängste. Dies ist der emotionale Boden, auf dem eine starke Kommunikation stattfinden kann.

Mir wurde diese 'Kunst' der Kommunikation nicht gelehrt, als ich mich im Studium zum Prediger befand. Ich wurde dazu ausgebildet, Predigten zu halten. Während meines ersten Jahres in der Praxis gelang es mir nicht, meine Zuhörerschaft zu fesseln. „Höre auf zu predigen und fange an, Zeugnis abzulegen", war eine Lektion, die ich für mich selber lernen musste. Ich entdeckte durch puren Zufall, dass die Leute nicht angepredigt werden wollen; sie wollen Hilfe bekommen, und zwar auf ehrliche und ernsthafte Art und Weise.

Das ist das Geheimnis der effektiven Kommunikation. Fangen Sie damit an, für die schmerzenden und gequälten Herzen sensibel zu sein. Geben Sie ihnen weiter, wie der positive Glaube inspiriert, ermutigt und den Geist aufrichtet. Ich fordere meine Zuhörer heraus und motiviere sie, das positive Denken zu entdecken und es sich zu Eigen zu machen. Jeder Mensch braucht das. Das ist der klassische Weg zum Erfolg: *Finden Sie ein Bedürfnis und stillen Sie es. Finden Sie eine Verletzung und heilen Sie sie. Finden Sie ein Problem und lösen Sie es.*

Wenn Sie Meinungsverschiedenheiten vorfinden, bauen Sie eine Brücke. „Und du sollst heißen: »Der die Lücken zumauert und die Wege ausbessert, dass man da wohnen könne«" (Jesaja 58, 12). Dies ist meine lebenslange Leitlinie in der Kommunikation gewesen.

Ja, mein Ziel ist nicht, dafür zu sorgen, dass die Leute sich schuldig fühlen und Angst vor der Bestrafung haben. Stattdessen visiere ich jetzt die Verletzungen in ihrem Herzen an, um ihnen Hoffnung, Glaube und Liebe einzuflössen. Gläubige wie Ungläubige brauchen das. Also gebe ich wahre Geschichten über einen inspirierenden Glauben weiter. Diese wahren Geschichten machen den Angsterfüllten Mut, geben den schuldigen und deprimierten Seelen Hoffnung. Ich will die Gute Nachricht mitteilen, die Freudentränen in die Augen treibt und frische Träume im menschlichen Geist weckt.

Diese grundlegende Neudefinierung meines Auftrags änderte sich, als ich meine Rolle nicht länger als Prediger, Lehrer, Lehrbeauftragter und Evangelist sah, sondern als Mitteilender, der die Gute Nachricht weitergibt, und als Therapeut, der Kommunikationskanäle benutzt, um schmerzenden Herzen emotionale Heilung zu bringen.

Sind Sie etwa ein Arzt, der seinen Patienten medizinische Hilfe gewährt, oder sind Sie ein fürsorglicher Arzt, der heilen will? Sind Sie etwa ein Lehrer, wenn Sie hinter einem Schreibtisch stehen und Ihren Schülern Fakten vortragen, oder sind Sie ein Pädagoge, der versteht, wo die Wissenslücke jedes einzelnen Schülers ist? Sind Sie ein Elternteil, das den Kindern befiehlt, besser zu werden, oder sind Sie ein Beispiel für ein erfülltes und zufriedenes Leben?

Kommunikation kann viele Formen annehmen. Ob im Klassenzimmer, in der Küche, durch die Funkwellen des Handys oder die Mini-Mikrofone der komplizierten Satelliten, es ist wichtig zu fragen: Welche Botschaft senden Sie gerade? Ist die Botschaft verständlich? Welches Gefühl möchten Sie ausdrücken? Können Sie dies durch ein E-Mail bewerkstelligen? Oder schicken Sie vielleicht einen Brief? Sollten Sie eventuell anrufen? Oder eine Verabredung treffen, um unter vier Augen zu reden? Kommunikation, die über das gesprochene Wort hinausgeht, wie nonverbale Kommunikation, ist so wichtig für Ihre Botschaft. Auge in Auge, von Angesicht zu Angesicht, mit einem Lächeln oder ermutigenden und offenen Handflächen – alle stellen einen aufrichtigen Gruß dar. An diesem Punkt können Sie Ihre wahren Gefühle ausdrücken, die Sie vermitteln wollen. Dies ist die wichtigste Art der Kommunikation. So können wir die Kommunikation abschließen, nicht mit einem Punkt am Ende eines Satzes auf einem Stück Papier, sondern mit einem warmen Händedruck oder sogar einer ernst gemeinten Umarmung.

Meine Tochter in Colorado rief ihre Mutter an und sagte: „Mom, du solltest dir einen Computer und eine E-Mail-Adresse anschaffen! Unbedingt!“

Ihre Mutter antwortete: „Aber dann könnten wir nicht so viel miteinander telefonieren!“

„Ganz genau, aber wir würden ganz gewiss viel Geld sparen“, antwortete Carol.

„Aber mir würde der Klang deiner Stimme so sehr fehlen. Ich würde es vermissen, deine Freude spüren zu können oder deine Sorgen; die kann ich nämlich alle in deinem Ton und deiner Stimmung hören und spüren, wenn du redest. Du sprichst vielleicht schnell oder ein anderes Mal langsam, du zögerst vielleicht, und bei emotionalen Äußerungen bringst du deine Überzeugung durch schnelles Reden gut zum Ausdruck – oh, Carol, E-Mail kann auch nicht im Entferntesten dem nahe kommen, weil das Telefon nicht nur deine Worte und eine Nachricht kommuniziert, sondern auch deine Stimmung. Das ist doch überaus wichtig. Wenn ich deine Stimme höre – egal, ob sie glücklich oder traurig klingt –, fühle ich mich wirklich mit deinem Innern verbunden!“, sagte Carol's Mutter zum Schluss.

Es ist schon oft darauf hingewiesen worden, dass Kommunikation aus vier Elementen besteht: Kern, Stil, Strategie und Geist. Und ich erkläre hiermit, dass der Geist immer das letzte Wort hat. Der Geist mag widersprechen oder vervollständigen, aber er setzt sich immer über den Kern, den Stil oder die Strategie hinweg. Eine effektive Kommunikation kann im Kopf beginnen, wenn wir den Kern und den Stil von dem zu Ende denken, was wir kommunizieren wollen, und dazu unsere Strategie, um es in die Tat umzusetzen. Es ist jedoch der Geist, der auf der emotionalen Ebene kommuniziert.

Während der Regierungszeit von Kennedy und Johnson war Dean Rusk Außenminister. Globale Spannungen machten mehrere Treffen auf höherer Ebene zwischen unserer Regierung und anderen führenden Regierungen notwendig. Der Kalte Krieg war sehr real. Als Rusk's Flugzeug nach einer europäischen Konferenz in Washington landete und er die Treppen hinunterstieg, um sich der Presse zu stellen, drückte der erste Reporter ihm das Mikrofon ins Gesicht und schrie: „Wie stehen die Chancen für den Frieden, Herr Minister?“ Die Welt hielt den Atem an und lauschte. Nach einer nachdrücklichen, stillen Pause hörte ich, wie Rusk antwortete: „Es hängt alles davon ab, ob der

Mensch ein rationales oder ein emotionales Geschöpf ist."

Ich hatte gerade meinen Abschluss gemacht und mir die akademischen Würden verdient, also spottete ich intellektuell über seine Antwort und dachte bei mir: *„Wie töricht! Wir wissen doch alle, dass der Mensch ein rationales Geschöpf ist."* Nach mehr als vierzig Jahren Weiterbildung und Praxis bin ich mittlerweile jedoch zu einer anderen Einstellung gekommen. Das Unterbewusste, so glaube ich zumindest jetzt, ist dem Bewussten voraus. Ja, der Kopf mag den Weg zeigen und die Verhandlungen eröffnen. Das brillante Gehirn hat eine unbegrenzte Fähigkeit, jede erdenkliche Position zu rationalisieren, aber der Geist wird das letzte Wort haben. Menschliche Wesen sind zuerst und zuletzt emotionale Geschöpfe.

Wenn Menschen ernsthaft danach streben, dass der Geist der Liebe sich ins Innerste ihres Geistes einpflanzt, stellen sie fest, dass sich ihre Persönlichkeit zum Guten hin verändert. Sie halten nach Möglichkeiten Ausschau, wie sie anderen helfen können. Sie kommen an den Punkt, wo sie alle Menschen respektieren. Sogar Gegner werden mit Respekt behandelt. Das Klima für eine wirklich erfolgreiche Kommunikation kommt erst zustande, wenn das Ziel darin besteht, die Selbstachtung der anderen Person aufzubauen.

Ein Ehemann und seine Ehefrau hatten sich immer weiter auseinander gelebt. Frustriert fragte er sie: „Was erwartest du eigentlich von mir? Was soll ich denn sonst noch alles machen?"

Sie hielt jäh inne, schaute ihm geradewegs in die Augen und antwortete leise: „Kommuniziere. Kommuniziere einfach so klar mit mir, wie du es mit unserem Hund tust." Er war total schockiert und wartete ab. Sie fuhr fort: „Weißt du eigentlich, was du als Erstes machst, wenn du am Abend nach Hause kommst? Du beugst dich hinunter, schaust Poochie an und sagst: ‚Poochie, wie geht es dir? Hast du heute einen schönen Tag gehabt?' Dann tätschelst du sie am Kopf und streifst ihre Ohren. – Ich brauche es doch auch, dass du Notiz von mir nimmst. Ich möchte diese Art von Aufmerksamkeit. Einen *Blick,* wenn ich dein Lieblingskleid trage und mir eine neue Frisur zugelegt habe. Ein

Wort: ‚Liebling, wie war dein Tag?' Und eine *Berührung* – umarme mich oder gib mir einen Kuss auf die Wange – einen *Blick*, ein *Wort*, eine *Berührung*, ist das zu viel verlangt?"

Die Mitglieder der menschlichen Familie verlangen danach, miteinander verbunden zu sein. Machen Sie Kommunikation zu einer wichtigen Priorität bei den alltäglichen Erlebnissen.

Und wie steht es mit der wichtigsten Verbindung im Leben? Wie ist Ihre Verbindung zu Gott? Keine Verbindung? Ein wenig? Nur, wenn Sie in Schwierigkeiten stecken? Oder ist es ein tägliches Bedürfnis für Sie? Gottes Kommunikationssystem übertrifft das des kleinen Computerchips bei weitem, den wir verwenden, um miteinander in Verbindung zu treten. Ich fragte Mutter Teresa dazumal: „Warum und weshalb stürmen die Menschen nicht sofort los, um sich mit einem Gott zu verbünden, der sie so sehr liebt?" Ihre Antwort bestand aus einem raschen, schonungslos offenen Wort: „Ablenkungen."

WOW! Ablenkungen dürfen nicht die wesentlichste Verbindung im Leben stören: Gebet – unsere Kommunikation mit Gott – sonst verlieren wir das Erfolg versprechende Netzwerk.

„Rufe mich an, so will ich dir antworten und will dir kundtun große und unfassbare Dinge, von denen du nichts weißt" (Jeremia 33, 3).

Das ist Gottes Art, um Ihr glühendes Interesse am Morgen am Leben zu halten!

NEUN

Die Gegensätze – schließen Sie kreative Kompromisse

Wo widersprüchliche Meinungen eine gemeinsame Wahrheit aufweisen, stehen Sie einem kreativen Widerspruch gegenüber.

Laufen Sie nie vor den Träumen von Morgen weg, bloß weil Sie Widersprüchen begegnen. Das Leben ist mit Widersprüchen angefüllt. Um ein Beispiel zu geben: In der Gesellschaft sind wir zwar alle frei, aber wir leben allesamt unter dem Gesetz. Involviert, aber einsam. Verbunden, aber entfremdet. Zusammen, aber uneinig. Fruchtbar, aber unerfüllt. Erfolgreich, aber nicht zufrieden gestellt. Wenn man all diese sozialen Widersprüche voraussetzt, ist es kein Wunder, dass wir verwirrt, angespannt und reizbar sind!

Ist es überhaupt erstaunlich, dass widersprüchliche Befehle uns verwirren? Man sagt uns: „Nehmen Sie es leicht", aber ebenfalls: „Machen Sie endlich weiter!" „Seien Sie seriös", aber auch: „Entspannen Sie sich!" „Viel Spaß", aber auch: „Bleiben Sie anständig!" „Lassen Sie es doch drauf ankommen", aber auch: „Passen Sie auf!" Man fragt uns: „Wann werden Sie sich entscheiden?", und genauso oft gibt man uns den Rat: „Überstürzen Sie ja nichts!"

Sogar unsere abgedroschenen Phrasen sind widersprüchlich: „Man soll das Eisen schmieden, so lange es heiß ist", „In der Eile geht alles schief", „Morgenstund' hat Gold im Mund" und „Narren mischen sich anmaßenderweise in Dinge ein, an die sich sonst niemand heranwagt."

Widersprüche – wir erleben sie bei der Kleidermode ('beißende' Farben), bei Lebensmitteln (süß und sauer) und in der

Musik (Moll und Dur, Homophony und Polyphony). In der Architektur gibt es stark und leicht (ein weicher Teppich, der den nackten Beton bedeckt). In der Physik lernen wir das Grundgesetz des Widerspruchs (für jede Bewegung gibt es eine entgegengesetzte Bewegung). In der Religion haben wir die Bibel (Altes Testament und Neues Testament) und das Leben Jesu (göttlich und menschlich).

Es gibt auch Widersprüche in der internationalen Politik. Verschiedene Länder haben unterschiedliche Ideologien, dennoch müssen wir alle den gleichen Globus teilen, also müssen wir auf kreative Weise mit diesen Widersprüchen umgehen.

Widersprüche spielen auch eine wichtige Rolle bei der sozialen Entwicklung. Sie gestalten die Politik, die politischen Linien, die Wirtschaft und das Geschäftsleben.

Hier ist ein weiterer Widerspruch. Man bereitet sich auf Frieden vor, indem man auf Krieg vorbereitet ist. Die Menschen, die den Frieden mehr als andere Menschen wollen, sind die Berufssoldaten. Ein Widerspruch? Ja. Die Wahrheit ist, dass das ganze Leben angefüllt ist mit Widersprüchen.

Dann sind da noch diese Widersprüche bei Ihnen: Körper und Geist; denkender Mensch und emotionale Person.

Wir können Widersprüche nicht leugnen. Keine Notiz von ihnen zu nehmen, könnte das Schlimmste sein, was wir machen. Stattdessen müssen wir sie erkennen, identifizieren, definieren und uns damit befassen. Lernen Sie, die Widersprüche des Lebens willkommen zu heißen als Stellen, an denen Sie Korrekturen anbringen müssen. Wir werden kreativ, wenn wir einem Widerspruch mit positivem Denken gegenübertreten.

Untersuchen Sie die Widersprüche in der Geschichte – wie sie uns dorthin gebracht haben, wo wir jetzt sind. Einige Nationen, die sich nach der Freiheit sehnten, warfen ihre Gesetze über Bord. Das Ergebnis war Chaos, Plünderungen, Tötungen. Als sie sich anschließend nach Ordnung sehnten, wählten sie eine neue Regierungspartei, die genauso bedrückend war wie die letzte. Und deswegen haben wir durch alle Jahrhunderte hindurch auf der ganzen Welt beobachten können, wie Nationen von der Monarchie zur Anarchie, zur Diktatur und bis hin zum

Staatsstreich mutierten, und danach ging das Spielchen wieder von vorne los.

Widersprüche werden niemals verschwinden. Wohin sie uns in Zukunft führen werden, hängt davon ab, wie wir mit ihnen umgehen.

Fangen Sie damit an, sich die Widersprüche in Ihrem Leben anzuschauen. Seien Sie bei der Suche danach ehrlich mit sich. Benehmen Sie sich wie der britische Staatsmann, der sein Porträt malen ließ. Der Künstler sagte: „Wir wollen Sie so platzieren, dass wir die linke Seite Ihres Gesichtes malen können. Ich denke, das ist Ihr bestes Profil, und Ihre Warze wird nicht zu sehen sein."

Der britische Staatsmann sagte jedoch: „Malen Sie mein Gesicht frontal, links und rechts, auch die Wange, inklusive Warze."

Wenn Sie sich Ihren Widersprüchen stellen, bedeutet das nicht, dass Sie sie verleugnen. Innere Widersprüche einfach abtun ist eine Form von Leugnung. Dies ist selten eine weise Reaktion. Wenn wir die Widersprüche in uns spüren, ist es an der Zeit, sich ihnen mutig zu stellen. Bei diesem Vorgang decken wir vielleicht eine unterbewusste Ursache für einen inneren Konflikt oder für Disharmonie auf. Nehmen Sie zum Beispiel den Widerspruch zwischen dem Bedürfnis nach Sicherheit und dem Bedürfnis nach Aufregung. Wir wollen etwas Großartiges tun, aber wir haben Angst zu versagen.

In Birmingham, Alabama, erzählt man sich die Geschichte über ein wichtiges Footballspiel, bei dem die Teams vollkommen unsymmetrisch waren – eines setzte sich aus kleinen Typen zusammen und das andere aus großen Kerlen. Für die kleinen Typen war es ein Furcht einflössendes Spiel. Wie Sie sich vielleicht denken können, standen sie auf der Verliererseite, aber wie durch ein Wunder lagen sie nur einen Touchdown[21] zurück. Als das Spiel nur noch ein paar Minuten dauern sollte, verlangte der Trainer zum letzten Mal eine Auszeit und befahl die ganze Mannschaft zu sich. Er sagte: „Schaut einmal, wir könnten dieses Spiel gewinnen. Wir sind zwar klein, aber Calhoun kann

[21] Touchdown bezeichnet den Punktgewinn beim American Football und entspricht 6 Punkten

schneller laufen als jeder andere. Gebt Calhoun den Ball."

Als sie wieder auf dem Feld standen, war es Zeit für den ersten Spielzug. Calhoun bekam den Ball nicht. Der Trainer an der Seitenlinie versetzte dem Rasen einen kräftigen Fußtritt und brüllte seinen Quarterback[22] an. Im zweiten Spiel bekam Calhoun den Ball immer noch nicht. Im dritten bekam er den Ball wieder nicht. Das Spiel war aus. Sie hatten verloren. Der Trainer fragte: „Warum habt ihr den Ball nicht an Calhoun weitergegeben?"

Der Quarterback sagte: „Calhoun wollte den Ball einfach nicht annehmen!"

Sind Sie vielleicht wie Calhoun? Schauen Sie sich auch die großen Typen an und entscheiden Sie dann, auf Nummer sicher zu gehen? Ignorieren Sie die großen Widersprüche und humpeln Sie weiter in der Hoffnung, dass sie Ihnen nicht wehtun, wenn Sie sie in Ruhe lassen?

Widerstehen Sie den Widersprüchen nicht. Menschen, die Widersprüchen widerstehen, laufen vor aufregenden Möglichkeiten auf und davon. Die Möglichkeit besteht vielleicht darin, eine phänomenale geistliche Erfahrung zu machen. Seien Sie mutig. Stellen Sie sich Ihren Widersprüchen 'frontal'.

Ärgern Sie sich nicht über Widersprüche. Menschen, die sich über Widersprüche ärgern, werden sehr, sehr engstirnig. Sie ärgern sich über jeden Menschen, der eine andere Meinung hat als sie. Alle müssen unbedingt nach ihrer Pfeife tanzen! Folglich haben sie keine offene Persönlichkeit. Sie machen den Mund zu. Sie bauen nur Beziehungen zu Leuten auf, die ihre Meinung teilen. Wissen Sie, was bei diesem Vorgang geschieht? Sie hören auf zu wachsen.

Derartig engstirnige und isolierte Menschen maßen sich ein Urteil an. Die einzige Frage, die sie sich im Zusammenhang mit anderen Menschen stellen, ist: „Stimmen diese Leute mit meinem Standpunkt überein?" Stattdessen sollten sie lieber fragen: „Haben sie Recht, oder haben sie Unrecht?" und „Würde das, was sie sagen, mir helfen oder mir wehtun?"

Also, wie lösen wir nun die vielen Widersprüche in unserem Leben? Manchmal müssen wir andere zu unserer Sichtweise

[22] Der Quarterback ist der wichtigste Spieler der Angriffsformation beim American Football

‘bekehren’, aber meistens können wir kreative Kompromisse für unsere gegenseitigen Widersprüche finden.

Für den Widerspruch zwischen Glaube und Wissenschaft finden Theologen und Wissenschaftler weiterhin kreative Kompromisse. T. George Harris schrieb in der Ausgabe vom Mai 1984 der Zeitschrift *American Health*[23]:

> Heutzutage wird in medizinischen Zentren und Kirchen im ganzen Land ein neuer Kompromiss ausgearbeitet. Er unterscheidet sich sehr von den Waffenstillständen, die in den alten Kriegen ausgehandelt wurden, als es um Religion kontra Wissenschaft ging. Früher wurde der Leidende sozusagen ‘aufgeteilt’: Der Prediger beschäftigte sich mit dem Geist des Menschen, der Arzt mit dem Körper und der Psychologe mit der Psyche. Stattdessen werden jetzt bescheidene Anstrengungen unternommen und alle Kräfte zusammengelegt, um dem Patienten auf jede erdenkliche Art zu helfen.
> Wir stellen uns wahrscheinlich vor, dass Wissenschaftler Gleichungen, Berechnungen, Theorien sorgfältig auf Papier und im Labor ausarbeiten. Entdeckungen sind immer das Ergebnis sorgfältiger Forschung – stimmt’s? Falsch. Viele der größten Entdeckungen sind durch Schicksal oder, wenn Sie so wollen, durch den Glauben gemacht worden.
> Penicillin wurde per Zufall entdeckt. Und sogar die Enträtselung des DNA-Geheimnisses fing mit einem Zufall an. S. E. Luria, der hervorragende Molekularbiologe und Gewinner des Nobelpreises für Medizin von 1969, gestand in seinem Buch *A Slot Machine, a Broken Test Tube*[24] (Harper & Row, 1984), wie seine Entdeckung zustande gekommen war. „Beim Versuch, an einer Fakultätsfeier die Langeweile zu vertreiben, erfand Luria das maßgebliche Experiment als Beweis dafür, dass Bakterien spontan mutieren. Er machte sich gerade lustig über einen Kollegen, der Münzen in einen Spielautomaten hineinpumpte; dabei kam ihm der Gedanke, dass er die mathematischen Prinzipien, die sich auf den Betrieb des Automaten beziehen, vielleicht auch auf sein

23 Wörtlich: Amerikanische Gesundheit

24 Ein Spielautomat, ein zerbrochenes Reagenzglas

Experiment mit Bakterien anwenden könnte. Im Labor entdeckte er später die Enzyme, die das DNA verbinden, nachdem er ein Reagenzglas zerbrach, das eine Bakterie enthielt, und ein anderes Reagenzglas nahm, das die Kultur einer anderen Bakterie enthielt."

Zeigen Sie dem wissenschaftlichen Verfahren auf kreative Weise Ihr Entgegenkommen. Sogar Wissenschaftler müssen irgendwann einem Glauben anhängen – dem Glauben an die wirkliche Existenz von Protonen, Neutronen und Elektronen. Sie müssen daran glauben, dass die Gleichungen in der Tat auf etwas hinauslaufen.

...

Also, wie können Sie mit Widersprüchen umgehen?

Der Möglichkeitsdenker glaubt, dass sich der Widerspruch auf kreativ-kompromissbereite Art handhaben lässt. Ein Kompromiss verlangt nach ausbalancierten Standpunkten – Geben und Nehmen, Leben und leben lassen und von denen lernen, die konkurrierende Positionen innehaben oder widersprüchliche Werte besitzen.

Menschen, die sich weigern, Kompromisse zu schließen, werden bald merken, dass sie mit einer verhärteten Gesinnung, einem eisernen Willen und einem erfrorenen Standpunkt leben. Das führt aber unweigerlich zu körperlichen Krankheiten. Tag für Tag werden Eltern und leitende Persönlichkeiten im Geschäftsleben und in der Regierung dazu herausgefordert, diese Kunst des kreativen Kompromisses auszuüben. Wenn sie zum Beispiel Konflikte lösen, müssen sie den Unterschied zwischen einer Warnung und einer Drohung erkennen. Bei einer Drohung besteht die Absicht, den Standpunkt des anderen zu manipulieren, während eine Warnung ein ernsthafter Versuch ist, ein Kind, einen Angestellten oder einen Geschäftspartner vor einer drohenden Gefahr zu schützen. Wir sollten die heilende Qualität weiser Kompromisse erlernen.

Unterscheiden Sie zwischen der positiven und der negativen

Bedeutung des Wortes *Kompromiss*. Es gibt so etwas wie einen negativen Kompromiss. Machen Sie nie einen Kompromiss bezüglich Ideale, Moralvorstellung, Prinzipien, Integrität und Ethik. Sonst wird *Kompromiss* wirklich zu einem negativen Wort. Ein positiver Kompromiss ist jedoch wirklich etwas anderes. Es gibt keinen Aufstieg auf der intellektuellen, emotionalen, sozialen oder beruflichen Leiter, wenn man die Kraft der positiven Kompromisse nicht entdeckt.

Ich habe gelernt, Kompromisse zu schließen, wenn ich einem Widerspruch begegnet bin. Ich bewegte mich in ausgefahrenen Gleisen; ich hatte mich bereits entschieden. Dann tauchte plötzlich eine Offenbarung auf – das heißt, die kreative Einsicht. Sie kam in Form einer glänzenden Idee, die mich lehrte, wie ich meine Meinung ändern und mich von meiner Unbeweglichkeit, die auf mein Ego ausgerichtet war, freimachen konnte. Die Idee lautete folgendermaßen: *„Menschen, die ihre Meinung nie ändern, sind entweder vollkommen oder eigensinnig."* Ich weiß, dass ich nicht vollkommen bin. Und ich will nicht eigensinnig sein. Also wurde mein Ego 'abgestellt', und ich wurde freigesetzt, um die alternativen und gegensätzlichen Meinungen, Standpunkte und Interpretationen zu sehen und zu hören.

Wir gelangen von der emotionalen Unreife zur emotionalen Reife, wenn wir gewillt sind, einige unserer engstirnigen Ideen und verhärteten Meinungen zu berichtigen oder einen Kompromiss dafür auszuarbeiten.

Albert Schweitzer hat ein Krankenhaus im Urwald gebaut. Eines Tages bat er einen der Eingeborenen, etwas Holz zu tragen. Dieser hatte gerade Lesen und Schreiben gelernt und antwortete: „Ich möchte schon, Sir, aber es ist unter meiner Würde. Ich bin ein Gelehrter – ein Intellektueller."

Albert Schweitzer lachte still vergnügt in sich hinein und sagte: „Ich wollte ebenfalls schon immer ein Intellektueller sein, aber ich habe es wohl nie so richtig hingekriegt, also trage ich das Holz!" Und er ging hin und trug das Holz.

Wenn Sie lernen und wachsen wollen, müssen Sie zugeben, dass Sie nicht auf alles die richtige Antwort haben. Wenn Sie erfolgreich sein wollen, müssen Sie sich die Probleme und

Kritiken anhören, die andere bezüglich Ihrer Ideen haben.

Ich habe einen Freund, der die Behauptung aufstellt, die Reklamationsabteilung sei die Qualitätskontrollabteilung. Das ist eins der Prinzipien, nach denen ich gelernt habe zu leben: *Ich will nicht, dass alles auf meine Art geht; ich will erfolgreich sein!* Und ein anderes Prinzip lautet: *Ich will nicht meinen Willen durchsetzen; ich will das Richtige tun.* Ein positiver Kompromiss besteht darin, dass Sie bereit sind, sich zu demütigen. Das führt zu echter, charakterlicher Integrität.

Ein positiver Kompromiss schluckt eine Menge Stolz hinunter und absorbiert eine Menge Verletzungen. Ein positiver Kompromiss liegt vor, wenn Sie sich demütigen, um Menschen zuzuhören, die klüger sind als Sie. Es tut nichts zur Sache, wie das Thema lautet, es gibt immer Menschen, die klüger sind als Sie, und Sie können durchaus von ihnen lernen.

Ein positiver Kompromiss schaut über den jetzigen Augenblick hinaus auf das Ganze. In Zeiten voller Spannungen in der Ehe oder in der Beziehung zu einem Menschen oder zwischen Ihnen und Ihren Geschäftspartnern sollten Sie positive Kompromisse praktizieren, indem Sie sich das große Bild vor Augen halten. Verhalten Sie sich so wie Abraham Lincoln. Als der Bürgerkrieg in vollem Gange war, besuchten er und sein Kriegsminister das Schlachtfeld, auf dem General George McClellan Befehlshaber war. Sie warteten draußen im Flur vor McClellan's Büro auf den General, bis er von der Front zurückkäme. Schließlich wurde die Eingangstür geöffnet, und der General spazierte hinein. Er sah den Präsidenten und den Kriegsminister, nahm sie jedoch überhaupt nicht zur Kenntnis. Stattdessen lief er an ihnen vorbei ins Büro hinein. Sie nahmen an, dass er bald zurückkäme, also warteten sie weiter. Als er nicht auftauchte, schickten sie das Dienstmädchen, damit dieses sich erkundige. Sie kam zurück und sagte: „Es tut mir Leid, Mr. Präsident, aber der General hat mich gebeten, Ihnen mitzuteilen, dass er müde ist und zu Bett gegangen ist." Der Kriegsminister war schockiert und sagte: „Mr. Präsident, das ist inakzeptabel; Sie müssen ihm die Befehlsgewalt entziehen." Lincoln dachte eine Minute über die Angelegenheit nach und meinte dann:

„Nein, ich werde ihn nicht entmachten; dieser Mann gewinnt schließlich Schlachten. Ich würde sogar sein Pferd halten und ihm den Schmutz von den Stiefeln waschen, wenn er dadurch dieses Blutvergießen um eine Stunde verkürzen könnte."

Ein positiver Kompromiss heißt: lernen, Dinge loszulassen. Loslassen ist ein kraftvolles Universalprinzip beim Abschließen kreativer Kompromisse. Statt „Nein" zu sagen, versuchen Sie doch einmal loszulassen – und zwar vollkommen! Oder wenigstens teilweise. Lassen Sie etwas für immer los oder nur für den Moment. *„Lernen Sie, sich harmonisch zu integrieren und flexibel 'mitzuschwingen', um ein schmerzvolles Ende zu vermeiden."* Bauingenieure wenden dieses Prinzip an, wenn sie Gebäudestrukturen entwerfen, die dem Druck starker Winde standhalten sollen. Loslassen kann wunderbar effektiv sein. Dies mag bedeuten, eine neue Richtung einzuschlagen, die Strategie oder das Timing oder das Gebiet zu überprüfen.

Gehen Sie Kompromisse ein, wenn es denn unbedingt sein muss, aber werfen Sie Ihr Morgen nicht weg. Der alte Spruch hat immer noch seine Gültigkeit: *Lassen Sie los, und lassen Sie Gott ran!* Lernen Sie, negative Gefühle loszulassen, auch wenn Sie unsanft behandelt worden sind. Lassen Sie den Groll los, lassen Sie die Eifersucht los, lassen Sie Habgier, Bitterkeit, Furcht, Hass und Kränkung los!

Lernen Sie loszulassen, indem Sie weiter denken oder in größeren Dimensionen. Jedes Jahr zu Ostern kommt unsere ganze Familie nach Hause, um im Haus von Oma und Opa das Frühstück einzunehmen und die jährliche Ostereierjagd zu erleben. Wir beobachten dabei alle unsere Enkelkinder, wie sie die Körbchen mit Eiern füllen. Einige Eier sind aus Schokolade und in Silberfolie eingewickelt.

Eins unserer Enkelkinder, der kleine David, ist wirklich außergewöhnlich. Ich weiß nicht, wie es so ein kleines Kerlchen im Alter von zwei Jahren überhaupt schafft, unseren gesamten Besitz zu durchsuchen, einschließlich aller Zimmer, aller Schubläden und aller Einbauschränke. Nach fünf Minuten könnte man schwören, ein Tornado wäre gerade durchs Haus gerast. Und er hinterlässt überall klebrige Fingerabdrücke.

Das ist unser David.

Normalerweise stellen wir alle liebgewonnenen Gegenstände außer Reichweite, wenn die Enkelkinder kommen, aber einmal vergaß meine Frau, den kleinen Henkelkrug aus Havilandporzellan wegzustellen, den ich ihr zwei Jahre zuvor in Deutschland gekauft hatte. Ich warf einen Blick ins Zimmer, und raten Sie einmal, was ich da zu sehen bekam? Klein-David hielt gerade den winzigen Krug in seiner Hand; der Junge stand am offenen Kamin, direkt über der steinernen Feuerstelle, und grinste dabei von einem Ohr zum anderen.

Ich sagte: „David, gib mir den Krug. Gib ihn bitte Opa."

Er grinste einfach und hielt seine Beute fest. Ich ergriff den kleinen Krug und sagte: „Gib ihn mir!"

Er grinste, aber er wollte ihn nicht loslassen. Dann fand ich heraus, dass nicht er ihn festhielt – das Ding hielt *ihn* fest. Seine Hand war im Innern des zerbrechlichen Porzellankruges gefangen.

Wir hatten eine ausgewachsene Krise. Und ich gestehe ehrlich ein, dass ich mir nicht einmal Sorgen machte über sein Händchen, sondern nur über den kleinen Krug!

Ich rief seinen Vater und seinen Onkel. Wir führten eine kurze Familienkonferenz durch. Schließlich drückten wir seine Hand tiefer hinein, um herauszubekommen, wie viel Platz es dort gäbe. Gesagt, getan. Da sahen wir, dass sein Fäustchen sich ganz fest um sein silberfarbenes Osterei im kleinen Krug krallte, und er hatte keineswegs vor, es loszulassen!

Ich sagte: „Lass das Ei los, David."

Er grinste einfach.

„Lass das Ei los, David."

Er wollte es einfach nicht loslassen. Wir zogen an seiner Hand, konnten sie aber keinen Millimeter bewegen.

Plötzlich kam mir eine Idee in den Sinn. Ich hob ein größeres Ei hoch und sagte: „Hättest du gerne dieses große Ei, David?" Und siehe da, er ließ das kleinere los – und seine Hand kam zum Vorschein, als er nach dem größeren Ei schnappte!

Welche negative Haltung sollten Sie heute loslassen? Werfen Sie Ihr Morgen nicht weg! Lassen Sie los, und ergreifen Sie eine größere und bessere Idee, die Gott für Sie geplant hat.

Vielleicht ist die einzige Art, mit Widersprüchen umzugehen, die, sie kreativ zu kombinieren und etwas Neues hervorzubringen. So sieht ein genialer Kompromiss aus.

Ich kann mich an die Zeit erinnern, als ich nach Hawaii ging, um einen Vortrag zu halten und ein paar ruhige Tage zu verbringen. Jeden Morgen pflegten meine Frau und ich unsere Jogging-Runden im wunderschönen hawaiischen Paradies zu drehen.

Wir waren zufällig zur Zeit des jährlichen offenen Golfturniers von Honolulu dort. Als wir das Hotel verließen, war es ungefähr 7 Uhr morgens. Schon sehr, sehr viele Menschen säumten die Straßen und warteten auf das Turnier.

Als meine Frau und ich dort entlang joggten, kamen wir an zwei kleinen, vielleicht acht- oder neunjährigen Mädchen vorbei, die sich mit einem Klapptisch beschäftigten. Sie hatten eine Aluminiumkaffeekanne mitsamt einem langen flachen Kabel daran, das durch das offene Fenster eines benachbarten Hauses verschwand, und auch einen großen Krug mit Zitronenlimonade.

Allen Menschen, die vorbeikamen, riefen sie zu: „Heißer, dampfender Kaffee – bloß fünfundzwanzig Cent pro Becher. Frische Zitronenlimonade – bloß fünfundzwanzig Cent pro Becher.“

Immer und immer wieder wiederholten sie ihre Ansage. Meine Frau und ich lächelten, als wir uns über ihren frühmorgendlichen Eifer unterhielten; wir fragten uns, wie lange es dauern würde, bis sie müde wären und aufgäben.

Wir setzten unser Jogging noch dreieinhalb Meilen fort; dann kehrten wir um und joggten langsam zurück. Wir brauchten ziemlich lange, um unsere sieben Meilen zu schaffen.

Als wir wieder in die Nähe des Golfplatzes kamen, hörten wir von fern: „Heißer, dampfender Kaffee – bloß fünfundzwanzig Cent pro Becher. Frische Zitronenlimonade – bloß fünfundzwanzig Cent pro Becher.“

Ich sagte zu meiner Frau: „Meine Güte, wie halten die das mit ihren Stimmchen so lange aus? Ich wäre um diese Zeit schon lange heiser.“

Gerade, als wir uns dem Tisch näherten, sah ich, wie sie miteinander flüsterten, kicherten und mit ihren Puppen spielten, ich hörte aber auch die Ansage über Kaffee und Zitronenlimonade. Was für ein Widerspruch: flüstern, mit Puppen spielen und kichern und sich gleichzeitig um einen aufkeimenden, neuen Geschäftszweig kümmern.

Als wir sie erreicht hatten, bemerkte ich, was sie gemacht hatten, während wir uns auf der Straße befanden. Auf dem Tisch stand ein Kassettenrecorder. Sie hatten ihre Ansage aufgenommen!

Nun, genau das nenne ich Genialität! Wir besitzen alle Genialität und das Aufregende daran ist, dass wir ihr normalerweise dann begegnen, wenn wir am wenigsten damit rechnen. Wenn Widersprüche uns in höchstem Maß verwirren, bestürzen und beunruhigen, sind wir gezwungen, tiefer als je zuvor in uns selbst zu 'graben'. Und wenn das geschieht, zapfen wir unsere Genialität an.

Wie können wir mit den Widersprüchen umgehen, mit denen wir nicht fertig werden?

Gott wird sich um die Widersprüche kümmern, mit denen wir nicht umgehen können. Es ist Gottes Verantwortung, auf den Plan zu treten, wenn wir eine kurze Pause einlegen müssen. Denken Sie daran: Es gibt einen guten Gott in einer bösen Welt; es gibt einen Gott der Barmherzigkeit, wenn Tragödien geschehen.

Czeslaw Milosz, der Dichter und Nobelpreisträger, hat sich internationale Anerkennung erworben, indem er sich den großen geistlichen und politischen Kämpfen im Europa der Nachkriegszeit stellte.

Er war einer der Denker des letzten halben Jahrhunderts, die am meisten respektiert wurden. Milosz war das Modell des überaus fruchtbaren Autors, der sich engagiert, um die Hauptfragen seiner Zeit auszusöhnen.

Er überlebte die Besatzung durch die Nazis im Zweiten Weltkrieg und die darauf folgende sowjetische Machtübernahme. Als praktizierender Katholik fühlte Milosz sich vom biblischen Buch Hiob angezogen, wo das Leid den Glauben eines Menschen an Gott testet, ihn aber nicht zerbricht.

Er hatte ein tiefes Verständnis für die Religionsgeschichte und die christliche Kirche. Eine der Fragen, die er immer wieder stellte, war: „Wie konnte ein gerechter und guter Gott eine Welt erschaffen, die so angefüllt ist mit Grausamkeit und Bösem?"

Milosz rechnete es der zu Kriegszeiten lebenden, französischen Philosophin Simone Weil hoch an, dass sie ihn lehrte, mit den innewohnenden Widersprüchen zu leben. Milosz gab diese vernunftmäßige Erklärung für die Existenz Gottes: „Es ist nicht meine Sache, irgendetwas über Himmel oder Hölle zu wissen, aber es gibt in dieser Welt so viel Hässlichkeit und Horror, also muss es irgendwo Güte und Wahrheit geben. Und das bedeutet, dass Gott irgendwo sein muss" (*Honolulu Advertiser*, Sonntag, 15. August 2004).

Indem er die Realität entsetzlicher Widersprüche tapfer akzeptierte, vermied Milosz die Leugnung und stellte sich der Wahrheit.

Mit einigen Widersprüchen können wir nicht alleine umgehen. Manchmal tauchen Tragödien und Trauer auf, die scheinbar überwältigend sind.

Unsere Familie hat ihren Anteil an Tragödien erlebt, aber wir haben durch alles hindurch gelernt, dass hinter jedem Schatten ein Licht scheint. Und wenn der Schatten auf Ihren Weg, Ihren Verstand, Ihre Stimmung oder Ihren Glauben fällt, denken Sie daran: Der Schatten ist der Beweis dafür, dass es eine Sonne gibt. *Es kann keinen Schatten geben, es sei denn, es gibt eine Sonne.* Vertrauen Sie Gott!

Um mit den Widersprüchen zwischen der Güte Gottes und der Tragödie der menschlichen Existenz umzugehen, müssen wir Gott ganz einfach vertrauen. Und wenn wir Gott vertrauen sollen, ist es nötig, dass wir glauben, dass Gott viel mehr über das weiß, was gerade passiert, als wir selbst. Er sieht das ganze Bild und wir nur einen Bruchteil davon. Gott hat den vollkommenen Überblick, ich nicht. Gottes Perspektive ist perfekt, meine nicht. Wenn Widersprüche meine Werte, mein Glaubenssystem und meine Verpflichtungen herausfordern, lasse ich los und überlasse es Gott!

Widersprüche fordern uns auch im täglichen Leben heraus. Wir müssen lernen, positiv mit ihnen umzugehen und kreative Möglichkeiten zu finden.

Nie werde ich die Geschichte von dem Hausmeister vergessen, der 'eingeschnappt' war, weil er eine große 'Schweinerei' sauber machen musste. Dieser Schmutz stellte sich aber als das Beste heraus, was Murray Spangler je passiert ist.

Spangler war dringend auf seine Arbeitsstelle als Hausmeister angewiesen, aber er hasste es, all die kleinen Staubpartikel aufschaufeln zu müssen. Plötzlich kam ihm eine Idee: Saugen. Falls er diese kleinen Partikel irgendwie aufsaugen könnte, wäre die Arbeit sehr viel leichter zu bewältigen.

Das Ergebnis? Murray Spangler erfand den Hoover-Staubsauger. Murray stellte sich seinem Widerspruch mit Möglichkeitsdenken. Sein größter Erfolg kam durch sein größtes Ärgernis.

Ein weiterer Widerspruch ist derjenige zwischen dem Bedürfnis nach Sicherheit und der Hoffnung auf Erfolg. Jeder Mensch muss sich sicher fühlen, aber gleichzeitig brauchen wir auch das Gefühl, erfolgreich zu sein.

Nehmen wir zum Beispiel einen Boxer. Der Boxer fühlt sich sehr sicher, wenn er auf einem Hocker in seiner Ecke sitzt. Und der Werfer beim Baseball fühlt sich sicher, wenn er im Unterstand oder auf der Ersatzbank sitzt. Kein Boxer hat aber je Erfolg gehabt, wenn er in der Ecke sitzen bleibt, und es ist unmöglich, als Werfer Erfolg zu haben, wenn man im Unterstand oder auf der Ersatzbank bleibt.

Sie könnten Ihr Erspartes in ein Sicherheitsschließfach legen, aber Geld, das in einem solchen Fach liegt, hat noch nie Zinsen hervorgebracht. Sobald Sie Geld investieren, laufen Sie indes Gefahr, zu scheitern und das Geld zu verlieren. Also gibt es hier einen Widerspruch. Wie können Sie ihn lösen?

Hier ist Gottes Lösung für den Widerspruch zwischen Sicherheit und Erfolg. Zuallererst holt Gott uns aus der Ecke heraus. Dann versetzt Er uns in eine Lage, in der Erfolg möglich ist – aber auch Misserfolg. Warum erlaubt Er, dass Misserfolg auch zu den Möglichkeiten gehört? Warum dieser Widerspruch? Er will aus uns wirkliche Personen machen, also führt Er uns in Widersprüche hinein, denn dort ist der Glaube die einzige Option! Gott will, dass wir lernen, aus dem Glauben zu leben. Und wir leben nicht durch den Glauben oder im Glauben, es sei denn, wir sehen einem möglichen Misserfolg tapfer ins Auge.

Philipper 2, 13 sagt: „Denn Gott ist's, der in euch wirkt beides, das Wollen und das Vollbringen, nach seinem Wohlgefallen."

Gott gibt Ihnen und mir einen Traum. Gott benutzt diese Träume, um die Widersprüche zwischen Sicherheit und Erfolg kreativ zu kombinieren. Der Traum wird zum Magneten, der uns aus der sicheren Ecke hervorzieht. Der Traum zwingt uns zu antworten, und unsere Erwiderung erfordert Mut. Alles erfordert Mut: die Ecke verlassen, sich bemühen, Erfolg zu haben, sogar bereit sein zu scheitern. Bei diesem Prozess werden die Widersprüche auf kreative Art und Weise in eine neue, große Leistung zusammengefasst, die Gott verherrlicht.

Ich habe ein interessantes Interview mit Ross Perot gelesen. Er sagt darin: „Jemand hat mich einmal gefragt: ‚Warum haben Sie Erfolg?' Meine Antwort lautete ganz einfach: ‚Ich stelle nur Sieger ein!' Sie sagten: ‚Nun gut, was ist aber, wenn Sie keinen Sieger finden?' Meine Antwort war: ‚Dann stelle ich Leute ein, die es hassen zu verlieren.'"

Kein Mitbewerber kann je ein kompletter Versager sein, weil der totale Verlierer nur die Person ist, die sich nicht einmal traut, es zu probieren. Wenn Sie etwas riskieren, bedeutet das, dass Sie das Risiko des Scheiterns in Kauf genommen haben. Jeder Konkurrent ist ein Sieger, weil er Mut gezeigt hat.

„Was für eine Verschwendung!", sagte ein Kandidat in der Politik, der die Wahl verloren hatte.

„Ich weiß jetzt nicht einmal mehr, warum ich überhaupt kandidiert habe", sagte eine Teilnehmerin am Schönheitswettbewerb – sie war in einem Feld mit zweiundfünfzig Kandidatinnen 'bloß' Zweite, also Vize-Schönheitskönigin, geworden.

Ein junger olympischer Kämpfer, der es nicht schaffte, ins Team zu kommen, rief aus: „Ich bin 'fertig'!"

„Ich bin erledigt", stöhnte ein Geschäftsmann, der gerade

Konkurs angemeldet hatte.

„Ich bin ein kompletter Versager. Meine Ehe ist nach erst drei Jahren auseinander gegangen.“

Moment mal! Diese Leute waren vielleicht nicht erfolgreich bei ihrem Traum, aber das macht sie doch noch lange nicht zu kompletten Versagern! Alle haben schließlich den Mut gehabt, einen Versuch zu starten.

Gewinnen oder verlieren, sowohl das Eine als auch das Andere ist im Grunde genommen ein Erfolg. Und ob man Erfolg hat oder Misserfolg, jeder muss sich einfach dazu entscheiden, sein Morgen nicht wegzuwerfen.

Mut ist keine Gabe! Mut ist eine Entscheidung. Mut ist nicht die Abwesenheit von Furcht, sondern die Entschlossenheit, das zu tun, was Sie tun sollten. Mut wird folgendermaßen buchstabiert: „I-N-T-E-G-R-I-T-Ä-T“.

Wo können Sie diesen Mut finden? Sie werden ihn finden, wenn Sie aus persönlichen Erfahrungen dieses lernen: Ob Sie nun gewinnen oder verlieren, Sie werden lediglich Erfolg haben, wenn Sie sich weiterhin am Spiel beteiligen.

Hier ist jedoch noch ein weiterer Widerspruch: Sie werden nie in allen Bereichen erfolgreich sein! Mir geht es genauso. Wenn ich es nämlich vorziehe, auf einem Gebiet erfolgreich zu sein, akzeptiere ich naturgemäß den Misserfolg in einem anderen Bereich.

Ich habe es geschafft, Bücher zu schreiben, weil ich es vorgezogen habe, beim Golfspiel zu versagen. Ich habe mich dazu entschieden, meine Zeit nicht für den Versuch aufzuwenden, ein guter Golfspieler zu sein, sondern ein guter Autor zu werden. Diese Entscheidung hat sich für mich als richtig herausgestellt.

Der Preis für Ihren Erfolg besteht darin, dass Sie es sich zugestehen, auf irgendeinem anderen Gebiet zu versagen.

Also, es ist leicht, Erfolg zu haben – falls Sie Ihre Misserfolge weise aussuchen.

Geben Sie nie den Glauben auf, denn der kann die Widersprüche zwischen dem Realen und dem Ideal lösen. Ich werde mich immer an das erste Mal erinnern, als ich die

Broadwayproduktion *The Man of La Mancha* sah. Wie viele von Ihnen wissen, ist Don Quijote der Mann, der die Zeilen äußert: „Wer ist verrückt, der Mann, der das Leben sieht, wie es ist, oder der Mann, der das Leben sieht, wie es sein könnte?" Dann singt er: „Den unmöglichen Traum träumen ..."

Haben Sie Schwierigkeiten zu hoffen?

Haben Sie Schwierigkeiten zu glauben?

Es gibt wahrscheinlich einen Widerspruch zwischen dem, wie Sie Gott wahrnehmen und wie Sie gerne *möchten*, dass Er sei.

Brian werde ich bis zum Ende meines Lebens nicht vergessen. Er war ein junger Student und hatte die Universität ohne Abschluss verlassen. Als ich ihn fragte, ob er an Gott glaube, antwortete er: „Ich würde darauf keine Wette abschließen, aber ich würde gerne daran glauben, dass es Ihn gibt."

Er erklärte mir dann, dass seine kleine Schwester gestorben sei, als sie sieben war. Er war selber noch ein kleiner Junge, als sie starb, und ihr Tod hinterließ einen unauslöschlich starken Einfluss.

Einerseits konnte er nicht an einen Gott glauben, der seine Schwester so einfach von ihm fortnahm. Andrerseits war er völlig verzweifelt, weil er wollte, dass es einen Gott und einen Himmel gäbe. Er wollte die Sicherheit haben, dass seine Schwester bei Ihm in guten Händen wäre.

Brian wusste nicht, wie er mit den Widersprüchen in seinem Glaubensleben umgehen sollte. Seine Verwirrung führte zu einem ziellosen Leben. Er brauchte Führung. Er hatte das Bedürfnis, den ultimativen Widerspruch in seinem Leben zu lösen. Als ihm das gelang, klärten sich die Probleme in seinen Beziehungen. Er konnte wieder lieben. Er konnte wieder hoffen. Er konnte an Gott glauben.

Und er konnte wieder an sich selber glauben.

Wenn Sie einmal darüber nachdenken, kommen Sie sicher zum Schluss, dass der ultimative Widerspruch aus Leben und Tod besteht. Ich stimme mit Sigmund Freud überein, der gesagt hat: „In uns allen ist der Wille zu leben und der Wille zu sterben." Und bis Sie diesen Widerspruch lösen, werden Sie nie die

Freiheit haben, irgendeinen anderen Widerspruch zu lösen. Alle Widersprüche, die wir besprochen haben, bleiben ständige Probleme, bis Sie in der Lage sind, diesen zentralen Widerspruch zu bewältigen.

Vielleicht sind Sie krank. Vielleicht haben Sie eine unheilbare, tödliche Krankheit. (Ich bevorzuge dafür den Begriff *Übergangskrankheit.*) Oder vielleicht liegt jemand, der Ihnen nahe steht, im Sterben. Darf ich Ihnen eine Frage stellen? Warum tun wir uns schwer, wenn wir mit dem Tod konfrontiert werden?

Der Tod ist in der Tat schwer zu handhaben, weil er in sich ein Widerspruch ist. Der Tod widerspricht nämlich dem Leben.

Sterben ist ein Ende, aber es ist auch ein Anfang, denn *jedes Ende ist ein Neuanfang*. Das ist der Widerspruch.

Als Sie geboren wurden, war es das Ende des Lebens in der Gebärmutter, und es war der Anfang eines neuen Lebens. Als Sie nicht mehr im Kindesalter waren, befanden Sie sich am Anfang des Zeitraumes, in dem Sie erwachsen wurden. Als Sie Ihren Abschluss machten, war es das Ende Ihrer Schulzeit und der Anfang Ihres Berufslebens. Und wenn Sie entlassen wurden, arbeitslos sind oder sich gerade aus dem Berufsleben zurückgezogen haben, ist das das Ende eines Lebensabschnitts, aber gleichzeitig der Anfang von etwas Neuem und Aufregendem.

Wenn Sie sich das vor Augen halten, wird Ihnen eines klar: Falls Sie eine positive Haltung gegenüber jeder ‘Schlusserfahrung’ beibehalten, können Sie jedes Ende in einen wunderbaren Anfang verwandeln. Wenn Sie heiraten, ist es das Ende des Ledigseins und der Anfang davon, ein Paar zu sein. Und wenn die Ehe durch Tod oder Scheidung beendet wird, ist dieses Ende ein Neuanfang.

Die Menschen sagen, dies sei das Land der Lebenden, aber dies ist das Land der Sterbenden. Der Countdown fängt an, sobald Sie geboren werden. Letzten Endes verlassen wir alle das Land der Sterbenden und gehen ins Land der Lebenden. Wie gehe ich mit dem ultimativen Widerspruch zwischen Leben und Tod um? Ich setze mein Vertrauen in eine Person: Jesus Christus, der diesen ultimativen Widerspruch durch Seine Auferstehung zusammenfasst.

Jesus ist im Land der Lebenden – im Himmel.

Sicher kommt jedem von uns jemand in den Sinn, der uns sehr lieb und teuer war und das Land der Sterbenden verlassen hat und jetzt im Land der Lebenden ist. Sie und ich haben diese Reise noch nicht unternommen.

Wir haben einen lebendigen Gott in einer sterbenden Welt, einen Gott, der sich darauf vorbereitet, uns ins Land der Lebenden zu bringen. Sehen Sie, das ist eine kreative Lösung für den ultimativen Widerspruch des Lebens.

Jesus hat sein Augenmerk direkt auf den ultimativen, fabelhaften Widerspruch gerichtet: „Und wer da lebt und glaubt an mich, der wird nimmermehr sterben." Was für ein kraftvolles Paradoxon!

Jesus hat auch gesagt: „Ich bin die Auferstehung und das Leben. Wer an mich glaubt, der wird leben, auch wenn er stirbt" (Johannes 11, 25).

Diese Art von Glauben wirft das Morgen nie weg!

ZEHN

Annahmen – lassen Sie sich davon leiten

Alle Entscheidungen im Leben bringen Annahmen mit sich. Lernen Sie, die negativen Annahmen von Morgen in Frage zu stellen und die positiven Annahmen von Morgen zu erkunden.

Wenn Sie sich dem Morgen stellen, seien Sie darauf vorbereitet, dass Sie Ihre wichtigsten Entscheidungen treffen, indem Sie sich auf unbeweisbaren Annahmen abstützen. Wir leben in einem von Annahmen angetriebenen Universum. Praktisch jede Entscheidung, die wir treffen, beinhaltet Annahmen, bekannte oder unbekannte, bewusste oder unbewusste, konstruktive oder destruktive, positive oder negative.

Wir nehmen an, dass der Stuhl, auf dem wir sitzen, stark genug ist, um uns zu tragen. Wir nehmen an, dass wir das Essen, das uns vorgesetzt wird, ohne Gefahr essen können. Wir nehmen an, dass die Luft, die wir einatmen, ungiftig ist, und dass die Hand, die wir schütteln, keine krankheitserregenden Keime aufweist. Mehr als uns bewusst ist, basieren unsere Meinungen, Urteile, Entscheidungen, Interpretationen, Wahrnehmungen, Schlussfolgerungen und Konfliktlösungen alle auf Annahmen.

Mein Freund, der verstorbene Dr. George Dantzig, Dekan der mathematischen Abteilung der Universität von Kalifornien in Berkeley, brachte mir bei, dass wir sogar beim Lösen von mathematischen Problemen mehr mit Annahmen arbeiten, als wir meinen. Dr. Dantzig lernte diese weise Lektion in seiner Abschlussprüfung im letzten Schuljahr. „In Amerika war die „Große Depression“ Ende der 20er und Anfang der 30er Jahre in vollem Gange. Wir wussten, dass keiner von uns eine Arbeit fände, wenn wir in ein paar Wochen unseren Abschluss machten.

Wir hätten uns in Menschenschlangen einzureihen, die kostenlose Suppe zu essen bekamen. Dann sagte unser Professor: ‚Wir wollen einen Assistenten einstellen, um meinen Assistenten zu ersetzen, der aus dem Berufsleben ausscheiden musste. Lernen Sie intensiv für die Abschlussprüfung. Ich stelle den ein, der die beste Note erzielt.' Um mich auf diese Abschlussprüfung vorzubereiten, arbeitete ich so intensiv, dass ich zu spät zum Unterricht kam. Alle waren bereits mit dem Test beschäftigt. Ich riss die Prüfungsunterlagen hastig vom Schreibtisch und löste alle acht Fragen auf dem Prüfungsblatt, aber es gelang mir nicht, die zwei Probleme zu lösen, die der Professor an die Tafel geschrieben hatte. Weil ich zu spät zum Unterricht gekommen war, hatte ich nicht gehört, wie der Professor ankündigte: ‚Sie bekommen Zensuren für die acht Probleme auf dem Papier, aber wenn Sie Ihren akademischen Grad in der Tasche haben, bleiben Sie am Ball und stellen Sie sich den Herausforderungen der Mathematik. Damit Sie sich Ihr ganzes Leben lang der Herausforderung stellen, werde ich die zwei berühmten, unlösbaren Probleme für Sie an die Tafel schreiben. Sogar Einstein hat sie nie lösen können!'

Weil ich zu spät gekommen war und das nicht gehört hatte, war ich nicht von der negativen Annahme 'vorprogrammiert', dass es 'unlösbare Probleme' seien. Ich hatte die acht Probleme auf dem Prüfungsbogen gelöst, aber die zwei Probleme an der Tafel nicht. Da ertönte die Schulglocke. Ich wurde von der positiven Annahme angetrieben, dass einige meiner Klassenkameraden die zwei Probleme an der Tafel lösen würden. Vielleicht brächte ich das auch fertig. Also bat ich den Professor, er möge mir mehr Zeit lassen, um meinen Test zu einem guten Ende zu bringen. ‚Klar, George', antwortete er, ‚aber legen Sie Ihre Prüfungsunterlagen bis Freitagmittag auf meinen Schreibtisch.' Weil ich felsenfest davon überzeugt war, dass irgendjemand die zwei Probleme lösen würde, wollte ich schrecklich gerne dieser Jemand sein. Ich rackerte mich zwei Tage und Nächte ab und ... löste ein Problem! Das andere habe ich allerdings nie lösen können. Ich gab mein Blatt ab – ich legte es auf den Schreibtisch des Professors – und ging deprimiert weg, weil es mir nicht gelungen war, das zweite Problem zu lösen. Am Sonntagmorgen wurde ich durch lautes Klopfen an meiner Tür aus dem Schlaf gerissen. Es war der Professor. Er war ekstatisch: ‚George, Sie haben Mathematikgeschichte geschrieben. Sie haben wirklich Mathematikgeschichte geschrieben!' ‚Was meinen Sie eigentlich?' fragte ich. ‚Nun, erinnern Sie sich, dass Sie zu spät zum Unterricht kamen, so dass Sie meine Ankündigung wegen der zwei klassischen, unlösbaren Probleme verpassten? Ich habe sie an die Tafel geschrieben. Sie, George, haben eins gelöst. Sie wussten nicht, dass sie unlösbar waren! Sie haben ein unlösbares Problem gelöst! Morgen bekommen Sie von der Universität Ihre Anstellung als mein Assistent.'" Dann fügte George stolz hinzu: „Und seitdem bin ich immer in Berkeley geblieben."

Die Kraft der Annahmen – negativ oder positiv!

Was sind Annahmen? Es sind intellektuelle Beobachtungen, die angeblich Tatsachen entsprechen, bevor nachgewiesen werden kann, dass sie absolute Realität sind. Wenn man eine Annahme trifft, akzeptiert man etwas als Wahrheit, bevor alle Quellen ausfindig gemacht und für richtig befunden werden können. Man legt sich auf einen Standpunkt fest, bevor alle Fragen ohne den geringsten Zweifel beantwortet werden können. Würden wir alle Annahmen, von denen wir in unserem privaten, öffentlichen, sozialen und philosophischen Verhalten ausgehen, beobachten und erkennen, so würden unsere begrenzten und zerbrechlichen Körpersysteme unter der emotionalen und mentalen Überlastung zusammenbrechen.

Lernen Sie, den Unterschied zwischen negativen und positiven Annahmen zu erkennen. Oder ganz einfach ausgedrückt: Eine negative Annahme ist eine Meinung, die einen potentiell positiven Auftrag im Keim erstickt, begrenzt oder ablehnt, weil das Urteil unbewiesenen, negativen Vermutungen überlassen wird. Eine positive Annahme steigert den Wert eines Auftrags durch die Annahme, dass man die negativen Tatsachen vielleicht als übertrieben dargestellt oder als nichtbestehend widerlegen, danach beseitigen oder entkräften kann, während das positive Potenzial realistisch dargestellt werden kann.

Um ein bedeutungsvolles und zweckerfülltes Leben zu führen, gibt es nichts Wichtigeres als zu lernen, mit positiven und negativen Annahmen umzugehen. Stellen Sie die Annahmen, die Sie blockieren, in Frage. Decken Sie die Annahmen auf, die das Ziel Ihres Auftrags voranbringen können, und untersuchen Sie diese. Verwehren Sie es den negativen Annahmen, Ihren Traum vorschnell und auf unverschämte Weise zu zerstören. Bestätigen und erforschen Sie Ihre positiven Annahmen, das wird Ihnen helfen, Ihren Auftrag zu erfüllen.

Stellen Sie die negativen Annahmen weise in Frage; untersuchen Sie ernsthaft die positiven Annahmen.

Kürzlich bin ich von einem erfreulichen Besuch bei meinen guten Freunden, Dr. Beurt SerVaas und seiner wunderbaren Frau, Dr. Cory SerVaas, zurückgekehrt. Ich bewundere beide wirklich sehr. Cory hat eine unglaubliche Fähigkeit, Entscheidungen zu treffen, die auf positiven statt auf negativen Annahmen basieren. Als sie fünfzig Jahre alt und verheiratet war, fünf Kinder hatte und ein neues Ziel brauchte, fand sie eine neue Aufgabe: Sie träumte davon, Doktorin der Medizin zu werden und ihre medizinischen Dienstleistungen gratis anzubieten.

Sie stellte die auf der Hand liegenden, negativen Annahmen in Frage: „Du bist zu alt", „Du kannst nicht zur medizinischen Fakultät gehen", „Du bist schon zu lange aus der Schule heraus, um dem Druck standzuhalten", „Du wirst deine Familie und deinen Ehemann vernachlässigen." Stattdessen erforschte sie die positiven Annahmen: „Falls ich es schaffe, die medizinische Fakultät zu durchlaufen, kann ich meine Dienstleistungen gratis anbieten", „Ich kann in der Frauengesundheitsbewegung eine Vorreiterrolle einnehmen", „Ich kann meine Arbeit veröffentlichen, um Frauen zu informieren und auszubilden."

Cory hat nicht nur ihr Medizinstudium abgeschlossen, ist nicht nur Ärztin geworden und verschenkt nicht nur ihre medizinischen Dienstleistungen, sondern sie stellt sich auch immer wieder neuen Herausforderungen. Sie reichte regelmäßig Kolumnen für die Tageszeitung ein, bekam aber nur Absagen. Immer wieder stand sie negativen Annahmen gegenüber: Der

Herausgeber nahm an, dass die Leser nicht interessiert wären und von einer Frau keinen medizinischen Rat annehmen würden.

Cory hielt an ihrem Traum fest, tat einen mutigen Schritt und erwarb die historische, aber bankrotte *Saturday Evening Post*. Dort schuf sie ihre eigene medizinische Kolumne und berichtete über Entdeckungen, die für die Gesundheit förderlich waren. Sie wurde zur Vorreiterin bei der Förderung der Gesundheitsfragen für Frauen und zu einer der ersten Befürworterinnen für Ernährungszusätze.

Cory sah die Möglichkeiten in ihrem Leben; sie stellte die negativen Annahmen in Frage, die ihre Träume besiegt hätten, und bestätigte und erforschte die positive Annahme, dass sie ihren Auftrag verfolgen und ihre Welt ändern konnte.

Einer der Hauptgründe, unsere Annahmen in Frage zu stellen, besteht darin, dass die Welt sich ständig ändert und neue Vorstöße macht. Viele Unmöglichkeiten von gestern sind heute möglich. Viele 'Tatsachen' von gestern werden heute gerade in Frage gestellt und hinterfragt. Ich habe lange genug gelebt, um 'wissenschaftliche Wahrheiten' meiner jüngeren Jahre durch die neuesten Forschungen widerlegt zu sehen. Professoren in jeder Fakultät der führenden Universitäten proklamieren immer wieder 'Fakten', die später von irgendeinem Forscher widerlegt werden, der die Beobachtung gemacht hat, dass sich diese sogenannten 'Fakten' auf unbewiesene Annahmen stützten. Der Fortschritt vollzieht sich oft, wenn Untergebene die Annahmen ihrer Vorgesetzten in Frage stellen.

Soeben habe ich ein Exemplar von einer Biographie von Bob Burke und Barry Epperson erhalten: W. French Anderson: Father of Gene Therapy[25] (2003), wobei mir die Ehre zufiel, das Vorwort zu diesem Buch schreiben zu dürfen. Dr. Anderson, bekannt unter dem Namen „French", hat eine faszinierende, wahre Geschichte zu erzählen. Er sagte mir wörtlich: „Ich habe mich mit der Gentherapie für Menschen beschäftigt, seitdem ich Student im letzten Studienjahr war. Es war eine radikale Idee. In meinem Abschlussjahr in Harvard nahm ich an einem Diplomseminar für Ärzte und Studenten im letzten Jahr teil. Es

[25] wörtlich: Der Vater der Gentherapie

gab eine Konferenz über Proteinhämoglobin, das Pigment im Blut. Zu dieser Zeit führte ich Forschungen durch, wobei ich Gene von einer Bakterie in eine andere übertrug und damit deren Eigenschaften veränderte. Also hob ich die Hand und fragte: ‚Warum kann man das nicht bei einem Menschen tun? Warum könnte man Sichelzellenanämie nicht so behandeln, indem man ein Gen verwendet, um normales Hämoglobin zu erzeugen?'

Der Hohn und Spott im Raum kamen klar zum Ausdruck: ‚Dies ist eine ernste, wissenschaftliche Sitzung; seien Sie nicht albern, bringen Sie hier keine Science-Fiction.' Also versteckte ich mich in einer Ecke, und als die Sitzung vorbei war, wollte ich mich klammheimlich auf und davon schleichen, damit niemand mich sähe. Ein Professor, John T. Edsall, einer der größten Namen in der Wissenschaft, kam jedoch zu mir, klopfte mir auf die Schulter und sagte: ‚Interessante Idee.' Mehr sagte er nicht. Und ich dachte: *‚Wenn Professor Edsall meint, es sei eine interessante Idee, dann werde ich es tun.'*"

Heutzutage glaubt man in vielen Kreisen, dass die Gentherapie die Praxis der Medizin revolutionieren wird. Das wäre dann die vierte Revolution in der Medizin. Warum? Weil ein einziger Mann in der Lage war, eine positive Annahme genau zu bestimmen und zu bestätigen. Ein Professor sah die Möglichkeiten in der Idee eines jungen Mannes. Dieser Student im letzten Studienjahr, von dem gerade die Rede war, ließ sich bei der Erforschung der Gentherapie in den Jahren des Herumprobierens auch weiterhin von seinen positiven Annahmen leiten: den Konstruktionscode in unserem Körper zu identifizieren, der bestimmt, wer und was wir sind, und Gene zur Behandlung von Krankheiten zu isolieren und zu manipulieren.

Am 14. September 1990 sah Dr. Anderson die ersten Früchte seiner Bemühungen. Seine vierjährige Patientin, Ashanthi DiSilva, erhielt die erste Behandlung, bei der die genetische Therapie verwendet wurde. Dieses junge Mädchen hatte ein defektes Gen, das die Ursache dafür war, dass sie am ‚Bubble Boy Syndrom'[26] litt. Durch diese bahnbrechende Behandlung konnte Dr. Anderson ihr ein normales Leben schenken. Heutzutage gibt es viele Patienten, denen durch seine Arbeit

[26] schwerer, kombinierter Immundefekt; zum Überleben ist eine sterile Umgebung erforderlich

geholfen wird. Gentherapie ist vielversprechend, und die Vorhersage lautet: Sie wird Tausenden von Patienten helfen können. Sie steckt jedoch immer noch in der experimentellen Phase.

Stellen Sie sich einmal vor, Dr. Anderson hätte nicht an seine Idee geglaubt. Stellen Sie sich vor, er hätte auf die negativen Stimmen und den Spott gehört. Gott sei Dank hörte er auf die positiven, bestätigenden Worte eines Professors. Die medizinischen Annahmen von Morgen werden sich von den heutigen unterscheiden. Heutzutage beruhen die positiven Annahmen auf einem bescheidenen Fundament: „Wir wissen nicht alles, und es gibt Raum für mehr Entdeckungen."

Können wir es vermeiden, Entscheidungen zu treffen, die auf riskanten Annahmen gegründet sind, indem wir unser Urteil durch wissenschaftliche Tests weiterentwickeln? Wahrscheinlich schon. Wir sollten ganz gewiss nicht leichtsinnig sein und riskante Annahmen verfolgen, ohne die größtmögliche Weisheit zu suchen. Sind solche Tests aber komplett frei von Annahmen? Stammen die Fragen, die Antworten, die Interpretationen alle aus fehlerfreien Wahrnehmungen oder Eingebungen, oder werden sie ebenfalls von Vorurteilen, vorgefassten Meinungen oder Annahmen abgeleitet?

1959 bereitete ich gerade einen großen, umfangreichen Entwicklungsplan für unseren neuen Kirchengebäudekomplex vor. Es wäre ein komplexer und herausfordernder Auftrag für jeden Architekten gewesen. Meine Wahl fiel auf Richard Neutra, bereits einer der geschätztesten Architekten auf der ganzen Welt. Eines Tages wurde Neutra von Frank Barron von der Universität von Kalifornien kontaktiert. Barron selber war berühmt für die Entwicklung von Tests, die die beruflichen Talente einer Person bestimmen sollen. Dr. Barron trat an Richard Neutra heran und sagte: „Erlauben Sie mir, Sie zu testen, Herr Neutra. Ich möchte sehen, welchen Beruf Sie ausüben sollten." Beide lachten vor Vergnügen. Nur so aus Spaß unterzog sich Neutra Barrons Test. Die Ergebnisse waren schockierend. Bei der Architektur als Karrieremöglichkeit versagte Neutra – Architektur kam erst an siebzehnter Stelle, ganz unten auf der Skala. Für welche anderen Berufe hätte er mehr natürliche Gaben? Der Test wies in

Richtung Philosophie, Psychologie oder geistliche und religiöse Berufe. Dr. Barron war schockiert und sagte zu Neutra: „Nun, machen Sie bloß nicht weiter in Ihrem Beruf als weltberühmter Architekt!“ Beide mussten lachen. „Aber irgendetwas stimmt vielleicht nicht mit meinem Test“, sagte Barron zum Schluss. „Oder aber der Test zeigt wahrscheinlich, was ein großer Architekt wirklich haben muss – eine emotional sensible, ‘geistliche’ Persönlichkeit.“

Annahmen sind unvermeidlich, aber genau wie die Muskeln des Körpers Energie brauchen, um ihre physische Fitness aufrechtzuerhalten, so beziehen geistliche Fitness und emotionales Wohlbefinden ihre Kraft aus ‘Glaubensmuskeln’, die durch regelmäßige Übung gestärkt werden. Diese bekommen sie, wenn unbeweisbare Annahmen in Frage gestellt werden.

Also, wie treffen wir Entscheidungen – auf intelligente und verantwortungsvolle Art –, wenn Annahmen einen Teil des Prozesses ausmachen? Es reicht nicht aus, begeistert zu sein. Werden Sie klug.

Erforschen Sie die Realisierbarkeit Ihrer Annahmen, indem Sie die Meinung der bestunterrichteten und unvoreingenommensten Menschen erbitten. Testen Sie die Richtigkeit Ihrer Vermutung auf die verschiedensten Arten: Fokusgruppen, Testmarketing oder Laboruntersuchungen.

Ausbildung ist von ausschlaggebender Wichtigkeit. Beachten Sie den Unterschied zwischen der traditionellen Ausbildungsphilosophie in Europa und im Westen und der traditionellen Ausbildungsphilosophie in Asien und dem Mittleren Osten. Die Ausbildung im Westen ist oft auf Fakten ausgerichtet, und ein Spitzenstudent wird als ‘klug’ bezeichnet. In Asien und im Mittleren Osten ist die Ausbildung traditionsgemäß auf Prinzipien ausgerichtet. Ein Spitzenstudent in dieser Ausbildungsumgebung wird oft nicht ‘klug’, sondern ‘weise’ genannt. Die komplexe und oft komplizierte Welt von heute und morgen macht es erforderlich, dass die Bildung sich mehr auf universelle Prinzipien konzentriert, wenn die Menschheit auf rechte Weise geleitet werden soll.

Kann Weisheit gelehrt werden, einschließlich der Weisheit, wie wir mit Annahmen umgehen sollen? Ich glaube schon. Zu meiner Zeit hatte ich bereits Professoren, die intuitiv die Prinzipien der Demut und der Weisheit gelehrt haben.

„Ich kenne nicht alle Antworten, und einige meiner Antworten sind falsch." Was für eine Weisheit liegt doch in einer solchen Demut! Sie schützt uns vor der „Ich-weiß-alles"-Arroganz. Sie hindert uns daran, Sachen als Fakten zu kommunizieren, die in Wirklichkeit Annahmen sind. Wir behalten unsere Offenheit und entdecken so Raum für Korrekturen und Verbesserungen, wenn wir uns in die Richtung intellektueller Reaktionen und Antworten bewegen.

Eines der meistgeschätzten architektonischen Gebäude ist das Kunstmuseum Kimball in Fort Worth, Texas. Ein Mitglied der wichtigsten Spenderfamilie hat mich einmal privat durch das Museum geführt. Sie lobte den berühmten, mit Goldmedaillen ausgezeichneten Architekten Louis I. Kahn und zollte ihm die ihm zustehende Anerkennung. „Seine Größe war seiner Bescheidenheit zuzuschreiben", sagte sie. „Wir waren damals gerade soweit, dass wir Angebote einholten. Ich bekam die Chance, ihn zu treffen und die Pläne zu überprüfen. Ich war so beeindruckt von ihm." Sie fuhr weiter: „Dann platzte ich heraus und sagte zu Louis Kahn: ‚Sir, ich habe Türgriffe gefunden, von denen ich meine, dass sie perfekt wären.'" Sie wartete auf seine Antwort. „Frau Kimball, wir sind bereit anzufangen. Jedes Detail ist bereits entschieden worden. Und wenn ich alle Antworten habe, kann ich mir einer Sache sicher sein: Einige meiner Antworten sind falsch. Zeigen Sie mir die Türgriffe, die Sie gefunden haben." Er hat sie akzeptiert! Das ist Bescheidenheit.

Stellen Sie ihre eigenen Annahmen mit einer ähnlichen Bescheidenheit in Frage. Behalten Sie Ihre Offenheit für neue Einsichten und neue Antworten. Das ist Weisheit – der bessere Teil der Bildung.

Lernen Sie zuzuhören, wenn die Tagesordnung zu umstrittenen Interpretationen oder kontroversen Entscheidungen führt, die sich auf Annahmen abstützen. Hören Sie aufmerksam zu.

Erörtern Sie nicht das Für und Wider. Stellen Sie Fragen: „Sind wir unterrichtet oder indoktriniert worden? Sind unsere Lehrer und Prediger wirklich ehrlich und bescheiden, wenn sie uns ihre Einsichten mitteilen? Oder kommunizieren sie von ihrem eigenen voreingenommenen Standpunkt her Vorurteile?“

Einige voreingenommene Professoren und religiöse Leiter haben politische, religiöse oder antireligiöse Vorurteile, und sie indoktrinieren andere Menschen, statt sie zu unterrichten. Ein wahrhaft bescheidener Lehrer strebt danach zu unterrichten, indem er weise Fragen stellt, die das Thema beleuchten, statt dogmatische und schädliche Ankündigungen zu machen. Er oder sie weiß auch, dass wir nicht alles wissen, dass einige unserer Antworten falsch sein könnten oder dass sie in Anbetracht neuer Erfindungen, Entdeckungen und frischer Erkenntnisse aus der neuesten Forschung nicht mehr relevant oder auf dem neuesten Stand sind.

Wir müssen alle die eigene Position in Frage stellen und die eigenen Annahmen zur Debatte stellen. Seien Sie selber Ihr eigener ‚Advocatus Diaboli[27]‘. Denken Sie daran: Im wirklichen Leben wollen Sie keine Debatte gewinnen, Sie wollen zur richtigen Schlussfolgerung gelangen. Sie wollen nicht, dass die Leute mit Ihnen übereinstimmen, wenn Sie im Begriff sind, einen Fehler zu machen. Sie wollen nicht Ihren eigenen Willen oder Ihre Art durchsetzen; viel lieber wollen Sie das tun, was richtig und am besten wäre. Integrität und Vortrefflichkeit sind am allerwichtigsten. Wenn Sie sich daran erinnern, wird das Ihr Ego auf dem richtigen Platz halten. Sie sind auf dem besten Weg, intellektuelle Gewohnheiten zu kultivieren, die Ihnen helfen werden, sich mit positiven Annahmen vorwärts zu bewegen, die ihrerseits Unmöglichkeiten in Möglichkeiten verwandeln können.

Negative Annahmen müssen jedoch ebenfalls weise angeschaut werden. Wir können die Kraft negativer Annahmen nicht total vermeiden. Das kann durchaus gut sein, denn negative Annahmen können Lebensretter sein. Erwachsene tragen jedoch eine Menge an negativem Gepäck mit sich herum, das Vorurteile und Intoleranz verursacht und wahrlich destruktiv ist.

[27] Latein: Advokat des Teufels

Es liegen schon lange einwandfreie Beweise und Beobachtungen vor, dass Kinder von ihrer Natur her keine Vorurteile hegen. Vor einigen hundert Jahren wurde jedes Land noch von einem Monarchen oder einem König regiert. Es wird uns berichtet, dass die Königskinder immer mit den Kindern der Kleinbauern spielten, und alle verbrachten immer eine wunderbare Zeit miteinander. Kinder sind alle gleich. Man muss ihnen die Vorurteile erst beibringen.

Als ich das Museum der Toleranz in Los Angeles besuchte, hat mich das außerordentlich tief berührt.

Um ins Museum der Toleranz hineinzugelangen, muss man eine von zwei Türen wählen. Über einer Tür steht auf einem Schild: „Ich habe keine Vorurteile." Über der anderen Tür ist auf einem Schild zu lesen: „Ich habe Vorurteile." Der Museumswärter schaute mich an und fragte: „Okay, Dr. Schuller, welche Tür wählen Sie, um in die Ausstellung zu gelangen?" „Oh", sagte ich, „ich glaube, ich muss durch die Tür gehen, auf der es heißt: ‚Ich habe Vorurteile.'" Er zog die Augenbrauen hoch. „Sind Sie sicher? Wollen Sie nicht durch die Tür gehen, auf der steht: ‚Ich habe keine Vorurteile?'" Ich lehnte das ab.

„Nun, Dr. Schuller", antwortete er, „die Wahrheit ist, dass jeder durch die Tür gehen muss, auf der es heißt: ‚Ich habe Vorurteile.' Wissen Sie, die andere Tür lässt sich gar nicht öffnen."

Vielleicht könnten die Planer des Museums es sich jedoch überlegen, eine einzige, kleine Änderung anzubringen: Sie sollten ein winziges Türchen mit einer Höhe von ungefähr 1,15 m in die große Tür einbauen, auf der steht: „Ich habe keine Vorurteile." Kleine Kinder sollten durch diese Tür gehen dürfen. Ihr Verstand ist noch nicht mit allen möglichen Vorurteilen verschmutzt worden – religiösen Vorurteilen, politischen Vorurteilen, wirtschaftlichen Vorurteilen, rassistischen Vorurteilen oder kulturellen Vorurteilen.

So wie wir lernen, mit Annahmen umzugehen, so müssen wir auch lernen zu erkennen, dass gewisse positive Annahmen, die wir haben, göttlich inspirierte Gaben sein könnten. Eine derartige Gabe ist die Intuition.

In der Ausgabe vom Juli 2003 von *Reader's Digest* steht ein Artikel von Lisa Collier Cool mit dem Titel „Intuition: Sie besitzen sie – lesen Sie hier, warum Sie sie auch benutzen sollten." In den Anfangszeilen erzählt sie diese Geschichte:

> In einem großen, überfüllten Krankenhaus in Simbabwe lag eine 30-jährige Frau gerade auf einer fahrbaren Krankentrage, weil sie kurz darauf für einen kleinen gynäkologischen Eingriff in den Operationssaal gerollt werden sollte, als Rebecca Bingham, Dr. med., zufällig vorbei kam. Obwohl sie die Patientin nie zuvor gesehen hatte – und nichts über deren medizinische Vorgeschichte wusste –, spürte die Ärztin ein plötzliches, alarmierendes Gefühl. „Ich empfand, dass ich ihr Herz überprüfen sollte", sagt Dr. Bingham.
> Sie legte ihr Stethoskop auf den Brustkorb der Frau und hörte ein Geräusch – einen abnormalen Blutfluss im Herzen, ein mögliches Zeichen für Mitralverengung, ein Herzleiden, das ernste Komplikationen verursachen kann, wenn eine solche Person eine Anästhesie bekommt. Bingham warnte die Chirurgen; diese sagten die Operation ab, um die Patientin weiter zu untersuchen. Tests bestätigten, dass die Frau tatsächlich dieses gefährliche Leiden hatte.
> Ein erstaunter Chirurg fragte Dr. Bingham, warum sie diese Erkrankung vermutet hätte. Die Hausärztin antwortete, dass dies „nur so ein Gefühl" gewesen sei.
> Psychologen wie Timothy D. Wilson, Doktor der Philosophie, Professor an der Universität von Virginia und Autor von *Strangers to* Ourselves[28], glaubt, dass solche Gefühle Mahnungen aus dem anpassungsfähigen Unbewussten sind. Dies ist nicht das Freudsche Reich unterdrückter Erinnerungen und primitiver Gefühle. Das anpassungsfähige Unbewusste ist ein Mechanismus im Gehirn, der einen Ozean an Sinnesinformationen verarbeitet.
> So wie Dr. Bingham haben die meisten von uns erstaunlich akkurate Intuitionen, die von nirgendwo her zu entspringen

[28] Wörtlich: Uns selber fremd

scheinen. Wir nennen diese mysteriösen, kurzen Einblicke: Verdachtsmomente, innere Gefühle, tierischen Instinkt, außersinnliche Wahrnehmungen oder sogar den sechsten Sinn. Einige Leute tun sie als zufällig zutreffende Vermutungen ab.

Diese verborgenen Kräfte der Wahrnehmung, sagt Gary Klein, Doktor der Philosophie, Autor von *Intuition at* Work[29], erlauben den Menschen, „das Unsichtbare zu sehen". Dr. Klein, kognitiver Psychologe aus Fairborn, Ohio, der einst selber Skeptiker war, wischt die Kraft der Intuition jedoch nicht mehr vom Tisch.

Dr. Bingham meint, dass ihre Verdachtsmomente zu einigen erstaunlichen Diagnosen geführt haben, einschließlich der Entdeckung von Lungenkrebs bei einer Patientin, die das Krankenhaus für eine Routineuntersuchung aufsuchte. „Obwohl diese Frau keine offensichtlichen Symptome hatte, fand ich, ich sollte ihren Zustand mit einer Röntgenaufnahme der Brust überprüfen." Bingham ordnete eine Röntgenaufnahme der Brust an, die einen sehr kleinen Tumor aufzeigte, der noch behandelt werden konnte. „Jetzt sage ich meinen Medizinstudenten: ‚Wenn Sie je das Gefühl haben sollten, dass irgendetwas mit einem Patienten nicht stimmt, sollten Sie es ernst nehmen, weil dadurch ein Leben gerettet werden könnte.'"

Ja, wir müssen lernen zuzuhören und dieser inneren Stimme – sorgfältig und unter Gebet – zu folgen.

Sind unsere Annahmen das Ergebnis der Intuition? Dr. Viktor Frankl und Dr. Karl Menniger waren zwei der größten Psychiater des zwanzigsten Jahrhunderts. Beide waren Freunde von mir, und ich habe eine Menge von ihnen gelernt. Während unserer zahlreichen Zusammenkünfte machten beide unabhängig voneinander eine Bemerkung darüber, dass ich eine außerordentlich starke Intuition besäße. Ich war überrascht und fragte sie: „Was ist Intuition?" Sie gaben mir die gleiche Antwort: „Das wissen wir nicht genau!"

Teilhard de Chardin, einer der respektiertesten Philosophen

[29] Wörtlich: Intuition bei der Arbeit

und Theologen, hat einmal gesagt: „Wir sind keine menschlichen Wesen. Wir sind geistliche Wesen auf einer menschlichen Reise. Ich glaube, dass Intuition sehr wohl Gottes Geist sein könnte, der uns führt und leitet, und zwar viel stärker, als wir es je wissen werden.“

Ja, die gesamte Menschheit lebt mit Annahmen. Ich nenne das: Leben unter der kosmischen Kraft des Glaubens. Die Bibel definiert *Annahme*, wenn und wo *Glauben* definiert wird: „Es ist aber der Glaube ... und ein Nichtzweifeln an dem, was man nicht sieht“ (Hebräer 11, 1). Glaube ist somit ein mentaler Vorgang: Man nimmt die Wirklichkeit dessen, was nicht bewiesen werden kann, als wahr an. Deshalb ist es menschlich gesehen unmöglich, bei diesem ‘Geschäft’ des Lebens alle auf Annahmen beruhenden Entscheidungen zu vermeiden. Alle menschlichen Wesen leben mit Annahmen, was bedeutet, dass jeder unter der kosmischen Kraft des Glaubens lebt. Ich nehme an, dass die Sonne morgen aufgeht. Ich nehme an, dass ich morgen noch lebe. Also nehme ich an, dass das Morgen zu mir kommt und mir den Zweck und die Freude wirklich positiver Möglichkeiten beschert.

Kürzlich war ich in China, wo man mich bat, vor der Studentenschaft einer Universität über Möglichkeitsdenken zu sprechen. Die Regierung Chinas hatte mein Buch *You Can Become the Person You Want to Be*[30] übersetzen lassen, veröffentlicht und zugelassen, dass es ein paar Jahre zuvor überall in China verkauft werden konnte.

Vor einer Zuhörerschaft von viel versprechenden, jungen, gespannten Studenten hielt ich dort meine Vorlesung. Meine Aufgabe war es, sie herauszufordern, an die Träume von morgen zu glauben. Man bat mich, nicht über Gott zu sprechen, aber sie wollten auf jeden Fall hören, wie das Möglichkeitsdenken beim Planen der Zukunft zu verwenden wäre.

Ich fragte mich, wie diese junge, hochtechnologische Generation sich einem alten, weißhaarigen Amerikaner gegenüber verhalten würde, aber sie reagierten begeistert auf mich, und als die Zuhörer verabschiedet wurden, kamen einige

[30] Wörtlich: Sie können die Person werden, die Sie sein wollen

Studenten auf mich zu, um mir Fragen zu stellen.

Ein junger Student fragte: „Dr. Schuller, wir haben Ihren Vortrag über das Möglichkeitsdenken sehr, sehr nötig, weil unsere Zukunft so ungewiss ist. Jeder von uns ist in großer Sorge wegen seiner Karriere. Wir konkurrieren miteinander für die gleichen Positionen. Sie haben Ihren Vortrag jedoch mit der Erwähnung Ihres Glaubens beendet. Das hört sich für uns seltsam an. Das passt nicht zu unserem wissenschaftlichen Wirklichkeitsdenken. Was meinen Sie eigentlich damit?"

Ich hoffte, dass meine kurze Antwort ihm helfen würde, mich besser zu verstehen. Er hörte mir aufmerksam zu, als ich sagte: „Menschliche Wesen sind für den Glauben geschaffen worden!"

Der Student erwiderte: „Warum sagen Sie, dass wir in der Infrastruktur des menschlichen Denkens den Glauben brauchen?"

Ich gab zur Antwort: „Wir sind eine Spezies, die einzigartig erschaffen und entworfen worden ist. Menschen sind die einzigen Geschöpfe, die einen Verstand haben – mit dem sie denken, vernünftig urteilen, sich etwas vorstellen, etwas annehmen können, und um Glauben zu haben. Der Glaube ist für die Menschen, was Flügel für einen Vogel sind. Wir sind mit einem Verstand erschaffen worden, um uns etwas vorzustellen – Flügel der Vorstellungskraft. Wir sind unverwechselbar unter den Geschöpfen. Die menschliche Spezies wurde als Wesen entworfen, das intelligent ist, frei wählt, unabhängig denkt, Entscheidungen trifft, sich seine Meinung bildet und mit Annahmen umgeht. Das passiert aber nur, wenn wir Möglichkeitsdenker werden. Ich glaube an Gott, und ich halte an der Möglichkeit fest, dass Gott uns erschaffen hat, weil wir Personen sein sollen, keine Marionetten oder computergesteuerte Kreaturen. Er wollte, dass wir kreative Kreaturen sind. Gott hätte die menschliche Existenz auch so einrichten können, dass es den Menschen möglich wäre, ohne jeglichen Zweifel zu wissen – so wie wir die Wirklichkeit von Sonne und Mond kennen –, dass es einen Gott gibt. Wenn die ultimative Realität jedoch als mächtiges Geheimnis stehen bleibt, sind wir gezwungen, uns mental über unsere Reichweite hinauszubewegen."

Der Student fragte: „Warum glauben Sie an Gott, Dr. Schuller, wenn Sie wissen, dass Sie es nicht beweisen können?"

Ich antwortete: „Weil mein Glaube an Gott so viele Fragen über das Leben beantwortet – über die Wissenschaft, über die Menschheit und über religiöse Impulse. Und die Verwerfung dieses Glaubens beantwortet meines Erachtens diese Fragen nicht adäquat, sondern wirft in Wirklichkeit noch viel mehr Fragen auf. Es braucht viel mehr Glauben, nicht an Gott zu glauben, als an Gott zu glauben."

Der Student erwiderte: „Also reicht es nicht, 'den Glauben an den Glauben' zu haben? Sie sagen, wir sollten an Gott glauben. Reicht es nicht, einfach 'spirituell' zu sein?"

Ich sagte: „Wenn wir vor diesem Mysterium stehen, geistig zu sein, trauen wir uns nicht, ein irriges Urteil zu fällen. Wir brauchen eine göttliche Offenbarung. Menschliche Überlegungen in ihrer Höchstform sind zu riskant.

Die Religion kann zu verwegener Mythologie oder zu verwegenem Aberglauben führen, und beides kann zu einem 'giftigen' Glauben führen.

Was wir brauchen, ist göttliche Offenbarung. Ich bin soweit gekommen, dass ich Folgendes glaube: Falls es einen intelligenten und gütigen Gott gibt, dann muss Er sich selbst offenbaren. Menschliche Wesen immer nur die Wahrheit erraten zu lassen, wäre etwas, was ein fürsorglicher Gott nicht tun könnte. Gott ist moralisch verpflichtet, sich zu offenbaren. Jüdisch-christliche Lehrer glauben, dass Gott dies im Leben und durch das Leben großer Menschen getan hat, deren Geschichten in einem Buch gesammelt wurden, das die „Heilige Bibel" heißt – Mose, die Propheten, David, Jesus und Paulus.

In der Bibel erhebt Jesus Christus selber den Anspruch, die ultimative Offenbarung zu sein – der Heilige Gott in einem menschlichen Leben."

Der Student fragte dann: „Welchen Unterschied hat der Glaube an Gott in Ihrem Leben ausgemacht?"

Ich erwiderte: „Ich weiß, dass die Art von Glauben, die ich gewählt habe, um meinen Verstand zu formen, mich zu einer kreativen Person gemacht hat. Ich kann dafür garantieren, dass mein Glaube einen fabelhaften Unterschied dabei gemacht hat, wie ich Annahmen begegne, die mit positiven Möglichkeiten prall gefüllt sind! Ich weiß, dass ich eine weitaus kreativere Person bin, weil ich an den kreativen Gott glaube, an den Jesus Christus glaubte. Ich bin erfolgreicher. Der Grund? Da ich schon seit meiner Kindheit an Gott glaube, bin ich bereits als Möglichkeitsdenker in dem Glauben aufgewachsen, dass nichts unmöglich ist. Ich bin als Glaubensgeschöpf aufgewachsen, das dafür programmiert ist, große, positive Möglichkeiten zu ergreifen. Diese Art zu denken hat in meinem Leben in der Tat einen Riesenunterschied ausgemacht!"

Der Student sondierte: „Aber was ist, wenn Ihre Entscheidung nicht die richtige ist? Wie können Sie damit leben?"

„Weil ich weiß, dass ich wegen dieses Glaubens ein besserer Mensch bin. Ich weiß, dass ich andere gelehrt habe, sich dieses positive Denken zu Eigen zu machen, und das hat Millionen von Menschen geholfen, ‚*an sich selber zu glauben*'.

Wenn ich Unrecht habe, dann ist es ein gesegneter Irrtum!"

Ich kehrte in mein Hotel in Peking zurück, angeregt durch das Gespräch mit diesen zukünftigen Leitern in der Welt. Sie waren neugierig und wollten mehr über den Glauben und über Gott wissen. Zum Glück schoben sie mich alten, weißhaarigen Amerikaner nicht aufs Abstellgleis, sondern suchten ehrlich nach mehr, als ihre akademische Welt ihnen zu bieten hatte.

Also stellte ich mir selber folgende Fragen: „Was ist der Glaube denn nun wirklich? Wie definiere ich ihn?" Ich rede die ganze Zeit darüber. Meine erste Predigt vor der gesamten Fakultät im höheren Fachsemester der Theologie war über den Glauben. Dieses Thema ist der Mittelpunkt meiner Studien und Predigten und meiner fünfunddreißig Bücher in über fünfzig Jahren. Und meine lebenslängliche Ausrichtung auf den Glauben hat mich dazu gebracht, die größten Psychiater des zwanzigsten Jahrhunderts zu studieren und von ihnen zu lernen.

Schauen Sie, wohin dieser theologisch besiegelte Vertrag mich geführt hat. Ich bin soweit gekommen, dass ich glaube, dass *der Glaube eine Tatsache ist, keine Fantasie.* Personen, die im Glauben leben, lassen ihr Leben von den positiven Annahmen vorantreiben. Der Glaube ist kein Mythos. Er ist eine wissenschaftliche Realität, die in der Persönlichkeit und im Verhalten des Menschen wirksam wird.

Michael Guillen, einer der respektiertesten wissenschaftlichen Analysten der heutigen Welt, kann man seit Jahren mit seiner wissenschaftlichen Analyse im ABC Netzwerk sehen, und er erscheint regelmäßig bei *Good Morning* America[31] und *20/20*. Hier ist sein letzter Kurzbericht: Wissenschaftler der höchsten Rangordnung behaupten jetzt, dass ein menschliches Wesen nicht bloß aus Körper und Verstand besteht, wie es am Ende des letzten Jahrhunderts so gerne behauptet wurde – Sie erinnern sich bestimmt an alle Studien über Verstand/Gefühlsleben/Körper, die damals Mode waren und es in geringerem Maß immer noch sind. Wissenschaftler fangen stattdessen an, die Existenz und Wichtigkeit unserer allgemeinen Gesundheit des 'Geistes' anzuerkennen. Mit anderen Worten: Der Standpunkt der medizinischen Wissenschaft hat sich geändert von rein „somatisch" (d. h. wir sind nur Körper) zu „psychosomatisch" (d. h. wir sind Körper und Verstand) zu jetzt „theosomatisch" (d. h. wir sind Körper, Verstand und Geist). Hier, beim voll ausgereiften „theosomatischen" Standpunkt, können wir allmählich verstehen, wie die 'Glaubenskraft' wirkt. Hier ist der Schauplatz, auf dem wir sehen können, wie 'Annahmen' empfangen werden!

Ich war mein Leben lang ein vom Glauben angetriebener Mensch. Ich treffe alle meine Entscheidungen im Glauben. Jetzt sehe ich, dass *Glaube* und *Annahme* die gleiche geistige Aktivität beschreiben. Menschen wurden von einem Schöpfer gestaltet und konstruiert, damit sie integrierte Personen seien, die unter dem Gesetz des Glaubens wirken, der so real ist wie die Schwerkraft. Erik Erikson, der Vater der Kinderpsychologie, hat gesagt, dass ein Kind im ersten Stadium des menschlichen Lebens, von der Geburt bis zum Alter von zwei Jahren, unbedingt Vertrauen wahrnehmen muss. Als Theologe nenne ich das: glauben lernen oder eine positive Haltung des Vertrauens erwer-

[31] Wörtlich: Guten Morgen, Amerika!

ben. Kurz gesagt, Menschen müssen lernen, an das Unbeweisbare zu glauben. Das heißt, wir müssen lernen, auf die leise Stimme der 'Annahmen' zu hören, die sich über unsere geistige Natur und über unser menschliches Bewusstsein bemerkbar machen. Wir müssen lernen wahrzunehmen, dass Vögel dazu bestimmt wurden, das Unmögliche zu tun – zu fliegen! Also bekamen sie Flügel. Menschen wurden dazu bestimmt, das Unmögliche zu erreichen, also erschuf Gott uns mit Flügeln in unserem Gedankensystem. Diese Flügel tragen den Namen 'Glauben'. Säkularisten verwenden ein anderes Wort, um die gleiche geistige Aktivität zu beschreiben. Statt Glauben nennen sie es *Hypothetisches Denken*. Die Psychologen sind zwar erst vor hundert Jahren aufgetaucht, aber sie beschreiben die gleiche Funktion und nennen sie *Positives Denken*. Ich nenne es *Möglichkeitsdenken*. Ich habe es als Jünger Jesu gelernt. Die Zeit ist gekommen, dass wir sehen und verkündigen, dass dieses geistige Verhalten auf eine natürliche Realität zeigt, die in diesem Geschöpf wirkt, das menschliches Wesen heißt.

Newton hat die Schwerkraft entdeckt durch die Frage: „Warum ist dieser Apfel heruntergefallen, weshalb ist er nicht weggetrieben?" Die Menschen müssen jetzt das Gesetz des Glaubens entdecken, wie ich es nenne. Psychologen und Theologen sollten allmählich dahinterkommen, dass menschliche Wesen von ihrer Natur her für den Glauben geschaffene Geschöpfe sind.

Warum hat Gott die Menschen als vom Glauben angetriebene oder zu Annahmen gezwungene Geschöpfe erschaffen? Der Grund dafür ist folgender: Irgendwann kommt die Zeit, in der wir Entscheidungen treffen müssen. Wenn wir es bis dahin nicht schaffen, positive und mögliche Vorschläge zu akzeptieren, die allerdings unbeweisbar sind, werden wir nicht in der Lage sein, uns dem Risiko auszusetzen und es anzunehmen. Und nur, wenn wir es wagen, Entscheidungen zu treffen, die ein Risiko mit einschließen, werden wir zu wahrlich kreativen und progressiven Menschen. Solche Personen nenne ich Möglichkeitsdenker.

Glaube ist also eine Tatsache, keine Phantasie. Und Glaube ist eine Kraft, die Berge versetzen kann, aber *Glaube ist kein Wert.*

Glaube ist eine Kraft, kein Wert. Glaube ist an sich moralisch neutral und nicht religiös oder geistlich in sich. Er ist ein natürlicher, systemischer Kanal, der in jedem menschlichen Wesen angelegt wurde, um die Pipeline für die kreative Vorstellungskraft zu sein. Wir können dadurch geistliche Impulse aufnehmen, die dann in uns ans Werk gehen. Es gibt weder Erbarmen noch Gewissen im Glauben. Glaube kann gut oder böse sein, göttlich oder dämonisch, intelligent oder beschränkt. Es hängt alles davon ab, welchen Wert man durch die Kraft des Glaubens von den Menschen hin zu Gott übertragen lässt.

Der Glaube ist eine verbindende Kraft und verbindet Menschen mit Menschen, Ideen mit Leistung, Projekte mit Möglichkeiten.

Der Glaube ist das Telefon; das ist die Kraft. Der Wert liegt in der Botschaft, die das Telefon vermittelt.

Der Glaube ist der Satellit; der ist die Kraft. Der Wert liegt in der Programmgestaltung, die der Satellit ausstrahlt.

Der Glaube ist die Pipeline; die ist die Kraft. Der Wert liegt in dem, was hindurch läuft – Wasser, Gas oder Öl.

Der Glaube ist eine Übertragungskraft; der Wert kommt mit dem Produkt oder dem menschlichen Wert, den die Kraft liefert.

Der Glaube ist das Flugzeug, das Schiff, der Zug oder der LKW; die stellen die Kraft dar. Der Wert liegt in der Fracht, nicht im Lieferkanal.

Der Glaube kann Werte vermitteln – gute oder böse. Wir sehen, wie Tod und Zerstörung verursacht werden, wenn Menschen ihren Glauben auf das Böse richten. Denken Sie einmal über die Terroristen nach, die die Twin Towers[32] in New York zerstörten. Andere richten ihren Glauben auf das Gute. Mutter Teresa, die ich gekannt habe und sehr mochte, war für mich wirklich eine Heilige. Die Quelle und der Gegenstand ihres großartigen und herrlichen Glaubens war der Gott, den sie in Jesus Christus sah. Ihr Glaube war keine Religion, sondern eine persönliche Beziehung zu Jesus Christus.

Glaube ist eine Entscheidung, keine Debatte. Auf dem Hope College gewann mein Debattierteam viele Auszeichnungen für Wortgewandtheit. Uns wurde sogar die Ehre zuteil, in die natio-

[32] Zwillingstürme des World Trade Centers

nale, forensische Ehrengesellschaft, Pi Kappa Delta, gewählt zu werden. Noch heute besitze ich den massiv goldenen Schlüssel mit einem Rubin, den ich bekam, als man mich einlud, dieser Gesellschaft beizutreten.

Nachdem ich später am Institut für Theologie graduierte, durfte ich mich mit Fug und Recht Pastor nennen, und ich konnte es kaum erwarten, mich auf Debatten mit der nichtkirchlichen Welt einzulassen. Ich kann mich noch gut daran erinnern, wie ich einen intellektuellen Atheisten traf und mit ihm debattierte. Ich verlor diese private Debatte – und zwar haushoch! Nie zuvor habe ich diese Niederlage zugegeben, erst jetzt im Alter von 78.

Er erwischte mich mit dem Argument: „Hochwürden Schuller, ich werde Ihre Position niemals akzeptieren können, denn all Ihre Argumente sind auf Annahmen abgestützt. Alle religiösen Positionen sind auf Annahmen gegründet. Ich bin Rechtsanwalt und Wissenschaftler; ich baue meinen Fall auf Fakten auf, niemals auf Glauben."

Ich wurde zu Boden geschlagen. Ich hatte keine Antwort. Ich schlich mich davon –, bis ich anfing, dieses Buch zu schreiben. Ich hätte nicht sterben können, ohne mich meiner größten Niederlage zu stellen. Jetzt habe ich mich meinen Widersprüchen gestellt. WOW! Das stellt sich als äußerst kreative Erfahrung heraus!

Heutzutage würde ich es sogar begrüßen, eine Debatte mit ihm zu führen. Ich stelle mir die Situation so vor: Wir befinden uns auf einer nationalen Rednertribüne. Ich warte darauf, bis er seine zusammenfassende Erklärung abgibt: „Alles, was Sie vorschlagen, Dr. Schuller, ist auf Annahmen gegründet." Ich lächle. Pause. Ich gehe einen Schritt näher an ihn heran, um ihn von Angesicht zu Angesicht zu sehen. Ich schaue ihm fest in die Augen. Dann antworte ich: „Ich stimme mit Ihnen überein. Meine Religion ist auf Annahmen gestützt – und Ihr Unglaube auch. Reichen Sie mir die Hand. Wir beide leben mit Annahmen, weil wir sie freiwillig gewählt haben, um daran zu glauben und unser Leben darauf zu gründen. In der Bibel wird das Wort *Annahme* so buchstabiert: G-L-A-U-B-E."

Atheismus ist eine negative Annahme im Verstand eines

Unmöglichkeitsdenkers.

Theismus ist eine positive Annahme im Verstand eines Möglichkeitsdenkers.

Treffen Sie Ihre Wahl.

Als Möglichkeitsdenker nenne ich den Glauben an Gott die höchste, heiligste, ehrbarste und ehrenhafteste Handlungsweise, mit der positive Annahmen in die Praxis umgesetzt werden.

Ich habe gelernt, so zu leben, dass ich mich lieber Tag für Tag von positiven Annahmen als von negativen Annahmen führen lasse. Ich habe so viele positive Erfahrungen gemacht. Die einzige Erklärung, die ich dafür finden kann, ist, daran zu glauben, dass Gott real ist. Der Glaube an Gott ist eine Entscheidung. Ich debattiere nicht darüber. Also habe ich die Wahl getroffen, an Gott zu glauben, weil der Glaube für mich funktioniert, sowohl im täglichen Leben als auch dann, wenn ich dem ultimativen Geheimnis gegenüberstehe – dem Leben nach diesem Leben.

Glaube ist eine Verbindlichkeit, kein Argument. Der Glaube ist eine Wahl, die auf Werten gründet, also ruft sie nach Verbindlichkeit. „Es mag sein, dass ich falsch liege, aber mein Herz gehört meinem Auftrag." „Ich will, dass mein Leben zählt!" Verbindlichkeit gibt dem Möglichkeitsdenken auf eindrucksvolle Weise Kraft.

„Aber ich bin Agnostiker", sagte ein gescheiter junger Mann zu mir und fügte hinzu: „Was ist daran falsch?" Was daran falsch ist? Nun, es ist nicht richtig. Neutralität gleicht Unentschlossenheit. Entweder die eine oder die andere Seite hat Recht. Theismus oder Atheismus? Einer hat Recht, der andere Unrecht. Unentschlossenheit ist eine Entscheidung, die den Ruf zur Verbindlichkeit vermeidet und ihm ausweicht. Agnostizismus ist ein Weg, der nirgendwohin führt. Verbindlichkeit ist ein Weg, der irgendwohin führt.

Ich bin Pragmatiker; ich wähle einen Glauben, eine Philosophie, eine Theologie, eine Psychologie, falls er oder sie mir im täglichen Leben hilft. Der religiöse Glaube, den ich gewählt habe, hat mich zum Träumer großer, unmöglicher Träume gemacht, und der Glaube bewirkt Wunder.

Der Glaube hat mir die Leute, die Freunde und die Energie gegeben, um diese Träume wahr werden zu lassen. Das ist maximiertes Leben; das ist das wirkliche Leben.

Wenn es funktioniert, höre ich zu.

Wenn es funktioniert, werfen Sie es nicht weg.

Wenn es funktioniert, versuchen Sie es; es könnte Ihnen das Leben retten.

Jesus hat gesagt: „Ich bin der Weg und die Wahrheit und das Leben“ (Johannes 14, 6). Ich nehme an, dass dies geistliche Realität ist. Mein Leben ist von dieser positiven Annahme geformt worden, und ich würde sogar dann noch daran festhalten, selbst wenn es ernste Gründe gäbe, sie abzulehnen. Warum? Wegen des anständigen und guten Lebens, das ich geführt habe, inspiriert vom Leben und der Lehre Jesu. Ich glaube wirklich, dass Er die Antwort ist. Also wähle ich Jesus Christus. Falls ich Unrecht habe, bin ich in bester Gesellschaft – und ich bin sicher, dass ich an der richtigen Stelle bin! Schauen Sie nur, wie mein Glaube alle meine Morgen geformt hat.

Ich wiederhole, was ich schon früher gesagt habe: „Falls ich Unrecht habe, dann war es der gesegnetste Fehler meines Lebens. Amen!“

ELF

Glauben Sie an Morgen

Ich kann Ihnen nicht versprechen,
dass Sie* die *Welt verändern werden,
aber ich kann Ihnen versprechen,
dass Sie* Ihre *Welt verändern können!

„Da ist ein Mann am Telefon, er ruft aus Monte Carlo an", sagte meine Sekretärin. „Er will Sie sprechen. Nehmen Sie den Anruf entgegen?"

Ich war schockiert. Von den Tausenden Telefonaten, die ich in den vergangenen fünfzig Jahren entgegengenommen habe, ragt dieses eine heraus. „Sie meinen Monte Carlo, die Heimat von Fürst Rainier?" „Ja", antwortete sie. Ich war bis dahin noch nie in Monte Carlo gewesen und wusste auch nicht, dass man dort *Hour of Power* sehen konnte.

Ich nahm den Telefonhörer ab. Der Anrufer sagte mir seinen Namen – es war ein Name, den ich noch nie gehört hatte. „Dr. Schuller, wir sind uns noch nie begegnet", sagte er, „aber Sie haben mir das Leben gerettet – buchstäblich. Ich lebe heute wegen Ihnen. Nur wegen Ihnen. Ich muss unbedingt nach Garden Grove kommen, um Sie zu sehen, um Ihnen zu danken."

Einige Tage nach diesem überraschenden Anruf kam die Nachricht: „Ich bin hier in Kalifornien am Flughafen von Los Angeles." Es war der Fremde aus Monte Carlo. „Kann ich jetzt sofort kommen?", fragte er. „Natürlich", antwortete ich. Ich bot ihm an, meinen Fahrer zu schicken. „Ich habe meinen eigenen Fahrer", antwortete er. „Ich verbinde Sie kurz mit ihm, und Sie können ihm die nötigen Anweisungen geben."

Eine Stunde später kam der Mann an, und meine Sekretärin zeigte ihm den Weg. Sie öffnete die Tür. Ich war nicht vorbereitet auf das, was ich zu sehen bekam. Ein großer, attraktiver, etwa fünfzigjähriger Mann mit breiten Schultern humpelte mit einem weißen Stock in der rechten Hand auf mich zu. Eine schwarze

Augenklappe bedeckte sein linkes Auge, während sein rechtes Auge unkoordiniert nach oben starrte. Ein Bein war auffällig kürzer, der maßangefertigte, schwarze Oxfordschuh war mit einem ungefähr 12,5 cm dicken Sohlenabsatz erhöht worden. Neben ihm stand sein Fahrer, der ihn sanft führte. Der Fahrer sprach zuerst und entschuldigte sich dafür, dass er ohne persönliche Einladung erschienen war. „Wie Sie sehen können, ist Juan blind. Er hat Ihnen sein Leben zu verdanken. Ich wohne in Beverly Hills. Vor seinem Unfall waren Juan und ich Geschäftspartner und Freunde. Er möchte Ihnen selber seine Geschichte erzählen."

„Bitte setzen Sie sich." Mit einer einladenden Bewegung zeigte ich auf ein Sofa in der Ecke. Mit hoch erhobenem Kopf lief Juan langsam vorwärts und setzte sich, geführt von seinem Fahrer. Er stellte seinen weißen Stock neben sich, klopfte darauf und fühlte sorgfältig nach dem Griff, damit er ihn später ohne Probleme finden würde.

„Ich danke Ihnen, Dr. Schuller", sagte er. „Vielen Dank, dass Sie sich einverstanden erklärt haben, mich zu empfangen." Ich sah, wie sein Gesicht zitterte. „Wie viel Zeit habe ich, Hochwürden?", fragte er. „So viel Zeit, wie Sie wollen", lautete meine aufrichtige Antwort.

Er gab seine Geschichte preis. Er war das einzige Kind einer begüterten kubanischen Familie und hatte das gesamte Familienvermögen geerbt. Schon frühzeitig schätzte er die Sachlage richtig ein, nämlich, dass Fidel Castro vielleicht die Macht übernehmen würde, und dass alle Kapitalisten dann ihren gesamten Besitz verlieren würden. Also verkaufte er alles außer seiner großen Privatyacht und steuerte nach Monte Carlo, wo er auf einem am Meer liegenden Streifen Land einen von Eisengittern umgebenen Luxuslandsitz kaufte. Seine 61 m lange Luxusyacht war vor seinem Haus angedockt, ganz in der Nähe von Fürst Rainiers Yacht. Er hatte keine Geheimnisse und gestand mir, dass er als Heterosexueller, obwohl er nie geheiratet hätte, sexuell sehr aktiv gewesen wäre. Er hätte sich die schönsten und teuersten Frauen leisten können. An einem Wochenende wollte er mit seiner Freundin in die Schweiz fahren. Er wählte einen seiner Rolls Royces aus. Kaum hatte er das Haus verlassen, da fing es an zu regnen. Er fuhr zu schnell in eine nasse Kurve hinein, verlor die Beherrschung über das Fahrzeug und wickelte das Auto um einen Baum. Sieben Monate später erwachte er wieder aus dem Koma und erfuhr, was passiert war. Seine wunderschöne Freundin war auf der Stelle getötet worden. Er selber war jetzt vollkommen blind, und sein inzwischen wieder hergestelltes linkes Bein war über 12,5 cm kürzer. Und, was ihn am meisten deprimierte, seine sexuelle Manneskraft war komplett zerstört worden.

Es vergingen einige Monate. Sein Geld und sein Körper konnten ihm keine Freude mehr bereiten. Er ging jeden Abend zu Bett in der Hoffnung, im Schlaf zu sterben. Er konnte sich seinen Morgen nicht stellen, also fing er an, sorgfältig seinen Selbstmord zu planen. Er würde dafür einen seiner Revolver im Taschenformat benutzen. Er würde es an einem Sonntagmorgen um elf Uhr auf seiner Yacht tun. Er würde sein Personal fortschicken. Dann, wenn niemand mehr in der Nähe wäre, würde er den Fernseher auf die volle Lautstärke drehen, das Gerät aber noch einen Moment ausgeschaltet lassen. Er würde mit seiner rechten Hand die Pistole an seine Schläfe halten und mit seiner linken Hand den Einschaltknopf des Fernsehers drücken. Wenn der ganze Raum in voller Lautstärke angefüllt wäre mit dem, was auch immer dort in jenem Augenblick zufällig ausgestrahlt würde, könnte er den Abzug betätigen, und niemand würde den Schuss hören.

Er durchlief Schritt für Schritt seines geplanten Selbstmordschemas. Der Sonntagmorgen kam herbei. Er konnte spüren, dass er ganz alleine war. Es gab niemanden, mit dem er sein Morgen hätte teilen können. Also stand er aufrecht, tastete nach der Lautstärke des Fernsehers und drehte sie auf die volle Leistung. Er berührte seine Schläfe mit dem stählernen Revolverlauf. Er drückte den Einschaltknopf des Fernsehers, aber bevor er abdrücken konnte, erschallte eine laute Stimme. Es war ein Fernsehprediger, der seinen Eröffnungssatz rief: „Dies ist der Tag, den der Herr gemacht hat; lasst uns froh und glücklich sein!“

Als Juan die Geschichte erzählte, wiegte er seinen Körper auf dem Sofa hin und her, als ob er in einem Schaukelstuhl säße. „Dr. Schuller, diese Worte breiteten sich explosionsartig in meinem Verstand und in meiner Seele aus. Es war wie eine göttliche Schocktherapie. Ich war erstarrt durch ein Gefühl, das ich noch nie zuvor gespürt hatte. Ich konnte den Abzug nicht betätigen. Ich konnte die Waffe nicht einmal mehr halten. Sie fiel auf den Boden. Und ich fiel auch auf den Boden und hörte auf jedes Ihrer Worte. Ich verbrachte die nächste Woche damit, auf den darauffolgenden Sonntag zu warten. Würden Sie wieder da sein? Jawohl, Sie waren da. Und die nächste Woche. Und Sie waren wieder da. Ich wurde wiedergeboren. Ich fühlte, wie der Geist Christi in mein Leben kam. Ich konnte jeweils den darauffolgenden Sonntag kaum erwarten.

Dann ging ich zu meinem Juwelier und sagte: ‚Gibt es in der Bibel ein Symbol für die Hoffnung?' Und er sagte: ‚Natürlich, Juan, der Anker.' Und er zitierte den Bibelvers: ‚Diese haben wir als einen sicheren und festen Anker unsrer Seele' (Hebräer 6, 19). ‚Oh, das ist perfekt', sagte ich. ‚Dann machen Sie mir einen Anker mit einer Kette daran, und konstruieren Sie sie mit Kettengliedern, die zu den Gliedern der Ankerkette meiner Yacht passen. Auf einer Seite des Ankers will ich drei Initialen in Silber haben: R. H. S. Dieser Mann hat mir ein neues Leben gebracht.'"

Jetzt griff Juan in die Innentasche seiner Jacke und zog ein flaches, schmales Päckchen heraus und überreichte es mir. „Das ist mein Dankeschön", sagte er. „Sie haben mir das Leben gerettet!"

Das Päckchen war schwer. Ich öffnete es und sah einen wunderschönen, goldenen Anker an einer exquisiten Kette mit Kettengliedern, die so speziell geformt waren, wie sie keine andere Kette in irgendeinem Juwelierladen aufweist. Ich trage den Anker jetzt, wo ich diese Worte aufschreibe. Er spricht leise zu mir: „Hoffnung ist der Anker der Seele."

Bevor Juan Gott fand, hatte er auf dem Lebensmeer Schiffbruch erlitten, aber jetzt war er verankert mit einer mächtigen Kraft – dem Glauben. „Ich weiß jetzt", sagte er, „dass zum Leben noch viel mehr gehört, als ich je zuvor gewusst habe, und es ist wunderschön."

Juan stellte sich seinen weiteren Morgen mit einer neuen, inneren Entschlusskraft, weil er eine ewige Hoffnung in seiner Seele fand, die ihn stärkte. Sein Gesicht strahlte. Und das Strahlen war immer noch da, als ich ihn Jahre später in seinem Heim in Monte Carlo besuchte und dort übernachten durfte. Erst vor ein paar Monaten ist Juan gestorben. Er hat die Welt nicht verändert, aber er hat ganz gewiss seine Welt verändert.

Er ging von einem Leben, in dem er Schiffbruch erlitt, zu einem Leben, das in der Hoffnung verankert war.

Ich war neulich in einer weit entfernten Stadt in einem Restaurant. Ein hübscher junger Mann war unser Kellner. Seine Erscheinung war auffallend. Er hätte Rechtsanwalt, Geistlicher oder mit viel Macht ausgestatteter Geschäftsführer sein können. Als Bedienung schien er am falschen Platz zu sein. Also fragte ich ihn: „Ist dies die Karriere Ihres Lebens?"

Er antwortete lachend: „Nein, ich suche noch danach."

Er erkannte mein Gesicht und wusste, dass ich Pastor war. Er fuhr fort: „Ich frage mich, ob Sie meine Eltern vielleicht kennen. Sie waren aktiv in einer Kirche in Ihrer Nähe." Er nannte den Namen der Kirche, einer wunderbaren christlichen Gemeinde, aber ich kannte seine Eltern nicht.

„Teilen Sie ihren Glauben?" fragte ich ihn.

„Nun ja", sagte er, „gerade jetzt bin ich dabei, nach Nordkalifornien umzuziehen – es gibt dort eine Menge religiöser und spiritueller Lehrer." Dann wiederholte er: „Ich suche nach der Wahrheit."

Bevor ich mit dem Essen fertig war, brachte er das Thema wieder zur Sprache, und ich machte ihm ein Angebot: „Darf ich Ihnen einen Rat geben?"

„Bitte sehr", erwiderte er. „Ich respektiere Sie. Ich höre Ihnen oft zu."

Also schaute ich in das Gesicht dieses gescheiten, viel versprechenden Suchenden und sagte: „Bald werde ich achtundsiebzig. Ich habe viele Leute wie Sie getroffen, die alle nach der Wahrheit suchen. Darf ich Ihnen sagen, wohin dieser Weg führen wird? Zur Verwirrung.

Sie können aufhören zu suchen“, sagte ich. „Die Wahrheit ist kein Buch. Die Wahrheit ist eine Person. Sein Name ist Jesus Christus. Er hat gesagt: ‚Ich bin der Weg und die Wahrheit und das Leben. Wer mir nachfolgt, der wird nicht wandeln in der Finsternis, sondern wird das Licht des Lebens haben.‘ Ich vertraue Ihm. Wenn wir Jesus Christus nicht trauen können, wem um alles in der Welt können wir dann noch trauen? Folgen Sie Ihm, und Sie werden die Wahrheit erkennen.“

Das Leben dieses Mannes hatte nicht Schiffbruch erlitten, war aber dem Wind und den Wellen preisgegeben und brauchte unbedingt einen Anker in einem sicheren Hafen.

Sucht dieser junge Kellner heute immer noch? Ich weiß es nicht. Ich bezweifle, ob ich ihn je wieder sehen oder von ihm hören werde, aber er kam mir so verloren vor, sein Leben war dermaßen ohne Richtung, dass ich mir über seine Morgen ernsthaft Sorgen mache. Wird er Gott finden, den Anker der Hoffnung, den Juan gefunden hat?

In einer anderen Stadt betrat ich den Aufzug in einem Hotel, und da war eine junge, attraktive, gut gekleidete Frau. Ich sagte: „Ich hoffe, dass Sie heute einen schönen Tag erleben.“

Sie sagte: „Das hoffe ich auch. Dies ist mein erster Tag in diesem Job. Ich arbeite erst seit heute hier in diesem Hotel.“

„Nun gut, ich mache jetzt eine Vorhersage“, brachte ich vor. „Sie werden einen großartigen Tag erleben. Etwas Gutes wird Ihnen heute geschehen, und es wird fantastisch sein.“ Sie schien überrascht, aber dankbar zu sein. Da öffnete sich die Tür des Aufzugs, und wir gingen in verschiedene Richtungen davon.

In meinem Hotelzimmer hatte ich all meine Papiere übers Bett und auf dem Beistelltisch und dem Stuhl ausgebreitet. Weil ich nicht wollte, dass irgendetwas angefasst würde, hing ich ein Schildchen „Bitte nicht stören!“ an die Tür. Als ich mich auf dem Weg zu den Zusammenkünften machte, traf ich die Aufseherin, die dem Zimmermädchenservice vorstand, und sagte zu ihr: „Würden Sie bitte dafür sorgen, dass niemand mein Zimmer betritt? Ich habe dort Papiere ausgebreitet, und ich möchte nicht, dass sie woanders hingelegt werden.“ Sie versicherte mir, dass alles unberührt bliebe.

Als ich später am Nachmittag zurückkehrte, traf ich die Aufseherin wieder und sagte ihr, dass ich jetzt für die Reinigung meines Zimmers bereit sei. Sofort rief sie ein Zimmermädchen, das sich weiter vorne auf dem Flur befand, damit es mein Zimmer zum Saubermachen betrat. Da kam in der Uniform eines Zimmermädchens die gleiche junge Frau, der ich am Morgen im Aufzug begegnet war.

„Nun, wie läuft es so an Ihrem ersten Tag?", erkundigte ich mich, als sie hereinkam.

„Ganz gut", antwortete sie leise.

„Was haben Sie vor diesem Job gemacht?", fragte ich, weil ich mich immer für die Leute interessiere, die ich treffe.

Einen Augenblick hielt sie inne mit Reinemachen und schaute hoch. „Ich habe ein paar Jahre in einer Besserungsanstalt verbracht", gestand sie. „Ich habe sechs Verbrechen begangen."

„WOW!", rief ich aus, weil ich schockiert war, dass solch eine attraktive junge Frau je ins Gefängnis hatte gehen müssen. „Sind Sie alleinstehend?"

„Ich habe eine siebenjährige Tochter", antwortete sie, „aber ich bin nicht verheiratet." Dann fügte sie hinzu: „Ich war es auch noch nie."

Als wir unseren Dialog fortsetzten, wollte ich sie so sehr ermutigen und ihr Hoffnung geben. Ich musste ihr meinen Glauben mitteilen. Sie war gerade dabei, nach einem Neustart Ausschau zu halten. Sie brauchte Gott.

„Wissen Sie", sagte ich, „es gibt einen Gott, der Sie kennt. Und Er liebt Sie. Da draußen wartet gerade ein ganz neues Leben auf Sie." Ich kann mich nicht mehr an alle Worte erinnern, die aus meinem Herzen in ihr Herz flossen, aber es war keine Predigt aus der Konserve. Es war ein aufrichtiges Zeugnis über den positiven Unterschied, den der Glaube an Jesus Christus ausmacht. Schließlich fragte ich sie optimistisch: „Darf ich für Sie beten?"

„Ja, bitte", antwortete sie, und Tränen begannen ihr die Wangen hinunterzuströmen. Sie hatte nicht Schiffbruch erlitten wie Juan, und sie war auch nicht Wind und Wellen ausgesetzt gewesen wie der Kellner auf der Suche nach der Wahrheit. Sie war verloren im Meer des Lebens. Wie gefährdet und verwundbar! Sie brauchte einen Anker für ihre Seele.

Bevor sie wegging, bot ich ihr deshalb ein Geschenk an, ein Buch aus meiner Aktentasche – *The World's Greatest Power Thinker*[33]. „Es handelt vom Leben von Jesus Christus", sagte ich, und fröhlich bedankte sie sich bei mir.

Drei Menschen aus verschiedenen Teilen der Welt, alle drei voller Verzweiflung, weil sie das Bedürfnis verspürten, einen festen Glauben zu finden, der ihr Leben in der Hoffnung verankern würde und der sie dazu führen würde, an morgen zu glauben.

Auf der High-School musste ich das berühmte Gedicht „Invictus[34]" von William Ernest Henley auswendig lernen.

Aus der Nacht heraus, die mich bedeckt,
Schwarz wie die Grube von Pfosten zu Pfosten,
Danke ich allen Göttern, die es geben mag,
Für meine unüberwindbare Seele.
. . . .
Ich bin der Herr meines Schicksals:
Ich bin der Steuermann meiner Seele.

Ich habe diese Worte zwar in der High-School rezitiert, aber ohne enthusiastische Überzeugung, denn mein Glaube war bereits stark in einer höheren Macht verankert. Mein Zeugnis war – und ist es nach wie vor –, dass Christus der Herr meines Schicksals ist; Christus ist der Steuermann meiner Seele!

Bei allen persönlichen und beruflichen Konflikten können wir uns auf der Lebensreise leicht verirren. Wir brauchen eine höhere Macht, die die große Perspektive besitzt.

Das ganze Leben mit all seinen Bestandteilen ist sehr komplex, und wir haben nicht alle Antworten. Wir brauchen einen Gott, der uns auf dem richtigen Weg hält und uns korrigiert, wenn wir Fehler machen, der uns führt, wenn wir nicht sicher sind, welchen Weg wir wählen sollen.

Also, welche Art von höherer Macht brauchen Sie und ich?

33 Der größte und kraftvollste Möglichkeitsdenker der Welt

34 Latein: unbesiegt

Nicht nur eine, die Weisheit einflösst, sondern eine, die den Charakter aufbaut. Ich präsentiere Ihnen meine eigenen Qualifikationen für die Art höherer Macht, die ich brauche. Mein Gott muss in der Lage sein, diese Bedürfnisse zu erfüllen.

Er muss ein freundlicher und liebender, persönlicher Gott sein, der Güte ausstrahlt, und Er muss auch ein ehrlicher Gott sein und Einer, der Ehre verdient.

Er muss ein Gott sein, dem ich zutrauen kann, dass Er die Strategie meines Lebens entwirft, so dass ich unter Seiner sorgfältigen Aufsicht eine bessere, weisere, wunderbarere Person werden kann, die ihre Welt verändert und Hoffnung für das Morgen hat.

Er muss ein positiver Gott sein, der dafür sorgt, dass ich weiterhin an meine Träume glaube, und zwar durch alle beliebigen, hier aufgezählten Rückschläge hindurch: Verletzungen, Unterbrechungen, katastrophale Rückschläge, Leid oder Schuld, Versagen oder Niederlage, und der mich erneuert und mir hilft, nicht aufzugeben und mein Ziel weiter zu verfolgen.

Ich brauche einen mächtigen Gott, der mich mit den Ressourcen versieht, die mich zum Erfolg führen werden.

Ich brauche einen Gott, der mich als Leiter, Führer und Steuermann meiner Seele nie im Stich lassen wird. Er muss meinen Lebenstraum inspirieren, formen und unterstützen, um der Menschheit zu dienen.

Ich brauche einen Gott, der an mich glaubt.

Wo kann ich so einen Gott finden? Ich habe genau diesen einen Gott in der Bibel und in Jesus Christus gefunden. Was für ein Leben hat dieser Glaube hervorgebracht? Ein Leben, das verankert ist in der Hoffnung und angefüllt mit Liebe. Um es kurz zu fassen: Dieser Glaube gibt:

Einen Zweck, für den Sie leben können.
Ein Ego, mit dem Sie leben können.
Einen Glauben, durch den und mit dem Sie leben können.
Einen Führer, dem Sie trauen können.
Eine Liebe, die Sie erretten wird.

Den Namen Derek Fisher kennen die meisten Basketballfans bestens. Als Aufbauspieler für die Los Angeles Lakers hat Derek seinem Team geholfen, drei NBA-Titel hintereinander zu gewinnen. In elf Kategorien hat er Karrierehöhepunkte erzielt oder war punktgleich und dazu gehörte auch, dass er gegen die Chicago Bulls 28 Punkte erzielte. Am eindrucksvollsten ist es aber, dass Derek für seine moralische Größe bekannt ist, die sowohl auf dem Spielfeld als auch außerhalb sichtbar ist. Kürzlich besuchte er uns in der Crystal Cathedral, um den Menschen mitzuteilen, warum sein Glaube an Gott ihm nicht nur tägliche Führung verleiht, sondern auch ein größeres Ziel im Leben.

„Im Glauben zu leben ist so wichtig", sagte er. „Gott hat einen Plan für uns alle. Ich wurde dazu auserwählt, in der NBA zu spielen. Das war mein Weg. Gottes Plan für mich besteht in der Berufung hinauszugehen, mit anderen in Konkurrenz zu treten und im Namen Gottes erfolgreich zu spielen.

Ich bin dankbar für die Position, die ich innehabe, und für die Familie, die immer für mich da war. Sie hat mich während meiner ganzen Karriere unterstützt und ermutigt."

Derek's Karriere und Berufung schienen nicht immer so klar zu sein. Als eifriger Mathematikstudent auf der High-School stellte Derek sich vor, dass sein Lebenswerk Buchhaltung beinhalten würde. Obwohl seine High-School Basketballkarriere nicht gerade weltbewegend war, wurde er dafür sogar mit einem Stipendium für ein kleines College in seiner Heimatstadt Little Rock, Arkansas, belohnt. Gemäss Derek's Aussage hatte Gott jedoch einen bestimmten Plan für sein Leben.

„Es beweist einfach, dass Gott einen Plan für einen hat. Es tut nichts zur Sache, auf welche Schule du gehst, wo du wohnst, welche Hautfarbe du hast, wie viel Geld deine Familie hat oder in welcher Art Haus du wohnst: Gottes Plan wird dir über die Schwierigkeiten hinweghelfen."

Als Derek den Ruf von der NBA und den Lakers bekam, ging es mit seiner Karriere sprunghaft voran; gleichzeitig hatte er einen neuen Auftrag gefasst: Er konnte jetzt offen über seinen Glauben reden und junge Leute ermutigen und ihnen helfen, an aufregende Morgen zu glauben.

Derek erzählte angeregt über seinen speziellen Dienst an Kindern: „Ich sage den Kindern, dass es außerordentlich wichtig ist, an sich selbst und an das Leben, das Gott für sie hat, zu glauben. Sehr häufig fühlen junge Menschen sich einsam. Es ist wichtig für sie, dass sie sich im Klaren sind, dass Menschen aus einem bestimmten Grund von Gott in ihr Leben geführt werden. Wenn Mutter und Vater dir das Leben schwer machen, dann denke daran: Gott stellt deine Eltern, deine Großeltern und andere Verwandte in dein Leben. Sie sind für dich da. *Glaube das, und glaube an dich selbst. Alles ist möglich.* Du kannst ein Star sein, indem du einfach dein Leben lebst, die Gegenwart anderer Menschen genießt und sie liebst und teilhaben lässt an der geistigen Gesinnung, die Gott für dich hat. Es ist möglich, deine Träume zu erfüllen."

Als ständige Erinnerung an seinen größeren Zweck im Leben trägt Derek stolz vielfarbige, gewobene Bänder am Handgelenk. Wenn man sie sich näher anschaut, springen einem die Buchstaben ‚WWJD' deutlich ins Auge.

„Es bedeutet: ‚What would Jesus do?' (Was würde Jesus tun?)", erklärt Derek. „Sehr häufig kommen Sport und Athletik fast barbarisch daher. Wenn ich da draußen bin und mit anderen in Konkurrenz trete, helfen die Worte mir, mich daran zu erinnern, wer ich bin und für wen ich da draußen spiele. Natürlich habe ich einen Trainer. Klar habe ich Mannschaftskameraden. Ich habe auch Fans, aber letzten Endes spiele ich im Namen Gottes."

Als Anker für seine Seele hat Derek eine großartige Person gefunden. Jesus Christus führt die Aufsicht über seinen Traum!

Was und wer ist der Anker Ihrer Seele? Wenn Sie Jesus bereitwillig annehmen, wird Er Ihnen einen Traum geben, und Er wird der Anker der Hoffnung sein, der in den Stürmen des Lebens standhaft bleibt. Niemand veranschaulicht dies besser als eine besondere Freundin, Jennifer Rothschild, eine Frau, die ich enorm bewundere.

Jennifer wuchs in einer Familie auf, in der Weisheit und Glauben gelebt wurden. Dieser Glaube befähigte sie dazu, dunkleren Nächten ins Auge zu blicken, als sich die meisten von uns vorstellen können.

Im viel versprechenden Alter von fünfzehn Jahren litt Jennifer allmählich an mangelndem Sehvermögen. Ihre Eltern nahmen sie mit zu einer Augenuntersuchung. Diese hübsche Zehntklässlerin und energiegeladene Cheerleader[35] wusste damals überhaupt nicht, dass ihr Leben sich bald für immer verändern würde. Der Arzt gab Jennifer und ihren Eltern die Ergebnisse der Untersuchungen bekannt. Man hatte herausgefunden, dass das Mädchen eine seltene Krankheit hatte, Retinitis Pigmentosa[36]; diese Augenkrankheit war die Ursache dafür, dass die Netzhaut sich verschlechterte.

Die ärztliche Prognose lautete: völlige Blindheit.

„Eine Stille senkte sich auf den Konferenzraum", erinnert Jennifer sich. „Ich denke jetzt darüber nach, was meine Eltern an diesem schwarzen Tag durchgemacht haben müssen. Niemand sagte etwas. Diese Stille folgte uns, als wir ins Auto stiegen und nach Hause fuhren.

Ich saß auf der Rücksitzbank, und in meinem Kopf überschlugen sich die Gedanken an all die furchtbaren Änderungen und Herausforderungen, denen ich mich jetzt würde stellen müssen. Ich erinnere mich daran, dass eine meiner größten Befürchtungen und Enttäuschungen war, dass ich die normalen Segnungen des Lebens verpassen würde. Es würde mir nicht vergönnt sein, selber Auto zu fahren. Das hätte für mich Unabhängigkeit bedeutet. Wir empfinden doch alle, dass wir, falls wir Räder haben, auch Flügel haben. Ich hatte eine Menge Fragen: Wie schaffe ich es, die High-School zu beenden und aufs College zu gehen? Würden Jungs Verabredungen mit mir treffen wollen, und würde ich heiraten? Wie würde ich für meine Kinder sorgen können? – Es waren genau diese Segnungen, deren Verlust mir am meisten Angst einjagte.

Zufällig ist mein Vater Pastor – mein Pastor. Von ihm habe ich gelernt, wer Gott ist und wie gut Gott ist. Ich kann mir in etwa ausdenken, wie seine Gebete gelautet haben müssen. Ich weiß, dass meine Mutter untröstlich war. Ich bin sicher, dass wir alle – Vater, Mutter und ich als Tochter im Teenageralter – im

35 Teilnehmerin eines Teams, das durch organisierten Beifall (Anfeuern, Zujubeln und Tanzen) dem Publikum zeigt, wie es den eigenen Club bei College-Sportwettkämpfen moralisch unterstützen kann

36 Netzhautdegeneration

Gebet damit beschäftigt waren, unseren Weg durch diese schmerzliche Neuigkeit hindurch zu finden.

Als wir nach Hause kamen, ging ich ins Haus und setzte mich sofort an unser altes, hohes Klavier. Die Stille wurde unterbrochen, als ich Klavier auf eine Art spielte, wie ich noch nie gespielt hatte. Ich hatte zwar ein paar Jahre Klavierstunden gehabt, aber leider war ich keine übermäßig geübte Pianistin, aber an jenem Tag fing ich an, nach dem Gehör zu spielen. Ich spielte ein Lied, das ich noch nie gespielt hatte, und es füllte das Wohnzimmer. Ich glaube nicht, dass es ein Zufall war. Es war das von mir innig geliebte Kirchenlied ‚It Is Well with My Soul'[37].

Ich weiß, dass Gott es in Seiner großen Güte zugelassen hatte, dass an jenem Tag in der Augenklinik eine Tür geschlossen wurde, und er ließ es in Seiner Güte zu, dass eine andere Tür geöffnet wurde. Die Botschaft, die Gott zu meinem Herzen sprach, war die größte Lektion, die ich je im Dunkeln gelernt habe: ‚In deinen Lebensumständen muss nicht immer alles in Ordnung sein, damit es mit deiner Seele gut steht.'"

In den darauf folgenden Jahren lernte Jennifer noch viele weitere Lektionen im Dunkeln, und sie ist kontinuierlich erstaunt über die Hoffnung, mit der Gott sie ausgestattet hat. Heute ist sie mit einem wunderbaren Mann verheiratet, den sie nie gesehen hat, und sie ist Mutter von zwei Söhnen, dem fünfzehnjährigen Clayton und dem sechsjährigen Connor, die sie auch nie gesehen hat. Obwohl sie ihre Augen nicht zum Sehen gebrauchen kann, funkeln und blitzen diese mehr als die Augen der meisten Leute. Jennifer ist Autorin mehrerer Bücher. Sie singt, hält Vorträge und inspiriert die Menschen im ganzen Land mit ihren Gaben: Weisheit und Musik. Sie drückt es so aus: „Ist Gott nicht gut? Es war einmal mein größter Traum, Werbekünstlerin zu werden – Cartoons zeichnen, Beschriftungen herstellen –, und ich meinte, ich wäre wirklich talentiert, aber Gott wusste, dass ich das, was meine Augen durch visuelle Kunst nie und nimmer hätten vermitteln können, der Welt jetzt durch die neue Gabe mitteilen kann, die Er mir gegeben hat: Musikkunst. Also kann ich mit der Gabe der Musik zeigen, dass

[37] Die erste Strophe der deutschen Übersetzung lautet: „Wenn Friede mit Gott meine Seele durchdringt, / ob Stürme auch drohen von fern, / mein Herze im Glauben doch allezeit singt: / Mir ist wohl, mir ist wohl in dem Herrn."

es mit der Seele wirklich gut stehen kann.

Heute, 25 Jahre später, sehen meine Enttäuschungen und Sorgen etwas anders aus. Manchmal 'schaue' ich mir meine lieben Kinder an, aber ich sehe ihre Gesichter nicht. Das ist schon enttäuschend für mich. Ich kann das Gesicht meines Mannes nicht sehen, aber ich weiß, dass er gut aussieht, weil er es mir gesagt hat. Ich habe herausfinden dürfen, dass Gott durch eine Sache, die eine potentielle Quelle für große Trauer sein könnte, offenbart hat, wie erstaunlich gewaltig seine Hoffnung ist. Manchmal kommen diese Hoffnung und die strahlende Zukunft einfach in einer Verpackung daher, die wir nicht erwartet hätten."

Jennifers solider Anker ist Jesus Christus. Er hat ihr einen Glauben gegeben, der sie durch die Dunkelheit führt und der ihr durch ihre ganze Verzweiflung hindurch Hoffnung gibt. Und Er füllt ihr jetziges Leben immer noch mit Seiner ultimativen Gabe – einer wunderschönen Liebe, die diese erstaunliche Frau in ihrer Familie und in ihrem Glauben gefunden hat. Eine Liebe, die sie mit Freuden an die Menschen weitergibt, deren Leben sie berührt.

Die Liebe ist das letzte Wort. Der Apostel Paulus sagte: „Nun aber bleiben Glaube, Hoffnung, Liebe, diese drei; aber die Liebe ist die größte unter ihnen" (1. Korinther 13, 13).

Ohne Liebe ist der Glaube nicht zufriedenstellend.

Ohne Liebe ist die Hoffnung freudlos.

Ohne Liebe ist die Ambition riskant.

Ohne Liebe ist die Gerechtigkeit gefährlich.

Ohne Liebe ist das Leiden unerträglich.

Und die Liebe Jesu Christi ist einzigartig. Sie übertrifft die menschliche Liebe.

Es ist eine göttliche Liebe auf der höchsten, heiligsten Ebene.

Ichbezogene Liebe schreit: „Ich liebe dich, weil ich dich haben will."

Selbstsüchtige Liebe ruft aus: „Ich liebe dich, weil ich dich brauche."

Freigebige Liebe streckt sich aus: „Ich liebe dich, weil du

mich brauchst." Das ist die Liebe, zu der Jesus Christus uns inspiriert.

Albert Schweitzer hat diese inspirierenden Worte geschrieben: „Ich weiß nicht, wie Ihr Schicksal aussieht, aber eins weiß ich ganz genau – die einzigen Menschen unter Ihnen, die wahrhaftig glücklich sein werden, sind die, die danach gesucht haben, wie sie dienen können, und es herausgefunden haben."

...

Während ich diese Worte schreibe, habe ich mehr als viertausend Sonntage erlebt. Es hat sehr wenige Sonntage gegeben, an denen ich nicht in die Kirche gegangen bin. In den ganzen 78 Jahren meines Lebens hat also praktisch jede Woche in der Kirche angefangen, wo ich mit dem Geist Jesu Christi gespeist wurde, der mich für die nächsten sechs Tage inspiriert hat. Und dann nahm ich am darauf folgenden Sonntag wieder mit Seinem Geist durch die Lieder und durch das gesprochene Wort Verbindung auf. Während über viertausend Sonntagen bin ich also mit einem unerschütterlichen Optimismus in Bezug auf meine Morgen geprägt worden. Ich sehe ständig, wie das Morgen mit neuen Träumen und größeren Möglichkeiten angefüllt ist.

Ich glaube an Morgen, weil sich mir der folgende Satz – schon so lange ich denken kann – in meinem Verstand eingeprägt hat: „Ich weiß nicht, was das Morgen bringt, aber ich weiß, wer das Morgen hält."

Ja, Gott weiß mehr über meine Morgen, als ich über meine vergangenen Tage weiß.

Die Vergangenheit habe ich somit an den richtigen Platz gestellt. „Ich habe die Tür zum Gestern abgeschlossen und den Schlüssel weggeworfen. Das Morgen macht mir keine Angst, denn ich habe das Heute gefunden."

Ich glaube, dass Veränderungen im sich entwickelnden Lebensprozess unvermeidlich sind. Das Leben wird morgen nicht dasselbe sein. Ich habe die Freiheit, zu agieren oder zu reagieren, wenn ich mich den Gelegenheiten stelle, die mir die Veränderung bietet.

Ich glaube an das Morgen, weil ich an die positive Kraft des Einzelnen glaube: eine Person am richtigen Ort zur richtigen Zeit, und dann findet Wiederherstellung statt.

Ich glaube an den unauslöschbaren menschlichen Geist, der Hindernisse in Gelegenheiten verwandelt und Tragödien in Triumphe.

Ich glaube an das Morgen, weil Gott lebt. Ich glaube an das universelle Prinzip: *Jedes Ende ist ein neuer Anfang.* Gott geht über den Tod hinaus. Gott ist ewig!

Ich habe *die* Welt nicht verändert, aber ich habe *meine* Welt verändert.

Epilog

Ich nähere mich dem geheimnisvollen Morgen auf die gleiche Art, wie ich mich einem imponierenden Haus nähere. Soll ich etwa bei dieser Respekt einflössenden, herrschaftlichen Villa meine Aufwartung machen? Ich steige die Stufen hoch. Ich sehe die Türklingel. Ich hebe den Arm. Ich strecke die Hand aus. Ich lenke den Zeigefinger und ziele auf den Klingelknopf. Ich habe Angst, ihn zu berühren. Wer befindet sich auf der anderen Seite? Freund oder Feind? Ich bete: „Christus, hilf mir." Jetzt spüre ich einen sanften Druck auf dem Ellbogen, der zitternde Arm und die bebende Hand bewegen sich nach vorne, und der steif ausgestreckte Finger trifft den Knopf. Ich höre, wie die Türklingel läutet. Ich habe es geschafft. Jetzt bewegt sich die große Tür. Sie öffnet sich, und dort steht mein bester Freund: mein Morgen. „Willkommen. Treten Sie ein. Mein Name ist Morgen. Ich bin so froh, dass Sie gekommen sind. Was meinen Sie, welch tolle Überraschungen ich für Sie bereit habe!" Und mein Morgen umarmt mich. Ich zittere voller Vorfreude und voller positiver Erwartungen. „Ich danke dir, mein Gott! Du hast nicht zugelassen, dass ich mein Morgen weggeworfen habe."

Danksagungen

In erster Linie bin ich meiner Frau, Arvella, zutiefst dankbar; sie hat meine Predigttexte in den über 35 Jahren der Fernsehgottesdienste von *Hour of Power* redigiert und ebenfalls den geschriebenen Text meiner vielen Bücher.

Ich danke meiner Tochter, Jeanne Schuller Dunn. Sie hat mir geholfen, mein Material zu organisieren; sie hat auch die wahren Geschichten meiner besonderen Freunde zusammengestellt, die mich inspiriert und mich die ermutigendsten Lektionen meines Lebens gelehrt haben.

Ich danke Barbara Miller. Sie hat meine Hunderte, mit der Hand geschriebenen Blätter genommen, sie korrekt übertragen, in den Computer eingegeben und ausgedruckt.

Ich danke Lois de la Haba, Gideon Weil und die Herausgeber von HarperSanFrancisco. Sie haben meine Arbeit an diesem Manuskript ganz besonders geduldig ertragen.

Am allermeisten bin ich all den tapferen und wunderbaren Personen zutiefst dankbar, die mir erlaubt haben, ihre positiven Geschichten weiterzugeben ...

Renee Bondi: Seite 27
Sue Thomas: Seite 38
Bill Rhodes: Seite 48
Dr. Stephen B. Sample: Seite 51
Millard Fuller: Seite 65. *Bokatola, Love in the Mortar Joints, No More Shacks, The Excitement is Building, More than Houses, The Theology of the Hammer, A Simple Decent Place to Live, Building Materials for Life, Bände I & II*
Martin Seligman: Seite 76
A. C. Green: Seite 89, *Victory*
Wayne Gretsky: Seite 93
Evelyn Husband: Seite 98
Erik Weihenmayer: Seite 101. *Touch the Top of the World*
Kathy Ireland: Seite 104. *Powerful Inspiration: Eight Lessons That Will Change Your Life*
Dave Thomas: Seite 107
Lu Ann Mitchell: Seite 117
Gracia Burham: Seite 121. *To Fly Again*
Laura Wilkinson: Seite 127
Col. Norman A. McDaniel: Seite 133. *Yet Another Voice (Hawthorn Books Inc. 1975)*
W. French Anderson, M. D.: Seite 166
Derek Fisher: Seite 194
Jennifer Rothschild: Seite 195. *Lessons I Learned in the Dark* (Multnomah), *Touched by His Unseen Hand* (Multnomah), *Walking By Faith* (LifeWay), *Fingerprints of God* (LifeWay)

Hour of Power

Seit 35 Jahren ist *Hour of Power* mit Dr. Robert H. Schuller und seinem Sohn Dr. Robert A. Schuller der meistgesehene Fernsehgottesdienst der Welt. Was ursprünglich mit einem Open-Air-Gottesdienst in einem Autokino anfing, wird heute aus der *Crystal Cathedral* in Garden Grove, Kalifornien, in über 20 Millionen Haushalte weltweit übertragen.

Hour of Power ist ein 60-minütiger Gottesdienst mit den verschiedensten Elementen. In der Predigt wird lebensnah und alltagsrelevant auf Themen eingegangen, die Menschen auf der Grundlage des Evangeliums und des christlichen Glaubens zu guten und positiven Gedanken bewegen und durch die sie neue Kraft für ihr Leben bekommen sollen. Sie sehen und hören eine der größten Kirchenorgeln der Welt, Stimmen eines Chores mit über 110 Personen, ein 60-köpfiges professionelles Orchester sowie besondere und interessante Interviewgäste aus Politik, Sport und Gesellschaft. Abgerundet werden die Gottesdienste mit Beiträgen von bekannten Musikern und Sängern.

Ein Hauptanliegen von *Hour of Power* ist es, Gott den Menschen näher zu bringen und sie zu einem Leben in der Nachfolge Jesu zu ermutigen und auch die Botschaft eines positiven Christentums zu verkündigen.

Unter anderem gibt es in Deutschland, in der Schweiz und in Österreich Büros von *Hour of Power*. Die Büros sind neben der Beantwortung von Anfragen auch zuständig für die Betreuung der Zuschauer und Spender.

Hour of Power kann nur mit der Unterstützung und den Spenden der Zuschauer ausgestrahlt werden. Die Produktion der Gottesdienste ist mit hohen Kosten verbunden. Von daher bemüht sich *Hour of Power* um den Aufbau eines Unterstützer- und Freundeskreises. Unser regelmäßig erscheinender Rundbrief hält alle Freunde und Spender mit aktuellen Informationen auf dem Laufenden. Ziel der deutschsprachigen Vereine von *Hour of Power* für die nächsten Jahre sind die komplette Finanzierung der Ausstrahlung und der deutschen Produktion sowie die professionelle Übersetzung und Verarbeitung der sehr ermutigenden Bücher von Dr. Robert H. Schuller und Dr. Robert A. Schuller.

Die Gottesdienste von *Hour of Power* können Sie wie folgt sehen:

HOUR OF POWER

Sonntags 08:00 - 09:00 Uhr
auf VOX (in Deutsch)

Sonntags 12:00 - 13:00 Uhr
auf CNBC (mit deutschen Untertiteln)

Samstags 18:00 - 19:00 Uhr
auf TBN (Satellitenprogramm)

Informationen zum Dienst von *Hour of Power* erhalten Sie unter:

Hour of Power Deutschland
Steinerne Furt 78
86167 Augsburg
Telefon 0 18 05 / 70 80 99
Telafax 0 18 05 / 70 80 98
E-Mail: info@hourofpower.de
Webseite: www.hourofpower.de
Newhopeline: 0800-55 077 00

Die NewHopeLine soll all denen Hilfen bieten, die Rat und Unterstützung suchen. Mitarbeiter aus dem Bereich Seelsorge, Gemeindearbeit und Psychologie stehen täglich, auch am Wochenende, von 18 bis 22 Uhr, für Hilfe suchende Menschen zur Verfügung.

Hour of Power Schweiz
Sägegasse 2/Postfach 1289
3110 Münsingen
Telefon 031 721 99 77
Telefax 031 721 99 78
E-Mail: info@hourofpower.ch
Webseite: www.hourofpower.ch

Hour of Power Österreich
Pottendorfer Straße 21
1120 Wien
Telefon 01 - 812 22 32
Telefax 01 - 812 22 32 42
E-Mail: info@hourofpower.at
Webseite: www.hourofpower.at

Mit Flügeln des Adlers

Mit Gottes Hilfe schwere Zeiten überstehen!

Sind Sie mit Problemen konfrontiert, die Ihnen über den Kopf zu wachsen drohen?

Gleichgültig, wie groß der Berg ist, der sich vor Ihnen auftürmt, es gibt eine gute Nachricht: Dieses Problem muss nicht Ihr Leben bestimmen. Vielleicht ist es jetzt einfach an der Zeit, eine Bestandsaufnahme zu machen und eine neue Richtung einzuschlagen.

Der erfolgreiche Autor und Pastor Dr. Robert H. Schuller gibt Ihnen in seinem Mut machenden Buch eine Reihe von Prinzipien an die Hand, mit deren Hilfe Sie Ihre Probleme aus der richtigen Perspektive betrachten und Ihr Leben wieder unter Kontrolle bekommen können.

Unternehmen Sie einen mutigen Schritt und wagen Sie einen schöpferischen Neubeginn!

Paperback, 236 Seiten

Begründete Hoffnung für jeden Tag

Robert H. Schuller:
365 Zeichen der Hoffnung
Andachten für das ganze Jahr.

Wünschen Sie sich für das neue Jahr eine große Portion Ermutigung? In diesem außergewöhnlichen Andachtsbuch finden Sie, was Sie zum Überleben im ganz "normalen" Alltag brauchen!

Mit Gedanken zu Themen wie Hingabe, Selbstvertrauen oder neues Leben möchte Robert H. Schuller Sie ermutigen, jeden Tag auf die verändernde Kraft Gottes zu vertrauen. Und er motiviert Sie, sich immer wieder von der biblischen Hoffnung anstecken zu lassen.

Als Hauptpastor einer großen Kirchengemeinde in Kalifornien weiß Robert H. Schuller von langen Durststrecken und dem tiefen Leid vieler Ratsuchender. Gerade deshalb malt er seinen Lesern eindrücklich vor Augen, was geschieht, wenn wir die Lichtstrahlen der Liebe Gottes in unser Leben scheinen lassen. Denn eines steht fest: Wenn Gott kommt, muss die Verzweiflung weichen.

Lassen Sie sich von dem unerschütterlichen Glauben an die unbegrenzten Möglichkeiten Gottes inspirieren.

Gebunden, 380 Seiten